“十四五”普通高等教育规划教材
国家级一流专业——会计学专业系列教材

计算机财务管理

袁　艺　张　佩　主编

中国财经出版传媒集团
中国财政经济出版社

图书在版编目（CIP）数据

计算机财务管理／袁艺，张佩主编．--北京：中国财政经济出版社，2021.10

“十四五”普通高等教育规划教材　国家级一流专业——会计学专业系列教材

ISBN 978-7-5223-0778-7

Ⅰ.①计…　Ⅱ.①袁…　②张…　Ⅲ.①计算机应用-财务管理-高等学校-教材　Ⅳ.①F275-39

中国版本图书馆 CIP 数据核字（2021）第 187976 号

责任编辑：蔡　宾　　　　　　　　责任校对：胡永立

封面设计：陈宇琰

计算机财务管理

JISUANJI CAIWU GUANLI

中国财政经济出版社 出版

URL：http：//www.cfeph.cn

E-mail：cfeph@cfeph.cn

社址：北京市海淀区阜成路甲 28 号　邮政编码：100142

营销中心电话：010-88191522　编辑部门电话：010-88190666

天猫网店：中国财政经济出版社旗舰店

网址：https：//zgczjjcbs.tmall.com

北京密兴印刷有限公司印刷　各地新华书店经销

成品尺寸：185mm×260mm　16 开　13.75 印张　327 000 字

2022 年 3 月第 1 版　2022 年 3 月北京第 1 次印刷

定价：39.00 元

ISBN 978-7-5223-0778-7

（图书出现印装问题，本社负责调换，电话：010-88190548）

本社质量投诉电话：010-88190744

打击盗版举报热线：010-88191661　QQ：2242791300

编　委　会

总　　序

西安财经大学会计学专业创建于1952年，在70年的发展历程中，伴随着学校的不断发展与几代会计人孜孜不倦的努力，目前，该专业已建设成为国家“一流专业”建设点。我们的专业教学队伍是由具有丰富实践经验和专业知识背景的中青年人才组成的，团队以“重品德、重基础、重实践、重规范、重人文”为教学理念，不断开拓进取，根据学校定位和学生特点，结合团队丰富的教学经验，自编专业教材，形成了自己的教学特色，为国家，特别是为西部地区建设培养了大批急需的应用型会计人才，形成了独具特色的会计学专业人才培养模式，得到了用人单位与会计教育界的认可和肯定。

进入21世纪以来，我校会计学专业秉承“为党育人、为国育才”的教学理念，按照“重品德、宽口径、厚基础、强能力、高素质”的人才培养要求和培养“信得过、用得上、干得好”且具有创新精神的高级应用型会计人才的特色定位，大力进行教学改革，努力提高教学质量，取得了一系列优秀的教学成果。2008年，会计学专业被立项为“省级特色专业建设点”；2010年，被立项为“国家级特色专业建设点”；2020年，被立项为“国家一流专业建设点”。会计学专业教学质量的提升，极大地提高了学校的知名度，对学生和就业单位的吸引力进一步增强，会计学专业的毕业生就业率一直稳居各相关专业前列。

教材是体现教学内容和课程体系的知识载体，是教师教学和学生学习的主要媒介，是教师进行教学，做好教书育人工作的具体依据，是学生获得系统知识、发展智力、提高思想品德觉悟的重要工具。为了系统总结西安财经大学会计学专业多年来的教学改革成果，整合会计学专业已有的教材资源，体现会计学专业最新的教学理念和学校特色，依托国家级和省级教学改革与质量工程项目，建设好“国家一流专业”，学校特组织编写了“国家一流专业——会计学专业系列教材”。

本系列教材主要包括：《会计学基础》《中级财务会计》《高级财务会计》《成本会计》《管理会计》《财务管理》《审计学》《财务报表分析》《纳税会计》《房地产开发企业会计》《会计信息系统实验教程》《计算机财务管理》《财经法规与会计职业道德》《管理会计案例》《审计案例分析》《政府与非营利组织会计》等。本系列教材的特点是重点突出、难点易化；重视系统性、讲求实用性、避免重复性；强调系统化、规范化，有助于对教材讲解的理解和掌握，并便于学生自习、复习和进行作业。以达到学者能提高学习效率、教者能提高教学质量的目的。

需要说明的是，本系列教材既是西安财经大学会计学专业、财务管理专业教学改革成果的系统总结，反映了前辈们的探索和当今会计学人的研究成果；也是会计“国家一流专业”和财务管理陕西省“一流专业”的重要建设项目。同时本系列教材还受到学校相关部门及其他院校同行教师的关心和支持，在此一并表示谢意。希望我们的共同努力能够为我国的会计教育和人才培养做出更多的有益贡献。

期望读者和同行对本系列教材提出宝贵意见和建议。

编委会

2021 年 10 月

前　　言

《计算机财务管理》在介绍财务管理理论知识的基础上，全面系统地讲解了运用 Excel 软件构建财务管理模型的方法、技术和决策思路。本书以企业财务活动为主线结合 Excel 财务建模进行讲解，重点突出、描述清晰，目的是使读者能够快速掌握和利用 Excel 完成财务管理工作。

本教材是高校会计学、财务管理、审计学和金融学等专业的实践类课程教材，也适合在职财务人员培训、自学时参考使用。

本教材具有以下特点：

（1）以财务管理理论为基础，内容丰富，体系完整、清晰，循序渐进，能帮助学生轻松地理解和掌握所学内容。

（2）大量采用 Excel 实际操作界面替代烦冗的文字叙述，图、表、文并茂，既便于学习模仿，又易于理解。

（3）案例选取力求“典型精炼”，突出重点。

（4）每章附有大量的思考题及基础训练，既便于学生在学习各章内容之后，把握各章学习要点、巩固所学知识、进行实操训练，也丰富了教师的课堂教学。

本教材由西安财经大学袁艺、张佩担任主编，编写分工如下：第一章、第三章、第四章、第五章、第六章由袁艺编写；第二章、第七章由张佩编写。各章初稿完成后，进行交叉审阅，最终由袁艺、张佩定稿。

本教材在编写过程中，得到了中国财政经济出版社的大力支持，汲取了许多同仁的宝贵意见，在此深表感谢！

由于编者水平有限，难免存在不足之处，恳请读者批评指正并提出宝贵的意见和建议，以便我们进一步提高教材的质量，更好的适应教学需要。

编　者

2021 年 6 月

前 言

目　　录

第一章　计算机财务管理概述

学习目标

知识目标： 通过本章学习，要求学生了解大数据时代下计算机财务管理及其实现途径；掌握财务分析模型的构建与决策方法；掌握 Excel 工具。

能力目标： 掌握财务分析模型的构建与决策方法；掌握财务建模工具——Excel 的基本功能，通过掌握本章知识点为以后章节的学习打下基础。

第一节　大数据时代下的企业财务管理

一、大数据时代对传统财务管理的影响

传统的财务管理模式下，企业财务管理人员不能快速、准确地获取有效信息，因此，基于财务数据分析的财务管理与决策常常会出现误判，影响企业财务管理的水平，从而影响企业财务管理目标的实现。大数据时代的来临，一方面为企业财务管理人员提供了更具价值的信息和分析技术；另一方面也必将颠覆传统的财务管理理念和模式，财务管理将不再局限于传统财务领域，而向销售、研发、人力资源等多个领域延伸和渗透；与企业业务有关的一切数据收集、处理和分析将成为公司财务管理的主要任务。

在大数据时代，数据的广度和深度达到了一个前所未有的水平，且逐渐成为企业经营的重要资产和信息财富，是企业经济活动中的重要投入要素和经营模式转变的基础，是企业的核心竞争力。同时，计算机技术的广泛应用，在很大程度上成为企业管理创新和经营模式改革的重要技术支撑，促进了企业管理的信息化和科学化，企业经营者与财务管理人员的管理理念也随之转变，"大财务"的新思维逐步形成。与传统封闭式的财务管理思维相比，"大财务"思维更强调大数据理念与财务管理有机结合，主张在财务数据的处理和分析中积极应用大数据技术，推动企业财务管理向精细化、智能化方向发展；同时，该创新思维重视大数据在企业决策中的地位，充分挖掘信息优势带来的商机，适应市场竞争的趋势，提升财务数据的使用效率，积极应对环境变化的挑战。

二、大数据时代下企业财务管理面临的挑战

大数据时代，信息更新速度快，呈现爆炸式的发展特征，给企业的经营管理带来信息补充的同时，也为信息化建设提出了更高的要求。企业财务管理目前已经进入了一个信息化建

设的新时代。为迎合新技术革命的挑战，提升企业的核心竞争力，实现企业的经营目标，企业应着力于财务管理信息共享平台的建设。

从财务管理信息化制度入手，进一步规范财务数据的收集标准、处理流程、分析方法及报告模式，实现财务信息的高度整合，为企业进一步决策提供依据；完善财务数据管理系统，升级并开发财务软件。企业应结合自身的行业特点和实际，建设一个有效、完善的财务数据管理系统，收集、处理和分析数据的能力，挖掘财务信息背后的商机；同时不断升级和开发财务管理软件，有效提取和利用财务数据，扩展财务信息容量；净化内外部网络环境，维护财务信息安全。企业应注重内外部网络环境的变化，建立安全的财务信息网，防止病毒等造成的信息泄露，维护财务数据的安全和准确性。

三、大数据时代下的企业财务管理的特点

大数据时代，信息更新速度快、数据规模大且高度整合，企业财务管理的管理机制、管理模式和管理方法均得到了有效调整和创新，促进了财务管理向全方位、信息化、智能化方向发展。

相对于传统财务管理工作，新型财务管理模式强调数据资料的整合能力和先进的数据处理分析技术，极大地提高了财务数据的处理效率，使实时、有效的财务数据报告成为可能；并且利用云端的计算和存储功能，使财务数据和信息的分析更加结构化，处理更加标准和规范化，提高了财务信息的准确性，大大降低了人工成本，实现了企业内部信息共享，为决策提供了有效依据。这与主要以手工方式为主的传统财务管理工作相比，无疑准确性和效率性均得到了有效提升，极大地降低了管理成本。

大数据时代促进了财务预警机制的建立，进一步强化了预算管理。随着大数据技术的引入和信息共享平台的建设，企业可以利用智能化的处理系统有效地进行风险识别和判断，降低风险发生的概率，并在财务风险发生后，及时、有效地进行科学管理，进一步缩小影响范围，降低成本损失，为企业决策提供依据。同时，大数据、云计算等技术使得企业财务预算管理系统建立成为现实，财务预算系统使得企业能够高效、快速地获得当期的真实数据，在此基础上处理、分析和预测企业未来的资金流向，为预算编制提供可靠的依据，提升预算管理的实际效果，改善财务部门的预测分析能力，规避复杂市场环境带来的经营风险。

四、大数据时代下企业财务决策与财务建模

大数据时代，数据作为重要的生产要素，已经渗透到各行各业，影响着各大职能领域。企业开始探索如何快速获取数据，如何透过数据看本质，将数据转化为信息，将信息变现为企业价值。信息成为企业管理中不可或缺的战略资源，有效使用信息是形成企业竞争优势的重要因素。

在企业财务管理领域，每天都在收集、加工与利用数据，信息技术已经广泛且深入应用于财务管理的实践中。基于外部利益相关者的信息需求，企业财务管理团队需要利用信息技术优化财务核算流程，及时披露财务会计报告，确保会计信息的公允性和合规性。基于企业内部管理需求，财务管理团队需要利用信息技术对日常营运资金进行有效运作，提高资金周转率与效果；利用信息技术进行融资与投资管理，以支持公司战略的实现，利用信息技术对分公司、子公司进行实时控制，以保证整体利益与战略目标一致；利用信息技术从不同层

级、不同业务板块、不同期间提供多维价值分析报告，正确评价各责任主体的绩效，挖掘业务及财务领域存在的管理问题，支持不同层面的管理决策需求。

财务建模为企业财务管理人员提供了一套可以遵循的思维模式和实现机制。首先，要分析哪些信息对解决所面临的财务问题有价值，要寻求合适的工具收集所需信息；其次，基于财务管理理论知识，寻找适合解决问题的理论模型；再次，基于收集的信息和适用的理论模型，利用 Excel 工具，建立财务管理模型；最后，将定量分析结果与无法量化的环境、行业等信息相结合，进行有效决策。

《计算机财务管理》课程就是为了培养财务管理人员的分析决策能力而设置的，将财务管理案例、财务分析模型的构建以及 Excel 工具的应用融为一体，将所学的理论知识转化为解决实际问题的能力。本书从财务理论知识与建模工具相融合的视角出发，讨论筹资管理模型、项目投资管理模型、营运资金管理模型、销售预测与利润管理模型及财务分析模型的设计和应用，帮助财务管理人员将定量分析与定性分析有机结合，支持各类财务决策。

第二节　计算机财务管理及其实现途径

财务管理是企业运营管理的重要内容，涉及筹资管理、项目投资管理、营运资金管理、利润分配管理等内容。财务管理的效率高低，直接影响到企业管理者重大决策的执行，轻则会降低企业的资金运行效率，重则会减少企业的经济效益。因此，强化财务管理是企业发展壮大的必经途径。财务管理的模式和方法随着时代发展在不断地改变，企业财务管理已经进入了大数据时代。计算机技术的进步和发展，促进财务管理向全方位、信息化、智能化方向发展，促进了信息共享平台的建设，促进企业核心竞争力的提升，使得企业能有效应对新技术革命的挑战。计算机财务管理的实现途径一般有以下两种方式。

一、通过完整的财务信息系统实现

通过一个完整的财务信息系统，实现计算机财务管理。如 SAP 软件的 TR 财务管理模块，用友软件的专家财务评估系统等。这种方式的优点是比较系统和规范，可靠性和稳定性好。但是缺陷也是显而易见的，系统的应用需要有其他配套系统的支持，需要的计算机环境配置较高，系统较昂贵，需要掌握软件的操作技术。由于管理的复杂性，当前财务软件或 ERP 的分析、预测、决策等功能尚不完善，不一定能满足企业的个性要求，还必须借助其他工具协同处理。在当今企业财务管理实践运用中，在经济全球化和信息化背景下，为加快客户响应速度、提升企业运营效率和降低运营成本，企业广泛采用了包括管理信息系统、企业资源规划、客户关系管理等信息化体系，把财务管理工作纳入信息化管理体系当中。因此，培养学生运用计算机系统来处理财务管理数据的能力具有极强的现实意义，并且当处理内容较为复杂难以使用手工方法处理时，学生具有计算机财务管理模型的建设能力就更有意义。

二、利用 Excel 软件构建财务分析模型

利用 Excel 等软件构建财务分析模型，实现计算机财务管理，这种方法克服了使用信息

系统价格昂贵的缺陷，能多方位地满足企业的个性需求，简单易用。事实上，Excel 软件在财务管理领域中发挥着重要作用，它内容丰富、功能强大。作为财务工作者，熟练运用 Excel 的各项功能，可以极大地提高工作效率，为企业创造出更多的价值。例如，我们经常会报送各种内部管理报表，报表的形式是从数据到信息的过程，这一过程需要经过数据的录入、数据的整理、对整理后的数据进行计算和分析，最后呈现出内容清晰、格式美观的报表。Excel 可以帮助我们高效地实现这一过程，有利于管理者迅速通过报表了解企业的运营状况，做出准确的经营决策。

三、财务分析模型的构建与决策方法

随着市场经济的发展，企业间的商业竞争日趋激烈，财务管理需要分析和解决的问题越来越复杂。虽然 ERP 系统的应用能够解决操作层面和控制层面的一些问题，但是，还有很多评价和决策方面的问题无法解决，如：如何根据企业财务数据的分析结果，判断企业的财务状况和经营成果？如何预测企业的资金需求量？如何进行投资项目的选择？最佳现金持有量如何确定？经济订货批量如何确定？如何确定企业的应收账款信用政策？如何利用本量利原理，确定企业的利润目标？等等。因此，我们需要从科学管理的视角出发，将信息技术与定量模型有机结合，利用 Excel 软件来构建财务分析模型，以数据分析为基础，为财务决策提供依据。我们应该如何构建财务分析模型进行财务决策呢？

（一）定义问题

财务分析模型的构建与决策中最重要的一步就是在慎重思考之后提出问题。在将大量的时间和精力投入研究和解决毫无意义的模型之前，恰如其分的定义问题至关重要。能否正确地构建财务分析模型、进行财务决策，很大程度上取决于对实际问题的定义，定义问题一般包括以下步骤：

1. 观察经济业务。为了全面彻底地了解问题，财务管理人员不仅仅从财务视角，还应该全方位、多角度观察经济业务。

2. 简化复杂性。由于实际的经济问题非常复杂，财务管理人员在与业务经理沟通后，应该简化问题，在建立定量模型的简洁性与指导决策的科学性之间找到平衡。

3. 找出限制条件。企业在一个充满限制条件的环境中经营和发展，在多种运营水平下找到自由变量，从而定义各种限制和约束条件十分重要。可能影响企业运营的限制条件在模型中都要得以体现，而那些在任何正常情况下都可能被满足的条件，则应予忽略。

4. 持续寻求反馈。为了让管理层有效地解决问题，在构建模型时，企业财务管理人员需要在管理中寻找持续的反馈，以便随时修正模型。

（二）建立定量模型

对于财务管理人员来讲，解决一个财务决策问题就是将零散的想法、观点、相互冲突的目标和限制条件汇集整理为一个更富有逻辑连贯性的决策模型—数学模型。数学模型的建立是一个从认识和描述问题，到用数学表达方式代替语言使之量化的过程。建立模型不但需要大量的基础知识，还需要有丰富的实践经验，建立模型的步骤如下：

1. 确定决策变量。建立数学模型的关键是在决策过程中找出决策者可以控制的范围。那些可控部分即为该问题的可控初始变量或决策变量。在大多数情况下，确定合适的决策变量是建立数学模型中最困难的部分。通常情况下，在恰当地选定决策变量之后，接下来的建模过程就会比较顺利。确定数学模型决策变量的快捷方法是分析决策者通过处理问题想了解什么？

2. 建立目标函数和找出限制条件。建立目标函数就是建立目标和决策变量之间的函数关系，很多最优化模型都是为了找出以现有的有限资源做到最好的方法。因此，对此类问题还需要找出相应的约束条件。例如，总利润最大（总利润 = 总收入 - 总成本）是数学模型最常见的目标之一。企业的资源有限，保证利润最大化的有限资源就是相应的约束条件。

3. 选取模型。所有的数学模型都是为了简单的模拟现实。同一种情况往往可以用多种模型表示，在这些表达方式中，有的较为简单，有的比较复杂。建模者经常要考虑这样一个问题—是用一个复杂的模型求出准确的结果更有效？还是用一个简单的模型求出不太精确的结果更理想？答案取决于时间和成本的考虑。

（三）建立 Excel 模型

在财务分析决策中，会构建大量数学模型，其计算量巨大、过程烦琐，在手工条件下难以求解。20 世纪 90 年代微软推出的 Excel 软件，以其强有力的数据管理与分析功能，为广大财务管理人员所认可。Excel 凭借丰富的计算工具、精密的分析工具以及灵活多样的表达方式，使企业财务管理工作更加有效。财务管理人员能够根据企业多变的经济环境，建立各种管理分析模型，高效、准确地从事财务管理分析工作；能够将数学模型与 Excel 函数工具有效的融合，建立财务管理分析模型，做到输入数据后自动给出结果，更好的支持动态决策。

（四）求解模型与决策

财务管理人员借助 Excel 工具，在业务经理的支持下，找出影响目标函数的关键因素值，选择适当的解决方法，找到模型的解，检验并确认模型的解，最终得出科学的决策方案，在定量与定性分析相结合的基础上进行科学决策。

第三节　建模工具 Excel

一、Excel 的基本功能

（一）图形用户界面

Excel 的图形用户界面是标准的 Windows 窗口形式，由控制菜单、菜单栏、标题栏、编辑栏、工具栏等部分构成。菜单栏中列出了 Excel 的众多功能，工具栏则进一步将常用命令分组，并以按钮的形式列在菜单栏的下方。此外，用户也可以根据需要，重组菜单栏和工具栏，即在菜单栏中添加工具栏按钮或者在工具栏中添加菜单命令，甚至定义用户自己专用的菜单栏和工具栏。当用户将鼠标指针停留在菜单栏命令或工具栏按钮上时，菜单栏命令或工具栏按钮就会突出显示，并出现相关提示。为了方便用户使用工作表，Excel 的图形用户界面还有编辑栏和工作表标签。

（二）数据分析

Excel 除了能够有效地进行各种表格的处理外，还具有强大的数据处理和数据分析功能。它提供了包括财务函数、日期与时间函数、数学和三角函数、统计函数、查找和引用函数、数据库函数、文本函数、逻辑函数、信息函数、工程函数、用户自定义函数在内的 11 类数百个内置函数，可以满足不同行业处理与分析数据的需要。如果内置函数不能满足需要，还可以建立自定义函数。为了方便用户使用函数、编辑函数，Excel 还提供了粘贴函数命令。Excel 分门别类地列出了所有内置函数的名称、功能以及每个参数的意义和使用方法，还可随时为用户提供帮助。Excel 除了具有一般数据库软件所提供的数据排序、筛选、查询、统计汇总等数据处理功能外，还提供了许多数据分析与辅助决策工具，如数据透视表、模拟运算表、假设检验、方差分析、移动平均法、指数平滑法、回归分析法、规划求解、多方案管理分析等。利用这些工具，用户不需要掌握复杂的数学计算方法，不需要了解具体的求解技术，更不需要编写程序，只要正确地选择适当的参数，即可完成复杂的求解过程，得到相应的分析结果和完整的求解报告。

（三）表格处理

Excel 采用表格方式管理数据，所有的数据信息都以工作表的形式进行管理，单元格中数据间的相互关系清晰明了。使数据的处理和管理更直观、更方便、更易于理解。日常工作中常用的表格处理操作，如增加行、删除列、合并单元格、表格转置等，在 Excel 中只需简单的通过菜单或工具按钮即可完成。此外，Excel 还提供了数据和公式的自动填充、表格格式的自动套用、自动求和、自动计算、记忆式输入、选择列表、自动更正、拼写检查、审核、排序和筛选等众多功能，可以帮助用户快速高效地建立、编辑、编排和管理各种表格。

（四）图表制作

图表是呈现数据处理结果的最佳形式。通过图表，可以直观的显示出数据的众多特征，如数据的最大值、最小值、发展变化趋势、集中程度和离散程度等。Excel 具有很强的图表处理功能，它可以将工作表中的有关数据制作成专业化的图表。Excel 提供了丰富的图表类型，有柱形图、折线图、旭日图、气泡图、瀑布图、股价图、雷达图以及组合图等，每一种图表类型还提供了几种不同的自动套用图表格式，用户可以根据需要选择最适合的图表来展示数据。如果所提供的标准图表类型不能满足需要，用户可以自定义图表类型，还可以对图表的标题、数值、坐标以及图例等各项目分别进行编辑，从而获得最佳的外观效果。Excel 还能够自动建立数据与图表的联系，当数据增加或删除时，图表可以随数据的变化而实时更新。

（五）宏功能

为了更好地发挥 Excel 的强大功能，提高使用 Excel 的工作效率，Excel 还提供了宏功能和 VBA 语言。VBA 是一种程序语言，它直观易学。用户可以使用 VBA 创建自定义函数和自定义命令，还可以利用 VBA 语言在 Excel 的基础上开发出完整的应用软件系统。更重要的是，对于非计算机专业人员来说，Excel 提供了宏记录器，该功能可以将用户的一系列操作记录下来，自动转换成由相应的 VBA 语言组成的宏命令。日后，当用户需要执行这些操作时，直接运行这些宏即可。对于需要经常使用的宏，用户还可以将有关的宏与自定义菜单命令或工具栏按钮相关联，以后只要选择相应的菜单命令或者单击相应的工具栏按钮，即可完成上述操作。

（六）使用外部数据的功能

Excel 具有强大的数据处理功能，其数据源可以由用户亲自输入完成。Excel 还提供了从其他数据源引入数据的功能，以节省获取基础数据的时间，减少存储数据的空间。用户可以采用多种途径同微软 Access 数据库共享数据，可以从微软 SQL Server 数据库获取数据，可以从大型企业的数据库中获取数据，甚至从公司网站获取数据。数据源的多样性扩大了 Excel 在财务管理中的使用范围，增强了其使用的便利性。

二、Excel2016 的新功能

（一）更多的 Office 主题

2016 的主题不再是 2013 版本中单调的灰白色，有更多主题颜色供用户选择。

（二）新增 Tell Me 功能

现在可以通过“告诉我你想做什么”功能快速检索 Excel 功能按钮，用户不用再到选项卡中寻找某个命令的具体位置了。我们可以在输入框里输入任何关键字，Tell Me 都能提供相应的操作选项。比如，我们输入表格，下拉菜单中会出现添加表格、表格属性、表格样式等可操作命令，当然最后也还会提供查看“表格”的帮助。

（三）新增 6 款全新图表

新增了 6 款全新的图表，包括 Waterfall（瀑布流）、Histogram（柱状图）、Pareto、Box & Whisker、Tree map 和 Sunburst。

（四）内置 Power Query 插件

在 Excel2010 和 2013 版中，需要单独安装 Power Query 插件，2016 版已经内置了这一功能。Power Query 组中有新建查询下拉菜单，另外还有联机查询、显示查询、最近的源三个按钮。其他三项插件依然是独立的插件，安装 2016 时已经默认安装，可以直接加载启用。此外，如果启用其他 3 项加载项任意一项，其他的加载项也会自动启用。在 Excel 选项中也可以快速设置这些加载项的启用或关闭。

（五）新增的预测功能

数据选项卡中新增了预测功能。

（六）改进透视表的功能

透视表字段列表现在支持搜索功能，如果数据源字段数量较多，这时候查找某些字段就方便多了。此外，基于数据模型创建的数据透视表，可以自定义透视表行列标题的内容，即便与数据源字段名重复也无妨。

三、Excel2016 工作界面介绍

Excel2016 的工作界面主要由标题栏、快速访问工具栏、控制按钮栏、功能区、名称框、编辑栏、工作区、状态栏组成。当我们打开 Excel2016 时，显示的界面如图 1－1 所示。

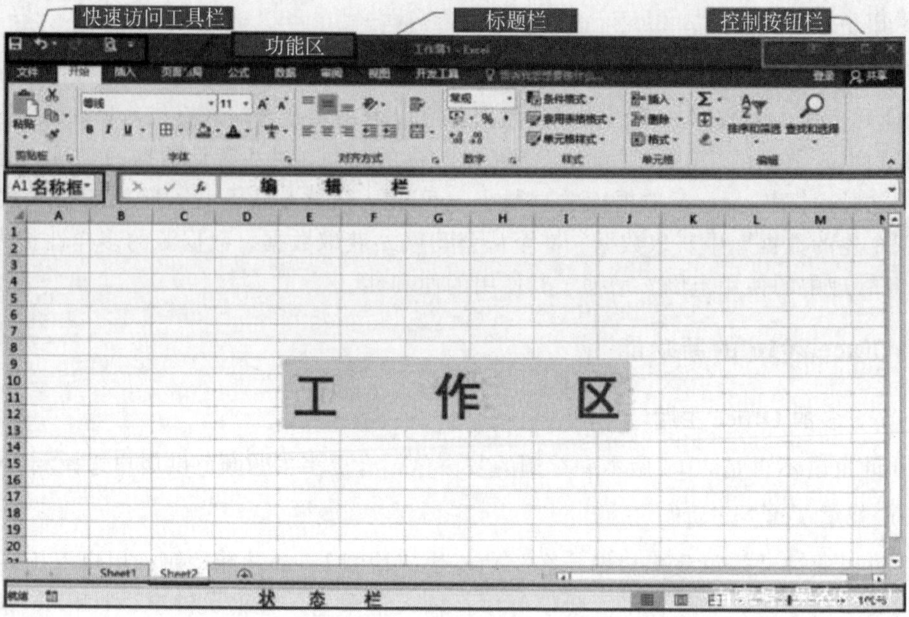

图 1-1　Excel2016 界面

（一）自定义快速访问工具栏

自定义快速访问工具栏是一个可自定义的工具栏，为方便用户快速执行常用命令，将功能区上选项卡中的一个或几个命令在此区域独立显示，以减少在功能区查找命令的时间，提高工作效率。点击 Excel 工作簿左上角的下拉菜单，就会弹出自定义快速访问工具栏，如图 1-2 所示。

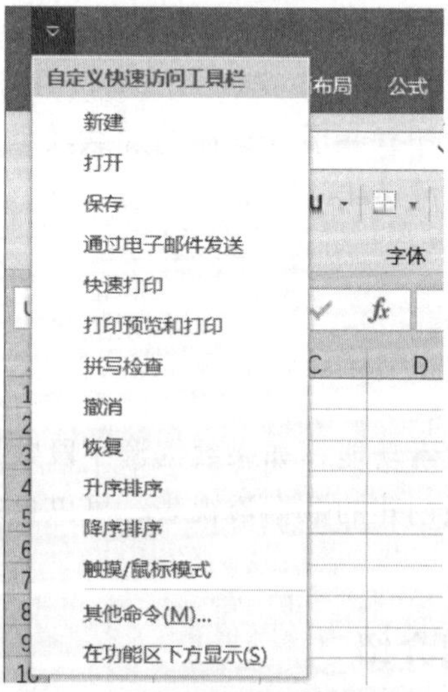

图 1-2　自定义快速访问工具栏

如果需要自定义快速访问工具栏，可根据实际需要点击勾选该下拉菜单中的命令选项，选中的命令将被添加至快速访问工具栏中，如图 1-3 所示。

图 1－3　在自定义快速访问工具栏中添加命令

如果自定义快速访问工具栏下拉菜单中无需要定义的命令，单击“其他命令”，进入自定义快速访问工具栏窗口，可选中任一选项卡中的任意命令在快速访问工具栏中显示，如图 1－4 所示。

图 1－4　在自定义快速访问工具栏中添加其他命令

（二）功能区

功能区位于标题栏的下方，主要由主选项卡、文件控制菜单图标、组合命令按钮等组成。

单击文件控制菜单图标，弹出图 1 -5 所示的界面，我们可以对工作簿进行新建、打开、保存、另存为、打印等操作。

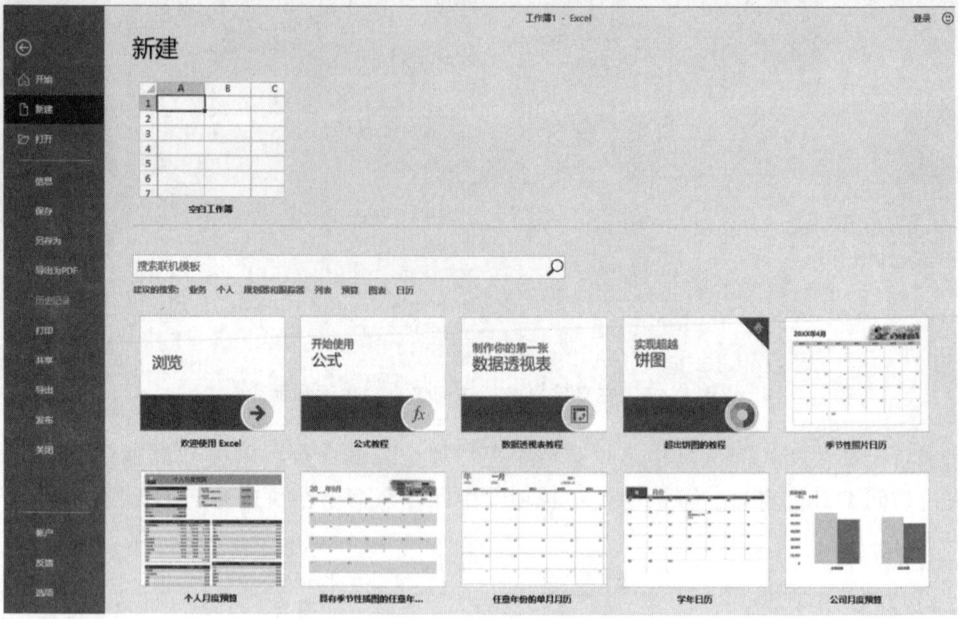

图 1 -5　文件控制菜单

位于文件控制菜单图标右侧的是 Excel2016 的主选项卡，通常情况下 Excel 工作组界面中显示开始、插入、页面布局、公式、数据、审阅、视图、开发工具、帮助、PDF 工具集及操作说明搜索 11 个选项卡，如图 1 -6 所示。

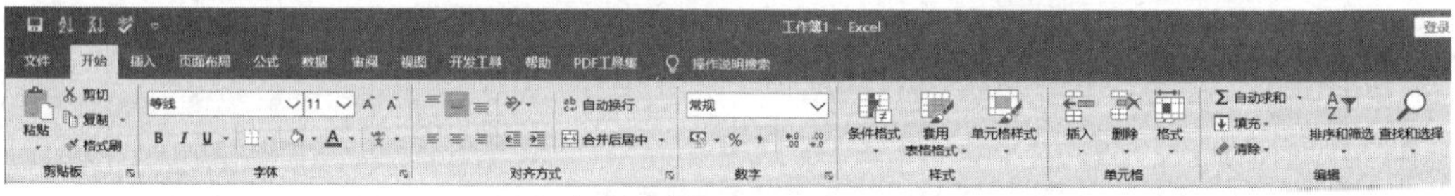

图 1 -6　功能区

位于功能区下方选项卡中的任务组，也称功能组。Excel 将常用命令图标与功能相近的图标集中到一起，形成任务组。单击代表命令的工具图标可以进行命令的选择。

（三）名称框

名称框位于功能区下方的左侧，名称框中可以显示光标所在单元格名称信息，包括单元格列标和行号、图表名称、表格名称等。名称框也可用于定位目标单元格。在名称框中输入单元格的列标和行号，即可定位到相应的单元格。例如：当鼠标单击 C3 单元格时，名称框中显示的是“C3”；在名称框中输入“C3”时，光标会定位到 C3 单元格，如图 1 -7 所示。

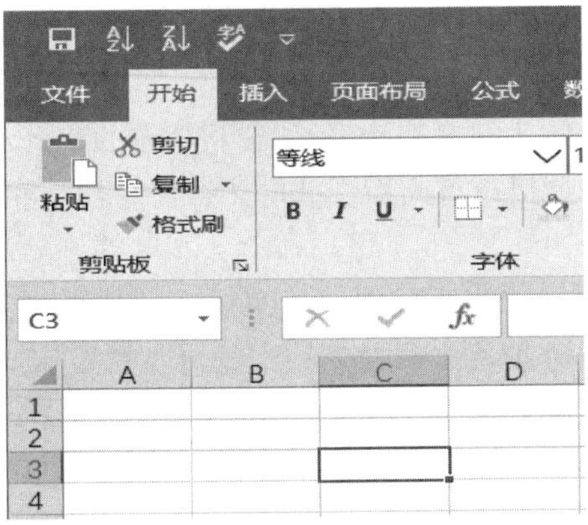

图 1-7　名称框

（四）编辑栏

编辑栏位于名称框的右侧，编辑栏中可以显示活动单元格中的数据或公式，可以输入数据公式和函数。

（五）工作表区域

工作表区域位于编辑栏下方，是执行 Excel 电子表格操作的区域。该区域由列标、行号、单元格、工作表标签组成，可以进行工作表的创建和编辑等操作，是用来存放数据的表格。

（六）状态栏

状态栏位于工作表区域的下方，用于显示当前 Excel 表格的信息，如统计数据、当前的视图方式、显示比例等。

（七）后台视图

在 Excel2016 中单击功能区左上角“文件”按钮可进入后台视图界面。后台视图采用三栏式设计，分别是操作栏、信息栏和属性栏，其中操作栏可以完成新建、打开、保存、另存、打印、共享和关闭等工作；信息栏可完成保护工作、检查工作簿、管理版本等工作；属性栏可对工作簿的属性、日期、人员信息等进行修改设置。

（八）标题栏

标题栏用于显示工作簿的标题。

（九）控制按钮栏

控制按钮栏可以对窗口执行最小化、最大化和关闭等操作。

（十）视图工具栏

视图工具栏用于设置编辑区域的视图方式与显示比例。

四、Excel2016 工作簿介绍

（一）工作簿、工作表、单元格与单元格区域

1. 工作簿。工作簿是指在 Excel2016 环境中用来存储并处理工作数据的文件，它是由若

干个工作表组成的，在Excel2016中可以说一个文件就是一个工作簿，工作簿窗口下方有若干个标签，单击其中一个标签就会切换到该工作表。

当Excel运行时，系统自动打开一个包含若干空表的工作簿，它被Excel暂时命名为“工作簿1”，在存储文件时，用户可改用自己定义的文件名。再次打开它时，工作簿窗口以该文件名命名。

当需要新建一个工作簿时，选择【文件】菜单中的【建立】命令，便会创建一个新的工作簿；当完成工作簿的内容填写和修改后，选择【文件】菜单中的【保存】命令，将创建的文件夹以自己命名的文件名保存在指定的目录中。

2. 工作表。打开Excel2016时，映入眼帘的工作界面就是工作表。它由众多的行和列中的单元格排列在一起构成。工作表能存储包含字符串数、数字、公式、图表和声音等丰富的信息或数据，并能够对这些信息或数据进行各种处理，同时能将工作表打印出来。

一个工作簿，如“工作簿1”窗口包含了多个工作表。这样可将相关的表格存在同一个工作簿文件中，以避免多次存取的麻烦，并且为相关工作表数据交换与格式一致性提供了方便。在工作簿窗口底部有工作表队列，由代表各工作表的标签组成，即：sheeet1、sheet2、sheet3……在Excel2016工作簿窗口底部只显示“sheet1”。在sheet1右侧有一个加号按钮，用户点击该按钮可以添加新工作表。当前工作表只有一个，它的标签为白色，其他的为灰色。开始时，窗口中的第一个工作表为当前工作表，即：sheet1为当前工作表，用户也可以改变当前工作表为其他工作表。单击任意一个显示在队列中的工作表标签，相应的工作表变为当前工作表，在屏幕上显示。

3. 单元格与单元格区域。在Excel2016中执行大多数命令和任务之前，必须首先选定要进行操作的单元格或单元格区域。选定单元格时，用鼠标单击该单元格即可。此时，该单元格的周围会出现粗边框，表明它是活动单元格。另外，用户也可以同时选定多个单元格，称为单元格区域。选定单元格区域的操作可以为用户节省很多时间。例如，选定一个区域之后，可以一次格式化区域内的所有单元格，或者按【Delete】键删除区域内所有单元格的内容。

选定相邻的单元格或单元格区域。方法一：单击区域左上角的单元格，按住鼠标左键并拖到区域的右下角，释放鼠标左键，选定的区域以具有透明度的浅灰色显示，只有第一个单元格维持正常显示，表明它为当前活动的单元格。若想取消选定，则单击工作表中任意一个单元格即可；方法二：单击选定区域左上角的第一个单元格，按住【Shift】键，然后单击选定区域的最后一个单元格。

选定不相邻的单元格区域。如果要选定不相邻的单元格区域，首先选定第一个单元格区域，按住【Ctrl】键，然后选定其他单元格区域。

选定行、列或整个工作表。如果要选定整行，单击该行的行号即可；如果要选择整列，则单击该列的列标即可；如果要选定相邻的行或列，则在行号或列标上拖动即可；如果要选定不相邻的行或列，则应先选定第一行或第一列，按住【Ctrl】键，然后单击其他的行号或列标即可；如果要选定整个工作表，则单击行与列的起始交叉处即可。

选定特殊的单元格。如果只想选定空白单元格，或者包含公式、常量、批注的单元格，可以按照下述步骤进行操作：首先，选定包括待选单元格的区域，如果要选定活动工作表中所有相同类型的单元格，请单击工作表中的任意单元格；第二，单击功能区的【查找和选择按钮】；第三，单击【定位条件】按钮，出现【定位条件】对话框；第四，选择所需的选项，如【批注】、【常量】、【公式】或【空值】等；第五，最后单击【确定】按钮。

单元格区域的表示方法有以下三种。第一，连续区域（：冒号）。用于对两个引用单元格之间所有的单元进行引用，如："A1:B6"，表示对包括 A1 和 B6 单元格在内的矩形区域的所有单元格的引用；第二，合集区域（，逗号），用于将多个应用合并为一个引用，如"=SUM（B2:B8，D4:D6）"；第三，交集区域（空格），用于对属于两个引用的单元格区域的引用，如公式"=A1:A3 A3:B5"的结果为 A3 单元格的数据。

（二）工作簿的使用

启动 Excel2016 时，系统会自动创建一个空白的工作簿，等待用户输入信息，用户还可以根据自己的实际需要，创建新的工作簿。

新建工作簿。选择【文件】选项卡中的【新建】命令，弹出任务窗口。当新建一个工作簿后，Excel 会自动给该工作簿暂时命名为工作簿 1、工作簿 2、工作簿 3 等。用户在保存工作簿时，可以根据工作簿的内容或需要重新命名。另外，用户也可以直接单击快速访问工具栏上的【新建】按钮，快速新建一个空白工作簿。

保存工作簿。完成一个工作簿文件的建立、编辑后，我们需要将工作簿保存到磁盘上，以便保存工作成果，保存工作簿的另一个重要意义，在于可以避免断电等意外事故造成的数据丢失。

保存新建的工作簿。第一次保存工作簿时必须为工作簿命名，并将其保存到计算机中。首先，单击快速访问工具栏上的【保存】按钮，或者单击【文件】选项卡中的【保存】命令，或者单击【文件】选项卡中的【另存为】命令，这时将会出现【另存为】对话框；然后，在【文件名】文本框中输入工作簿名称；最后，单击【保存】按钮，完成工作簿的保存。

保存已有的工作簿。如果要保存已经存在的工作簿。请单击快速访问工具栏上的【保存】按钮，或者单击【文件】选项卡中的【保存】命令，这时 Excel 将不再出现【另存为】对话框，而是直接完成工作簿的保存。为了对已经存在的工作簿进行备份，用户可以选择【文件】选项卡中的【另存为】命令，在出现的【另存为】对话框中输入新文件名，然后单击【保存】按钮。

Excel 提供了自动保存的功能，可以在指定的时间间隔后，自动保存所有打开的工作簿。自动保存功能，可以防止突然断电等意外事故发生时造成的数据丢失。设置自动保存功能的操作步骤如下：单击【文件】选项卡中的【选项】命令，出现【Excel 选项】对话框；单击【保存】标签，打开保存选项卡；选中【保存自动恢复信息时间间隔】复选框，设置保存自动恢复信息时间间隔，以及自动恢复文件位置；单击【确定】按钮。用户在 Excel2016 中编辑工作簿时，一旦遇到意外错误或者停止响应的情况，则下一次启动 Excel2016 时，该文档将显示在【文档恢复】任务窗格中。用户可以将自动恢复的工作簿用其他名字保存起来，这样可以尽最大可能减少数据损失。

关闭工作簿。完成工作簿的编辑操作后，应该将它关闭，以释放该工作簿所占用的内存。如果要关闭当前的工作簿文件，单击右上角的【关闭】命令即可；该工作簿进行改动且没有执行保存操作，则系统会弹出对话框，询问是否要将当前工作簿保存，单击【保存】按钮，将工作簿保存；单击【不保存】按钮，将不进行保存并退出；单击【取消】按钮，取消此次关闭工作簿的操作，返回到工作簿窗口中。

本章小结

本章从科学管理的视角出发，对计算机财务管理做了概括性阐述：将信息技术与定量模型有机结合，利用 Excel 软件来构建财务分析模型，以数据分析为基础，为财务决策提供科学的方法和技术。本章介绍了大数据时代企业财务管理面临的挑战；计算机财务管理的实现路径；计算机财务管理的建模工具。

一、本章关键词

计算财务管理　　大数据　　财务建模　　财务分析

二、思考题

1. 谈谈你对计算机财务管理的理解，其实现途径有哪些？
2. 举例说明财务建模的过程。

三、基础训练

1. 上机练习打开和退出 Excel2016。
2. 通过上机，熟悉掌握 Excel2016 的窗口结构及其操作。
3. 通过上机，熟悉掌握 Excel2016 的新增功能及其操作。
4. 创建一个工作簿，将其重命名为“学号最后两位 + 姓名”，并将该工作簿保存在桌面上。
5. 选择练习 4 创建的工作簿中的“sheet1”工作表，重命名为“A 公司资产负债表”。

第二章　Excel 基本操作方法

学习目标

知识目标： 财务管理工作中，常常需要借助表格完成各种分析、预测和决策工作。编制各种财务管理工作表在财务管理中是不可缺少的工作。综合运用情景式、演示法、互动式教学方法及案例讨论等方式，结合 PPT 多媒体课件等教学手段，使学生尽快进入课程学习角色，提升学生的专业应用技巧与能力，提高学生理论结合实践的计算机操作水平。本章主要介绍 Excel 的基本操作方法，为后续学习建立 Excel 财务模型打下良好基础。

能力目标： 学完本章后应该掌握：财务管理工作表格式设计；输入数据及建立公式；修改工作表；编排工作表；绘制图表。

第一节　建立工作表

图 2－1 是某公司工资计算表，其中基本工资的数据是需要根据职工个人岗位、职称等确定，需要手动输入，而奖金、应发工资、住房基金、个人所得税、扣款合计、实发工资的数据都可以在 Excel 中通过建立公式轻松快捷准确地取得。与其他电子表格软件相比，Excel 具有更加强大的功能。主要包括：强大的表格处理功能，利用函数进行数据运算的功能，强大的绘图功能，强大的外部数据导入和刷新功能，强大的分析功能，强大的宏功能。在学习这些功能之前，我们要先来学习 Excel 的基本操作。

	A	B	C	D	E	F	G	H	I	J	K
1	编号	月份	姓名	部门	基本工资	奖金	应发工资	住房基金	个人所得税	扣款合计	实发工资
2	110	21.05	胡玲	车间	3,560.00	3,000.00	6,560.00	328.00	46.80	374.80	6,185.20
3	111	21.05	李娜	销售部	3,760.00	5,000.00	8,760.00	438.00	271.00	709.00	8,051.00
4	112	21.05	董玲玲	销售部	3,230.00	5,000.00	8,230.00	411.50	218.00	629.50	7,600.50
5	113	21.05	朱成	销售部	3,532.00	5,000.00	8,532.00	426.60	248.20	674.80	7,857.20
6	101	21.05	王兰	厂部	3,860.00	4,000.00	7,860.00	393.00	85.80	478.80	7,381.20
7	102	21.05	付刚	车间	3,752.00	3,000.00	6,752.00	337.60	52.56	390.16	6,361.84
8	103	21.05	郭子英	车间	3,600.00	3,000.00	6,600.00	330.00	48.00	378.00	6,222.00
9	104	21.05	田红	销售部	3,680.00	5,000.00	8,680.00	434.00	263.00	697.00	7,983.00
10	105	21.05	霍子民	车间	3,428.00	3,000.00	6,428.00	321.40	42.84	364.24	6,063.76
11	106	21.05	宋思城	车间	3,830.00	3,000.00	6,830.00	341.50	54.90	396.40	6,433.60
12	107	21.05	童艳	车间	3,000.00	3,000.00	6,000.00	300.00	30.00	330.00	5,670.00
13	108	21.05	赵建国	销售部	3,780.00	5,000.00	8,780.00	439.00	273.00	712.00	8,068.00
14	109	21.05	张茉莉	厂部	3,000.00	4,000.00	7,000.00	350.00	60.00	410.00	6,590.00

图 2－1　工资计算表

启动 Excel2016 时，程序为用户提供了多项选择，可以通过“最近使用的文档”选项快速打开最近使用过的工作簿，可以通过“打开其他工作簿”命令浏览本地计算机或云共享中的其他工作簿，也可以根据需要新建工作簿。

一、建立新的工作簿

（一）新建空白工作簿

在 Excel2016 中，如果要新建空白工作簿，可以通过以下几种方法实现。

方法一，启动 Excel2016 后，系统会自动进入一个窗口，在窗口里选择【新建】命令后点击右侧的“空白工作簿”。

方法二，在已打开的工作簿中，切换到“文件”选项卡，单击“新建”命令，在对应的子选项卡中单击“空白工作簿”选项。

方法三，在桌面或“计算机”窗口等位置的空白区域单击鼠标右键，在弹出的快捷菜单中单击“新建”命令，在打开的子菜单中单击“Microsoft Excel 工作表”命令。

（二）根据模板创建

在 Excel2016 中为用户提供了许多工作簿模板，通过这些模板可以快速创建具有特定格式的文档。下面以通过模板新建“销售报表”工作簿为例，方法如下。

第一，在 Excel2016 窗口中切换到“文件”选项卡，在左侧窗格中单击“新建”命令，然后在对应的子选项卡中单击“销售报表”模板，如图 2－2 所示。

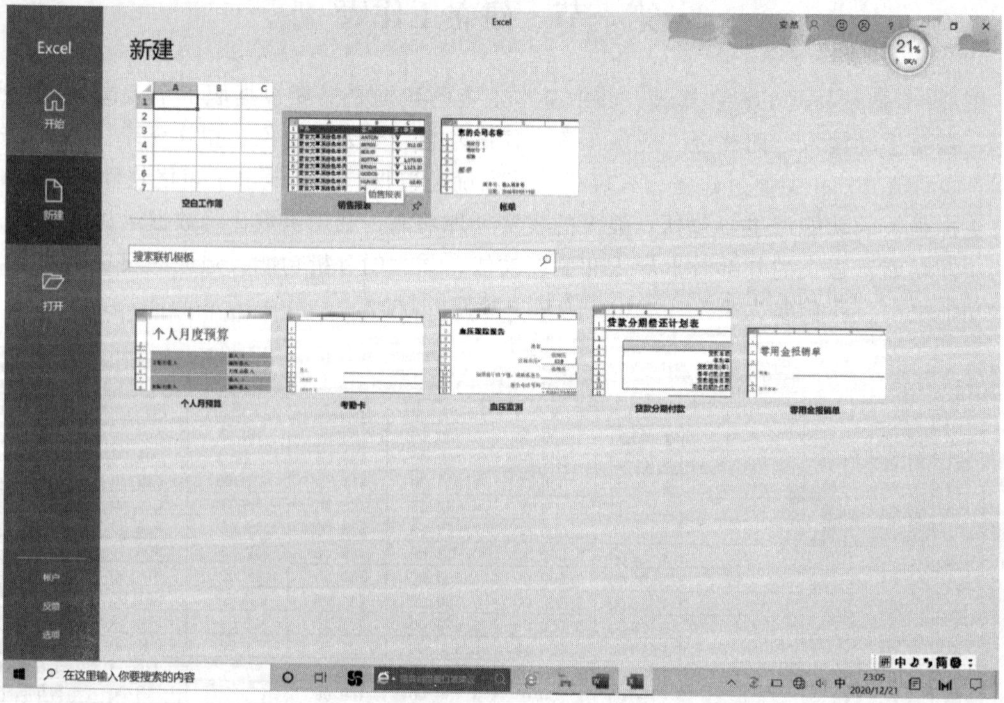

图 2－2　【文件】－【新建】－【销售报表】

第二，创建的新工作簿最终效果，如图 2－3 所示。

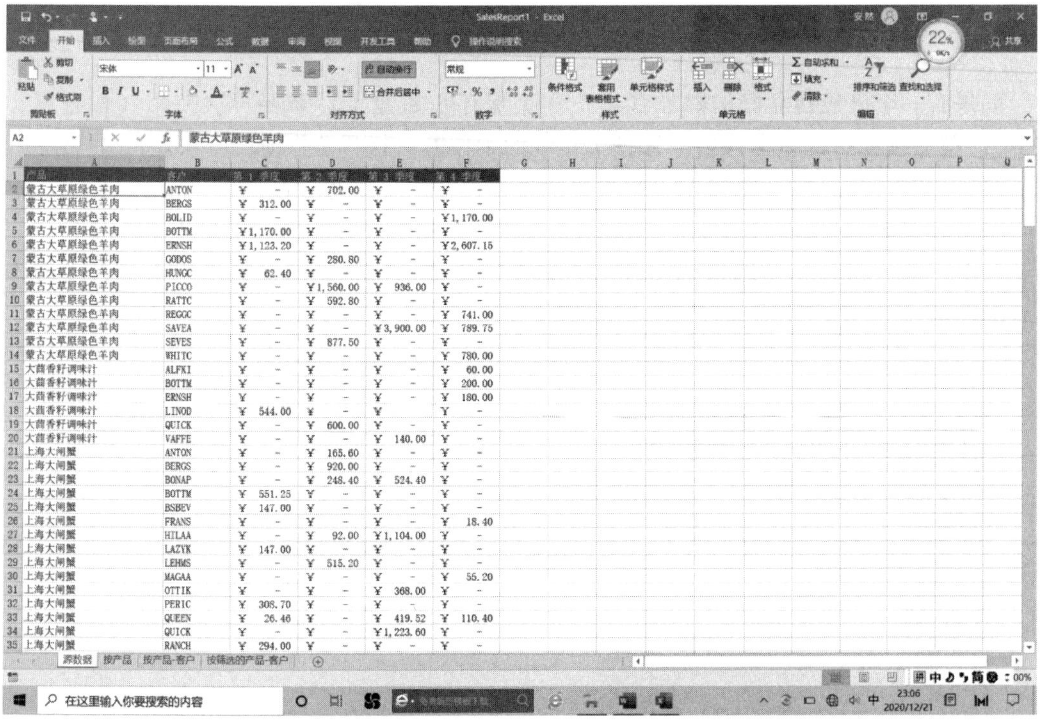

图 2－3 【销售报表】截图

二、保存工作簿

我们对新建的工作簿进行编辑后，一般都需要将该工作簿保存起来，以备日后使用。保存工作簿时，用户可以根据需要选择不同的保存方式。

（一）保存新建的工作簿

新建的工作簿需要进行保存，以免丢失已做的工作。保存新建工作簿的方法如下。

第一，单击“快速访问工具栏”中的“保存”按钮。

第二，自动切换到“文件”选项卡的“另存为”子选项卡中，然后在右侧单击“浏览”命令。

第三，弹出“另存为”对话框，在其中设置文档的保存位置、文件名和保存类型，然后单击“保存”按钮即可。

（二）将工作簿另存

对原有的工作簿进行修改后，需要对其执行保存操作。保存原有工作簿有两种情况，一是直接保存，二是对其进行备份保存。

直接保存会覆盖掉原来的内容，只保存修改后的内容。直接单击“快速访问工具栏”中的“保存”按钮即可。

备份保存不影响原来工作簿中的内容，是将编辑后的工作簿作为副本另行保存到计算机中。切换到“文件”选项卡，单击左侧窗格中的“另存为”命令，然后在“另存为”子选项卡中参照保存新建工作簿的方法操作即可。

三、打开已有的工作簿

如果有一个已经建立好的财务管理工作表保存在磁盘上，需要再次使用（如查看、修改等），就必须先打开包含该财务管理工作表的工作簿。打开工作簿的方法是：

第一，在“计算机”窗口中，找到并双击要打开的工作簿文件。

第二，在 Excel2016 窗口中，切换到“文件”选项卡，在左侧的窗格中单击“打开”命令，在对应的“打开”子选项卡中选择“最近”命令，在右侧的窗格中单击要打开的工作簿，如图 2－4 所示。

图 2－4　【文件】－【打开】－【最近】

第三，在 Excel2016 窗口中，切换到“文件”选项卡，在左侧的窗格中单击“打开”命令，在对应的“打开”子选项卡中选择“计算机”命令，在右侧的“计算机”窗格中单击“浏览”按钮，在弹出的“打开”对话框中找到并选中要打开的工作簿文件，然后单击“打开”按钮即可，如图 2－5 所示。

第四，在登录了 Office 账户的情况下，在 Excel2016 窗口中切换到“文件”选项卡，在左侧的窗格中单击“打开”命令，在对应的“打开”子选项卡中选择“Sky Drive”命令，在右侧的窗格中单击“浏览”按钮，在弹出的“打开”对话框中找到并选中要打开的工作簿文件，然后单击“打开”按钮即可。

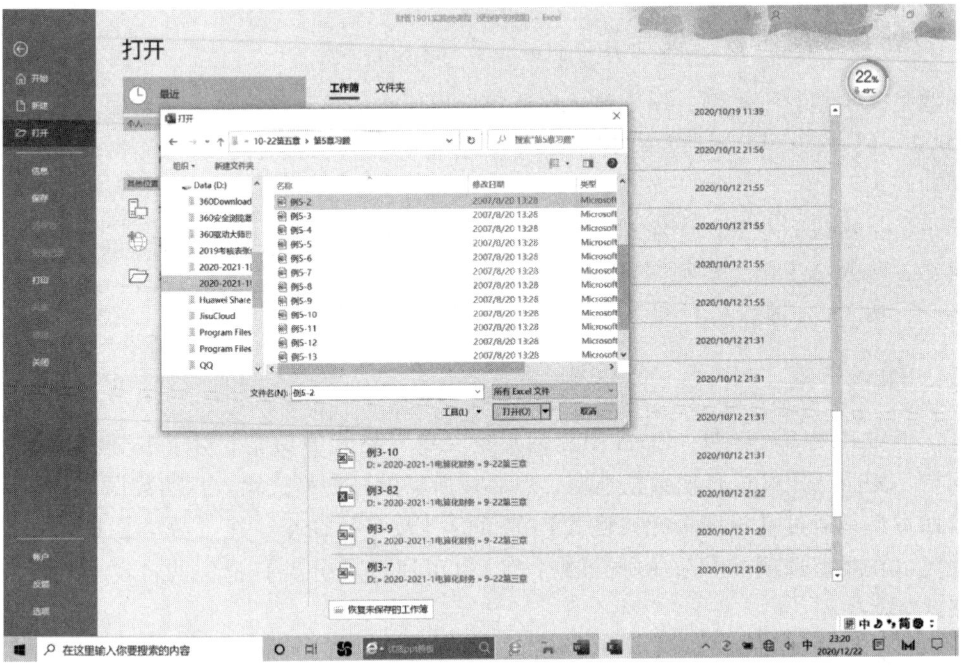

图 2-5 【文件】-【打开】-【计算机】

第二节 财务管理工作表的格式设计

财务管理工作表包括表标题、表日期、表头、表尾和表体固定栏目等。用 Excel 设计财务管理工作表时，如同在一张网格纸上画表一样简单。标题、表日期、表头、表体固定栏目等按照需要安排在相应的单元格中。下面以图 2-6 所示为例，说明财务管理工作表的格式设计。

	A	B	C	D	E
1			宇阳公司利润表		
2			2021年度		
3					单位：元
4		项目	本年数	上年数	变化
5		一：营业收入	3280000	3197000	83000
6		减：营业成本	1968000	1911800	56200
7		税金及附加	163000	157300	5700
8		销售费用	54620	52800	1820
9		管理费用	168920	159800	9120
10		财务费用	31800	34800	-3000
11		加：投资收益	4000	3000	1000
12		二、营业利润	897660	883500	14160
13		加：营业外收入	38120	10500	27620
14		减：营业外支出	12850	8700	4150
15		三、利润总额	922930	885300	37630
16		减：所得税	230733	221325	9407.5
17		四、净利润	692198	663975	28222.5
18		五、每股收益			

图 2-6 宇阳公司利润表

一、输入标题信息（文字）

标题是文本型数据类型，输入前首先选择标题所在的单元格位置，然后输入标题信息。

【例2-1】打开【Excel 基本操作.xls】工作簿，在其工作表的C2单元格输入标题“宇阳公司利润表”。

第一，单击鼠标左键，选定C2单元格，鼠标停留在编辑栏；或者双击C2单元格；

第二，输入“宇阳公司利润表”；

第三，按Enter键。

二、输入日期

在该工作表中输入日期。Excel中提供了定义单元格式的功能，对于需要输入日期数据的单元格，先将其定义成日期数据类型，然后按所需的日期格式输入日期数据。定义单元格式为日期类型是通过【设置单元格格式】菜单的【数字】命令，在【分类】框中选择日期项，便可以在类型选项框中选择所需的格式。也可通过【分类】框中的自定义功能自定义日期格式。

【例2-2】承接【例2-1】，将【Excel 基本操作.xls】工作簿中工作表的C3单元定义为“××××年×月”的日期格式，输入日期2021年。

第一，单击鼠标左键选定C3单元；

第二，选中C3单元格后，单击鼠标右键，在弹出的快捷菜单中单击【设置单元格格式】命令；

第三，在【数字】标签下的【分类】框中选择日期项；

第四，在【类型】框中选择“××××年×月”的格式；

第五，在C3单元格输入日期2×21年度。

三、输入金额单位

金额单位是文本型数据，输入前首先选择金额单位所在的单元格位置，然后输入金额单位信息。

【例2-3】承接【例2-1】，在【Excel 基本操作.xls】工作簿中工作表的D4单元格输入标题“单位：元”。

第一，单击鼠标左键，选定D4单元格，鼠标停留在编辑栏；或者双击D4单元格；

第二，输入“单位：元”；

第三，按Enter键。

四、输入表头

表头信息也是文本型数据，其输入方法有两种：一是在每个单元格输入正文后都按Enter键，再将光标移到下一单元格，输入正文。二是选择单元格区域，在一个单元中输入正文后，按Enter键，便可在该区域中的下个单元格输入正文。第一种单元格输入方法如【例2-1】，下面讨论第二种选择单元格区域的输入方法。

【例2-4】承接【例2-1】，在B5到E5单元格区域输入表头“项目、本年数、上年数、变化”。

第一，选中 B5 到 D5 单元格区域（单击区域的首单元格 B5，按住鼠标左键拖动鼠标至区域的末单元格 D5，松开鼠标，该区域变为浅灰色，表示为活动单元格区域）；

第二，B5 单元格为活动单元格，在其中输入“项目”；

第二，按 Enter 键；

第三，C5 单元格为活动单元格，在其中输入“本年数”；

第四，按 Enter 键；

第五，D5 单元格为活动单元格，在其中输入“上年数”；

第六，按 Enter 键；

第七，E5 单元格为活动单元格，在其中输入“变化”。

输入完最后单元格按 Enter 键时，第一个选中单元格又成为活动单元格。用鼠标单击任意单元格，便可结束区域输入。

五、输入表体固定栏目

表体固定栏目（如营业收入、营业成本、税金及附加、销售费用等）也是文本型数据，其输入均可采用上述【例 2 -1】和【例 2 -4】两种方法。

通过上述步骤，我们可以定义好财务管理工作表的基本格式。下面将讨论财务管理工作表中有关数据的输入和公式的建立。

第三节　输入数据及建立公式

在 Excel 表格中，常见的数据类型有文本、数字、日期和时间等，输入不同的数据类型，其显示方式将不相同。默认情况下，输入文本的对齐方式为左对齐，输入数字的对齐方式为右对齐，输入日期与时间若不是 Excel 中的日期和时间数据类型，Excel 将不能识别其显示结果。在财务管理工作表中有些数据是要输入的，如营业收入、营业成本、管理及财务费用；有些数据如营业利润、利润总额等则不需要输入，可以根据数据间的勾稽关系，通过建立公式自动计算得出。

一、输入（数值型）数据

数值是代表数量的数字形式，在输入数值型数据前，我们要先了解其表示形式，然后再讨论其输入方法。

（一）数值型数据的表示形式

在 Excel 中，数值型数据是由 0，1，2，3，4，5，6，7，8，9，小数点，加号（+），减号（-），百分号（%），货币符号（$)、科学计数符号（E）等字符组成。它的表示形式有以下几种：

负数	-156.48 或者（156.48）
加美元符号	$ 50 000.00
加百分号	55%

科学计数　　4.10101E+17

分数　　1/2

（二）数值型数据的输入方法

在Excel表格中输入数据时，不同的数据类型，其显示方式也会有所不同。为了使Excel表格正确显示出我们输入的数据，我们需要根据数据类型设置单元格的数字格式。方法主要有两种：通过"设置单元格格式"对话框或者通过功能区进行设置。

1. 通过"设置单元格格式"对话框。选中要设置数字格式的单元格或单元格区域，然后单击"开始"选项卡下"数字"组右下角的功能扩展按钮，在"设置单元格格式"对话框的"数字"选项卡中可以根据需要精确设置单元格的数字格式。

2. 通过功能区。选中单元格或单元格区域后，通过"开始"选项卡的"数字"组快捷按钮可以快速设置单元格数字格式。

数据类型设置完成后，就可以输入数值型数据，方法如下：

第一，选择一个单元格或单元格区域；

第二，直接输入数据；

第三，按Enter键。

【例2-5】承接【例2-1】，输入本年数和上年数的营业收入、营业成本。

第一，选择C6:D7单元格区域；

第二，输入3 380 000；

第三，按Enter键；

第四，输入3 197 000；

第五，按Enter键；

第六，输入1 968 000；

第七，按Enter键；

第八，输入1 911 800。

同理，选择C8:D12单元格区域依次输入163 000，157 300，54 620，52 800，168 920，159 800，31 800，34 800，4000，3000。

选择C14:D15单元格区域，依次输入38 120，10 500，12 850，8 700。

二、建立公式

公式是由一系列单元格的引用、函数以及运算符等组成，是对数据进行计算和分析的等式。在Excel中利用公式可以对工作表中的各种数据进行快速计算。公式的定义非常简单，一次定义可以多次使用，而且数据间的勾稽关系采用自动链接方式，当源数据发生变化时，目标数据会自动改变。

（一）公式的概念

（1）公式的含义。公式是以等号（"="）为引导，通过运算符按照一定的顺序组合进行数据运算处理的等式。公式的组成要素为等号（=）、运算符和常量、单元格引用、函数等。

（2）公式中的运算符。运算符是公式中的基本元素，用于连接公式中的操作符，是工作表处理数据的指令。公式中可以使用的运算符有：

算术运算符。算术运算符主要用于完成基本的数学运算，常用的算术运算符有：加号“+”、减号“-”、乘号“*”、除号“/”、百分号“%”、乘方“^”。

比较运算符。比较运算符用于比较两个数值的大小，并返回逻辑值 true 或 falsc。常用的比较运算符主要有：等号“=”、大于号“>”、小于号“<”、大于或等于号“>=”、小于或等于号“<=”、不等于号“<>”。

文本运算符。文本运算符只有一个“&”（连接），它用于将两个文本值连接或串起来产生一个连续的文本值。数值型数值如果用于文本运算符，也将按文本型数据对待。

引用运算符。引用运算符用于对单元格区域进行合并计算，常见的引用运算符有：区域运算符冒号“:”、联合运算符逗号“,”、以及交叉运算符空格“”。

（二）公式的输入

公式的输入有手动输入、使用鼠标辅助输入两种常用方法。

1. 手动输入。选择单元格或单元格区域，直接输入公式，按下 Enter 键，计算结果显示在选定的单元格或单元格区域中。

【例 2-6】 营业利润 = 营业收入 - 营业成本 - 税金及附加 - 销售费用 - 管理费用 - 财务费用 + 投资收益

承接【例 2-1】，在 C13 单元格输入公式：=C6-C7-C8-C9-C10-C11+C12；

按 Enter 键，计算结果显示在 C13 单元格。

利润总额 = 营业利润 + 营业外收入 - 营业外支出

在 C16 单元格输入公式：=C13+C14-C15；

按 Enter 键，计算结果显示在 C16 单元格。

所得税 = 利润总额 ×25%

在 C17 单元格输入公式：=C16*25%

按 Enter 键，计算结果显示在 C17 单元格。

净利润 = 利润总额 - 所得税

在 C18 单元格输入公式：=C16-C17

按 Enter 键，计算结果显示在 C18 单元格。

2. 使用鼠标辅助输入。在引用单元格较多的情况下，比起手动输入公式，使用鼠标辅助输入公式更准确更便捷。

【例 2-7】 承接【例 2-1】，完成工作表中营业利润、利润总额、所得税、净利润项目的计算。

第一，在 C13 单元格输入等号“=”，然后单击 C6 单元格，此时该单元格周围出现闪动的虚线边框，可以看到 C6 单元格被引用到了公式中。

第二，在 C13 单元格中输入减号“-”，单击 C7 单元格，此时 C7 单元格也被引用到了公式中。

第三，然后用同样的方法引用 C8 单元格、C9 单元格、C10 单元格、C12 单元格。

第四，完成后按下 Enter 键，确认公式的输入，即可得到计算结果。

同样的方法，在 C16 单元格输入公式：=C13+C14-C15，按 Enter 键，即可得到计算结果。

在 C17 单元格输入公式：= C16 × 25%，按 Enter 键，即可得到计算结果。

在 C18 单元格输入公式：= C16 - C17，按 Enter 键，即可得到计算结果。

(三) 公式的复制与填充

在 Excel 中创建公式后，如果其他单元格需要使用相同的计算方法，可以通过“复制”和“粘贴”的方法进行操作。

复制公式的方法如下：

(1) 选择公式所在的单元格或单元格区域；

(2) 选择【开始】选项卡下的【复制】命令，Excel 自动把公式放在剪切板上；

(2) 选择要粘贴公式的单元格或单元格区域；

(4) 选择【开始】选项卡下的【粘贴】命令，Excel 根据目标单元格的位置自动进行调整剪切板上的公式的单元格引用后，将公式粘贴在目标单元格或单元格区域。

【例 2-8】 将一个单元格的公式复制到另一个单元格。将 C13 单元格的公式复制到 D13 单元格。

第一，选择 C13 单元格；

第二，选择【开始】选项卡下的【复制】命令；

第三，选择 D13 单元格；

第四，选择【开始】选项卡下的【粘贴】命令，则自动调整公式中相对引用的列坐标，将公式“= D6 - D7 - D8 - D9 - D10 - D11 + D12”粘贴在 D13 单元。

将一个单元格区域的公式复制到另一个单元格区域。将 C16 计算利润总额公式、C17 计算所得税公式，C18 计算净利润公式共三个公式复制到 D16、D17、D18 单元格。

第一，选择单元格 C16、C17 和 C18，即选择 C16 单元格，按住 Ctrl 键，选择 C17、C18 单元格；

第二，选择【开始】选项卡下的【复制】命令；

第三，选择 D16 单元格、D17 单元格和 D18 单元格；

第四，选择【开始】选项卡下的【粘贴】命令，将公式“D13 + D14 - D15”和公式“= D16 * 25%”以及公式“= D16 - D17”分别粘贴在 D16、D17、D18 单元格。

将一个单元格的公式复制到一个单元格区域。在 E6 单元格输入计算营业收入变化的公式，然后将该公式复制到 E7:E18 单元格区域。

变化 = 本年数 - 上年数

第一，选择 E6 单元格；

第二，输入公式：= C6 - D6；

第二，选择【开始】选项卡下的【复制】命令；

第三，选择 E7:E18 单元格区域，即选择 E7 单元格，按住鼠标左键拖动鼠标至 E18 单元格；

第四，选择【开始】选项卡下的【粘贴】命令，则自动调整公式中相对引用的行坐标，将 6 个公式分别粘贴在 E7:E18 单元格区域。或者

第一，选择 E6 单元格；

第二，输入公式：= C6 - D6；

第三，选择 E6 单元格；

第四，鼠标指向 E6 单元格右下角，当鼠标指针变为黑色十字填充柄时，按下鼠标左键，向下拖动至 E18 单元格，自动调整公式中相对引用的行坐标，将 12 个公式分别粘贴在 E7:E18 单元格区域。

在 Excel 单元格中一旦建立了公式，便建立了数据间的勾稽关系，而且这种勾稽关系采用自动链接方式。在上述实例中我们建立了一系列公式，其中“净利润差异”E18 单元格与其他单元格数据间存在着如下的勾稽关系：C6、C7、C8、C9、C10、C11、C12、C14、C15，D6、D7、D8、D9、D10、D11、D12、D14、D15 单元格的数据为源数据，C13、C16、C17、C18、D13、D16、D17、D18、E18 单元格的数据是目标数据，当任意源数据改变时，目标单元格数据将自动改变。

第四节 修改工作表

财务管理工作表建立之后，其格式一般不变，当基本数据变化时，只需修改源数据，一张新的工作表就编制完成了，即一次定义可以多次使用。但是，随着经济环境和管理要求的改变，财务管理工作表的格式、内容都可能需要进行调整和更改。因此，还需要掌握如何对工作表进行修改。

一、修改单元格内容

在工作表中输入数据时，难免会出现错误。如若发现输入的数据有误，可以根据实际情况进行修改，包括修改单元格中的部分数据、全部数据以及撤销和恢复数据。

（一）修改单元格中的部分数据

对于比较复杂的单元格内容，如公式，很可能遇到只需要修改很少一部分数据的情况，此时可以通过下面两种方法进行修改。

1. 双击需要修改数据的单元格，单元格处于编辑状态，此时将光标定位在需要修改的位置，将错误字符删除并输入正确的字符，输入完成后按“Enter”确认即可。

2. 选中需要修改数据的单元格，将光标定位在“编辑栏”中需要修改的字符位置，然后将错误字符删除并输入正确的字符，输入完成后按“Enter”确认即可。

（二）对单元格内容进行编辑

在单元格处于编辑状态时，可以使用以下编辑键：左右箭头可以向左向右移动一个字符；End 移到单元尾；Home 移到单元头；Esc 取消操作。

进入编辑状态可以进行以下操作：

1. 插入字符。在插入状态，将光标移到需插入字符的位置，输入字符，原字符向后移。

2. 删除字符。将光标移到需删除的字符位置，用 Backspace 键删除光标前面的字符，用 Del 键删除光标之后的字符。

3. 改写（覆盖）字符。在改写状态，将光标移到需修改字符的位置，输入字符，原字符被新字符覆盖。

在修改数据时，关闭“NumLock”指示灯，然后按下“Insert”键，可以在“插入”模式和“改写”模式之间进行转换。

（4）修改公式中的单元格引用。拖动鼠标选择公式中要修改的单元格引用，再选择新的单元格引用，则公式中旧的单元格引用被新的单元格引用代替，按回车键结束操作。

二、复制、粘贴、剪切、填充

（一）复制

1. 复制的含义。复制是将一个单元格或单元格区域的全部内容（包括数值、格式、公式等）放入剪切板中，原单元格或单元格区域的内容保持不变。也就是说，复制操作不仅复制了单元格中的数据，还复制了单元格中的任何格式、数据有效性及单元格的批注。

2. 复制的一般方法。

（1）拖动复制。选择某一个单元格或单元格区域的框的一边，当鼠标指针由空心十字变为实心箭头时，拖动至一新的位置，该位置用虚线框起来，按下 Ctrl 键，此时鼠标指针变为空心箭头带一个小加号，松开鼠标，最后松开 Ctrl 键，则原单元格或单元格区域内容不变，并且在新位置复制了一份内容。注意当原单元格或单元格区域的内容为公式时，新位置也被复制了公式，但是公式中的单元格引用将根据新位置相对于原位置的移动进行修改。

（2）【开始】选项卡下的【剪贴板】组中的【复制】命令。使用【开始】选项卡下的【复制】命令实现将一个单元格或单元格区域的内容复制到另一个单元格或单元格区域的方法是：

第一，选择要复制的原单元格或单元格区域；

第二，选择【开始】选项卡下的【复制】命令；或者单击鼠标右键，在弹出的快捷菜单中选择【复制】命令；或者按下键盘上的“Ctrl + C”组合键。

第三，选择要复制的目标单元格或单元格区域的首单元格；

第四，选择【开始】选项卡下的【粘贴】命令，或者按下键盘上的“Ctrl + V”组合键。

（二）粘贴

1. 粘贴的含义。粘贴是将剪切板上的内容取出，粘贴在选定的单元格或单元格区域。粘贴又分为两种：粘贴（全部粘贴）、选择性粘贴。

粘贴（全部粘贴）是将剪切板上的全部内容粘贴到选定的单元格或单元格区域，包括数据、公式、单元格格式、条件格式、数据有效性及单元格批注。

选择性粘贴是将剪切板上的内容有选择地（选择公式、值、格式等）粘贴到选定的单元格或单元格区域。选择性粘贴的粘贴选项包括：全部、公式、数值、格式、批注、验证、所有使用源主题的单元、边框除外、列宽、公式和数字格式、值和数字格式、所有合并条件格式。

2. 粘贴的方法。

（1）【开始】选项卡下【剪贴板】组中的【粘贴】命令。使用【开始】选项卡下的【粘贴】命令将剪切板上的全部内容粘贴在选定的单元格或单元格区域。

（2）按下键盘上的“Ctrl + V”组合键可以将剪切板上的全部内容粘贴在选定的单元格或单元格区域。

3. 选择性粘贴的方法。

（1）【开始】选项卡下【剪贴板】组中的【粘贴】按钮的下拉箭头，在弹出的下拉菜单中选择最后一项【选择性粘贴】命令。

（2）在粘贴目标单元格或单元格区域中单击鼠标右键，在弹出的快捷菜单中单击【选择性粘贴】命令，然后在弹出的扩展菜单中单击“选择性粘贴”。

（三）剪切

1. 剪切的含义。将一选定单元格或单元格区域的全部内容（包括数值、格式、公式等）放入剪切板中，再将其粘贴到一个新的单元格或单元格区域时，原单元格或单元格区域的内容将被放入新的单元格或单元格区域。复制和剪切的区别在于，复制是产生源区域的数据副本，操作不影响源区域的数据；而剪切是将源区域移走，源区域将不再存在该数据。

2. 剪切的方法。

（1）拖动剪切（移到）。选择某一个单元格或单元格区域的框的一边，当鼠标指针由空心十字变为实心箭头时，按住鼠标左键，拖动鼠标至目标位置，该位置用虚线框起来，此时鼠标指针变为空心箭头带一个小加号，松开鼠标，则原单元格或单元格区域内容被剪切下来，并移动到目标位置。

在使用拖动的方法移动数据时，如果目标区域已经存在数据，则在松开鼠标左键时会出现警告窗口提示，询问是否替换单元格中的数据，单击“确定”按钮将覆盖数据，完成移动，单击“取消”按钮则取消此次移动操作。

（2）【开始】选项卡下【剪切板】组中的【剪切】按钮。使用【开始】选项卡下的【剪切】命令实现将一个单元格或单元格区域的内容剪切下来的方法是：

第一，选择要剪切的单元格或单元格区域；

第二，选择【开始】选项卡下的【剪切】命令，该单元格或单元格区域的内容被剪切到剪切板上。

如果需要将剪切的内容粘贴到目标单元格：

第三，选择目标单元格或单元格区域的首单元格；

第四，按回车键或选择【开始】选项卡下的【粘贴】命令。

（3）在选中的需要移动的单元格或单元格区域上单击鼠标右键，在弹出的快捷菜单中选择【剪切】命令。

（4）按下键盘上的“Ctrl + X”组合键，选定单元格或单元格区域的内容被剪切到剪切板上。

（四）填充

1. 填充的含义。将单元格的内容复制到其他单元格或单元格区域。但是这种复制具有智能感知效果，即可以把活动单元格中的数值、日期等按一定规律复制到指定单元格或单元格区域。

2. 填充的方法。

（1）快速填充空白单元格。在制作 Excel 工作表的过程中，有时需要在多个空白单元格内输入相同的数据内容。这时，我们可以利用 Excel 提供的“定位条件”功能选定空白单元格，然后利用“Ctrl + Enter”组合键，快速在空白单元格中输入相同的数据内容，具体方法如下：

第一，选择表格所在的单元格区域；

第二，选择【开始】选项卡，在【编辑】组中单击【查找和选择】的【定位条件】命令；

第三，弹出“定位条件”对话框，选择“空值”单选项，单击“确定”按钮，即可自动选中所选单元格区域中所有的空白单元格；

第四，根据需要输入数据内容，按下“Ctrl + Enter”组合键，即可快速填充所选空白单元格。

（2）拖动填充柄。在选择单元格或单元格区域后，所选对象四周会出现一个黑色边框的选区，该选区的右下角会出现一个很小的方块，称为填充柄，用鼠标选中填充柄时，鼠标指针变为十字形状。此时用鼠标左键拖动填充柄，即可在拖动经过的单元格区域快速填充相应的数据。拖动的方向只能为上、下、左、右方向上相邻的连续单元格。在拖动过程中，可能选中的单元格被框起来，随着拖动的进行，逐渐加长。当抬起鼠标时，确认选中的单元格变为逆显示。此时被框起来的单元格区域复制了若干份原内容。

Excel 的填充功能具有智能感知技术，对于单元格中包含数值或日期等类型的数据，填充到其他单元格或单元格区域会自动递增。

【例 2－9】

如图 2－7、图 2－8 所示，数字：A2，B2 单元格的值分别为 10，20，选中 A2:B2 单元格区域的填充柄，拖动到 C2，D2 单元格，其结果为 30，40。

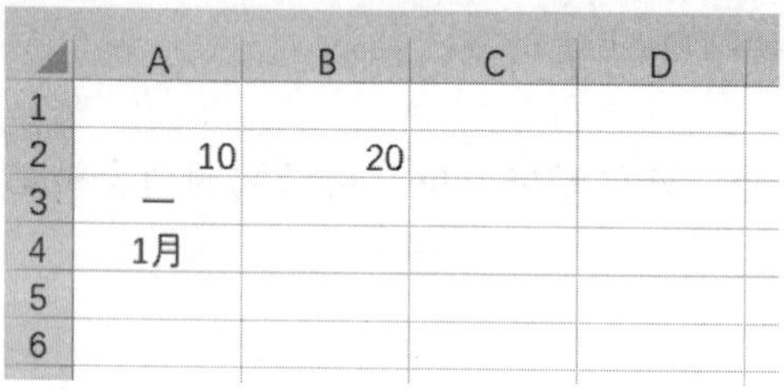

	A	B	C	D
1				
2	10	20		
3	一			
4	1月			
5				
6				

图 2－7　填充前

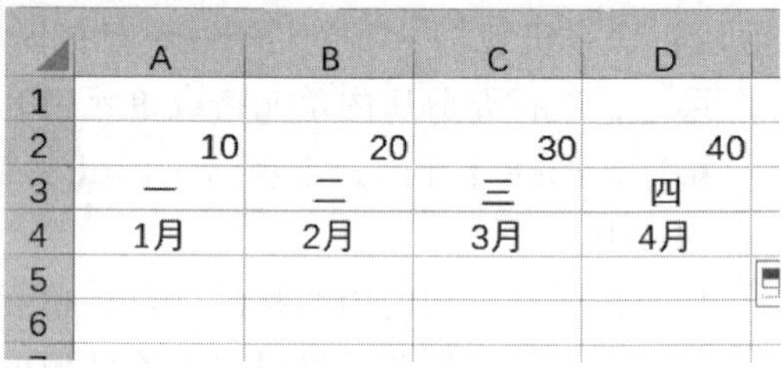

	A	B	C	D
1				
2	10	20	30	40
3	一	二	三	四
4	1月	2月	3月	4月
5				
6				

图 2－8　填充后

序列：A3 单元格的值为一，选中 A3 单元格的填充柄，拖动到 B3，C3，D3 单元格区域，其结果为二、三、四。

A4 单元格的值为 1 月，选中 A4 单元格的填充柄，拖动到 B4，C4，D4 单元格区域，其结果为 2 月、3 月、4 月。

（3）通过【序列】对话框输入。通过【开始】选项卡编辑组中的【填充】命令进行填充。选择【开始】选项卡编辑组中的【填充】命令，单击【填充】下拉按钮，在弹出的下拉菜单中单击【序列】命令，如图 2－9 所示。

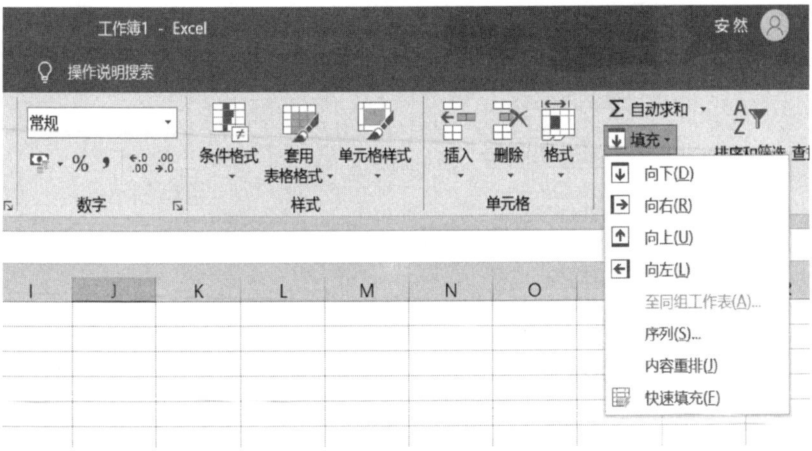

图 2-9 【开始】-【填充】-【序列】

如图 2-9 所示的子菜单。通过选择菜单中的命令进行向下、向上、向左、向右的填充。选择【序列】命令，出现图 2-10 所示的对话框。

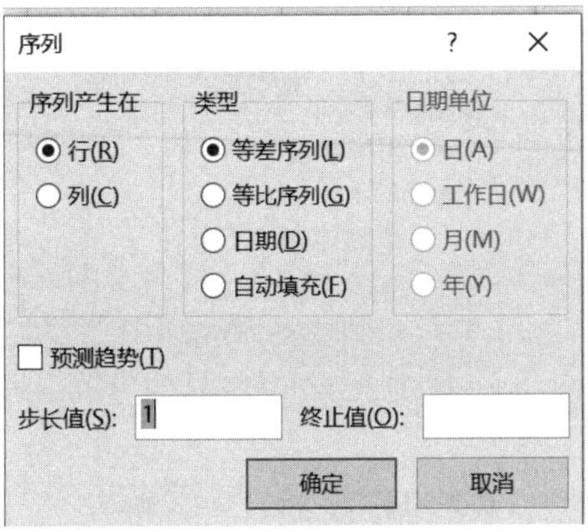

图 2-10 【序列】对话框

在【序列】对话框中选择序列产生的行、列、类型、日期单位、步长值等选项完成不同的填充。

三、插入与删除

无论在纸上做表格还是在 Excel 电子表工具上做表格，都会进行增加或删除单元格、行、列等工作。但是在纸上和在 Excel 电子表上进行增、删单元格或行列却有很大的差别。在 Excel 中，增加（插入）或删除一个单元格、行、列后，表中已有数据要按照命令自动迁移，同时单元格公式中的引用也自动进行相应的调整和修改。插入和删除有两种方法：菜单条上的命令和快捷菜单。

（一）菜单条上的命令

1.【开始】选项卡下的【插入】-【插入单元格】命令。用【开始】选项卡下的【插入】-【插入单元格】命令在工作表中能够插入一个单元格、一行或一列，如图 2-11 所示。

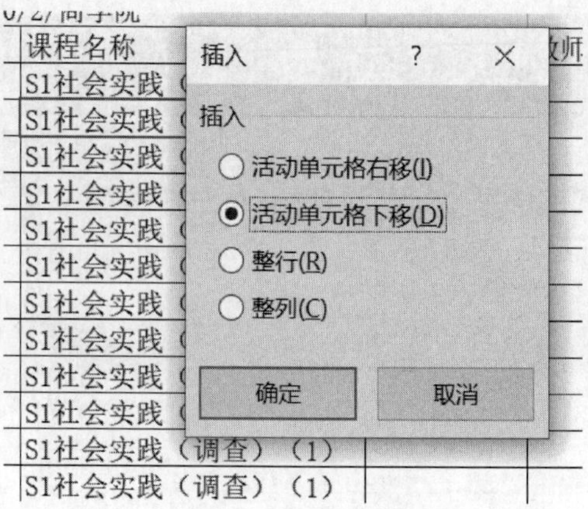

图 2－11　插入对话框

2.【开始】选项卡下的【清除】命令。用【开始】选项卡下的【清除】命令可以按指定方式清除单元格或单元格区域，其子菜单，如图 2－12 所示。

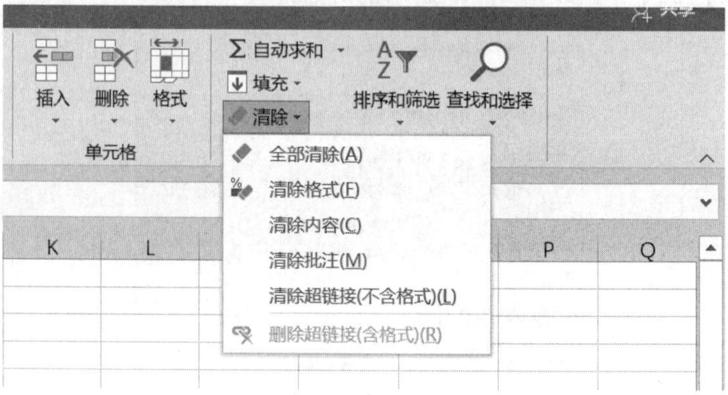

图 2－12　【开始】－【清除】

如图 2－12 所示：

【全部清除】：清除选定单元格或单元格区域的格式、内容、批注等。

【清除格式】：只清除选定单元格或单元格区域的数据格式，而保留数据。

【清除内容】：只清除选定单元格或单元格区域的内容而保留格式，即使其为空白，但在输入新数据时，仍按原来格式存放。

【清除批注】：只清除由【审阅】菜单【新建批注】命令建立的批注。

3.【开始】选项卡下的【删除】命令。用【开始】选项卡下的【删除】命令可以删除单元格或单元格区域。选择【开始】选项卡下的【删除】－【删除单元格】命令出现，如图 2－13 所示的删除对话框。

【整行】：选定单元格所在的行被删除。

【整列】：选定单元格所在的列被删除。

【右侧单元格左移】：选定单元格或单元格区域被删除，其右侧的内容填充到该区域。

【下方单元格上移】：选定单元格或单元格区域被删除，其下方的内容填充到该区域。

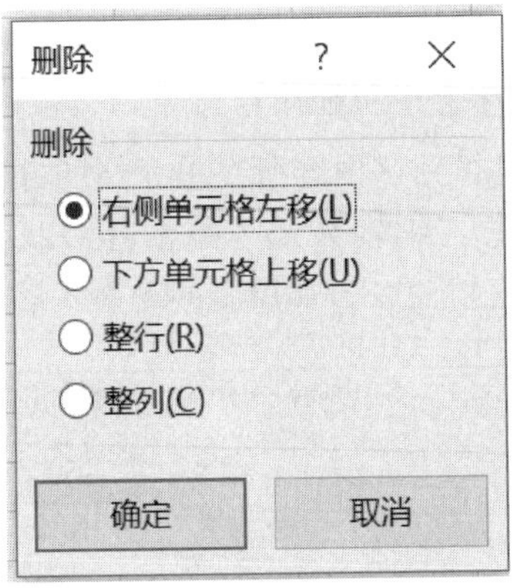

图 2－13 【删除】对话框

（二）快捷菜单

选择要插入、删除、清除的单元格、行或列等，单击鼠标右键，出现快捷菜单，如图 2－14所示。

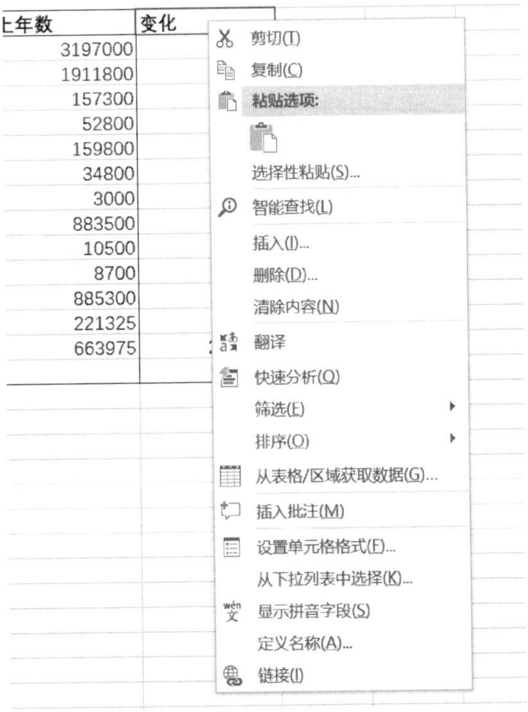

图 2－14 快捷菜单

选择菜单中的相应命令，即可完成插入、删除、清除内容操作。

四、查找和替换

在查阅工作表时，如果发现一个错误在表格的多处存在，或者是在数据量大的工作表中需要查找某一具体的数据信息时，通篇翻阅十分费时。此时可以使用 Excel 提供的查找与替换功能，首先查到该单元格所在的位置，然后进行修改。

（一）【开始】选项卡下的【查找和选择】命令

查找是根据指定内容，快速找到该内容所在单元格的方法。具体方法如下：

第一，在【开始】选项卡的【编辑】组中单击【查找和选择】命令，出现下拉菜单，在打开的下拉菜单中单击【查找】命令，如图 2-15 所示。

图 2-15　【查找和选择】菜单

第二，弹出【查找和替换】对话框，在【查找】选项卡的“查找内容”文本框中输入要查找的内容，单击“查找下一个”按钮，如图 2-16 所示。

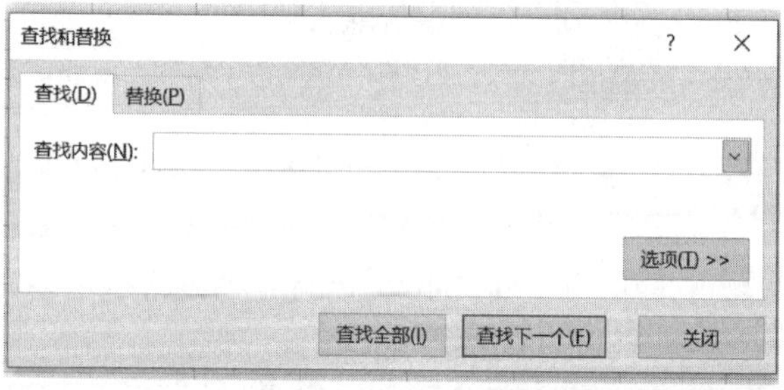

图 2-16　【查找】选项卡

第三，系统会自动选中符合条件的第一个单元格，如果需要继续查找，则再次单击“查找下一个”按钮。此外，单击“查找全部”按钮，将在【查找和替换】对话框的下方显示出符合条件的全部单元格信息。

（二）【开始】选项卡下的【替换】命令

如果要对工作表中查找到的数据进行修改，可以使用【替换】命令，替换是一种快速、成批自动修改单元格或单元格区域内容的方法。具体方法如下：

第一，在【开始】选项卡的【编辑】组中单击【查找和选择】命令，出现下拉菜单，在打开的下拉菜单中单击【替换】命令。

第二，弹出【查找和替换】对话框，在【替换】选项卡的“查找内容”文本框中输入要查找的内容，在“替换为”文本框中输入要替换的内容，单击“查找下一个”按钮，如图 2－17 所示。

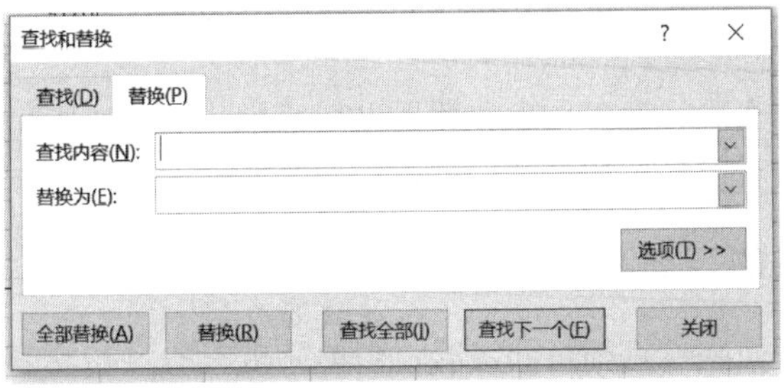

图 2－17　【替换】选项卡

第三，系统会自动选中符合条件的第一个单元格，如果需要替换的不是该单元格内容，则继续单击“查找下一个”按钮查找。如果要替换该单元格内容，则单击“替换”按钮即可。如果需要替换全部，则单击“查找全部”与“全部替换”按钮即可。

（三）【查找和替换】对话框的【选项】

如果想要更换准确地查找想要的数据，可以在【查找和替换】对话框中单击“选项”按钮，能显示更多的查找和替换选项，如图 2－18 所示。

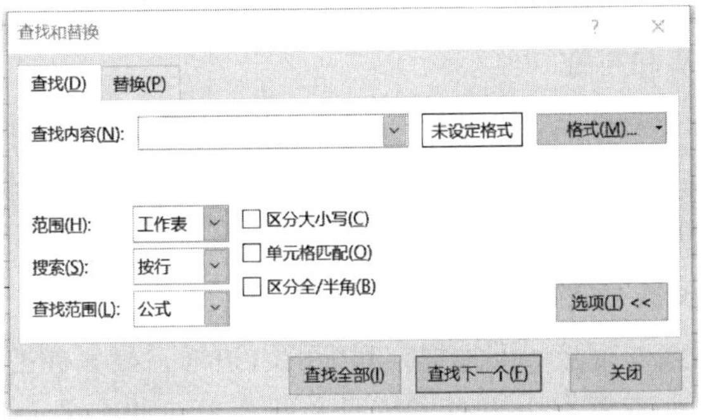

图 2－18　【查找和替换】－【选项】

【范围】：可以在下拉列表中选择查找的目标范围，是在当前工作表还是整个工作簿中查找。

【搜索】：可以在下拉列表中选择查找时的搜索顺序，可以选择“按行”，即查找按一行一行进行；或“按列”即查找按一列一列进行。

【查找范围】：可以在下拉列表中选择查找对象的类型。选择“公式”表示查找所有单元格数据及公式的内容；选择“值”表示仅查找单元格中的数值、文本及公式计算结果，而不包括公式内容；选项“批注”表示仅在批注内容中查找。

【区分大小写】：可选择是否区分英文字母的大小写。

【单元格匹配】：可选择查找目标单元格是否包含需要查找的内容。

【区分全半角】：选择是否区分全角和半角字符。

第五节　编排工作表

编制完成一张工作表后，对工作表和数据进行编排，调整列宽、行高、对齐方式、数据格式等，可以使工作表看起来更加清楚、美观，使数据格式更加符合财务管理人员的习惯。

一、设置工作表的行高和列宽

在默认情况下，行高和列宽都是固定的，当单元格中的内容较多时，可能无法将其全部显示出来，这时就需要调整单元格的行高或列宽。

（一）精确设置工作表的行高和列宽

精确设置工作表的行高和列宽的方法主要有以下两种：

方法一：选中需要调整的行或列，用鼠标右键单击，在弹出的快捷菜单中单击【行高】或【列宽】命令，在弹出的【行高】或【列宽】对话框中输入精确的行高或列宽值，单击【确定】按钮即可。

方法二：选定需要调整的行或列之后，单击【开始】选项卡单元格组中的【格式】下拉按钮，在弹出的下拉菜单中选择【行高】或【列宽】命令，在弹出的【行高】或【列宽】对话框中输入精确的行高或列宽值，单击【确定】按钮即可。

（二）自动调整行高和列宽

选定需要调整的行或列之后，单击【开始】选项卡单元格组中的【格式】下拉按钮，在弹出的下拉菜单中选择【自动调整行高】或【自动调整列宽】命令，Excel2016 会根据行或列中的数据内容自动调整合适的行高或列宽。

（三）拖动改变行高和列宽

将鼠标移至需要调整的行号的下边框或列标的右边框，当鼠标指针变为一条水平短黑线和两个反向的垂直箭头，或者一条垂直黑短线和两个反向的水平箭头时，按住鼠标左键不放，此时行标签或列标签上方会出现一个提示框，以显示当前的行高或列宽。当调整到合适的行高或列宽时，松开鼠标左键，即可完成行高或列宽的设置。

二、设置单元格对齐方式

在 Excel 单元格中，文本默认为左对齐，数字默认为右对齐。为了保证工作表的数据整齐，可以为数据重新设置对齐方式。改变单元格对齐方式的方法有两种：

（一）通过【设置单元格格式】命令

方法一：选中要改变对齐方式的单元格，单击【开始】选项卡【格式】按钮，在弹出的菜单中单击【设置单元格格式】命令，打开【设置单元格格式】对话框，在【对齐】标签中进行水平对齐、垂直对齐、方向和自动换行等选择，可以改变选中单元格中的数字、文本和日期的对齐状态。

方法二：选中要改变对齐方式的单元格，单击鼠标右键，在弹出的菜单中单击【设置单元格格式】命令，打开【设置单元格格式】对话框，在【对齐】标签中进行水平对齐、垂直对齐、方向和自动换行等选择，可以改变选中单元格中的数字、文本和日期的对齐状态，如图 2－19 所示。

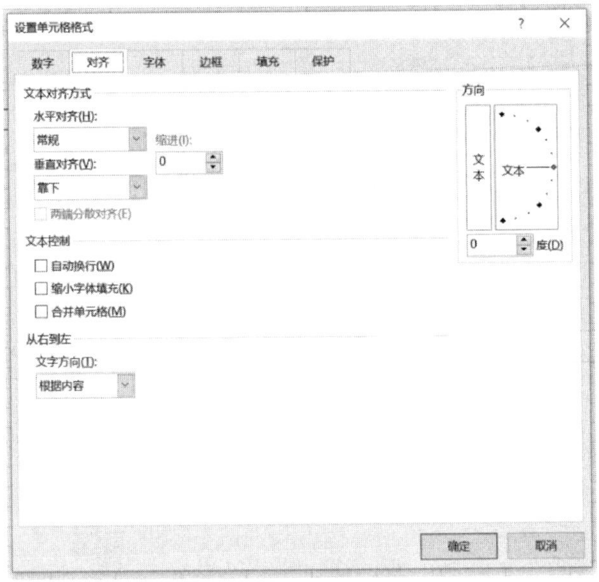

图 2－19　【设置单元格格式】－【对齐】

（二）利用功能区的对齐工具

用【开始】选项卡下的【对齐方式】命令可以快速改变一个单元格或单元格区域的数字、文本和日期的排列。方法是首先选中需要改变对齐方式的单元格或单元格区域，然后单击左对齐工具、右对齐工具、置中对齐工具等。

三、设置数字格式

在 Excel2016 中输入数字后可根据需要设置数字的格式，数字格式的设置方法与对齐方式的设置方法相似。

（一）通过【设置单元格格式】命令

方法一：选中需要改变数字格式的单元格或单元格区域，单击【开始】选项卡【格式】按钮，在弹出的菜单中单击【设置单元格格式】命令，打开【设置单元格格式】对话框，在【数字】标签中按照内部数字格式或自己的习惯格式编辑数字。

方法二：选中需要改变数字格式的单元格或单元格区域，单击鼠标右键，在弹出的菜单中单击【设置单元格格式】命令，打开【设置单元格格式】对话框，在【数字】标签中按照内部数字格式或自己的习惯格式编辑数字。

【设置单元格格式】对话框，如图 2－20 所示。

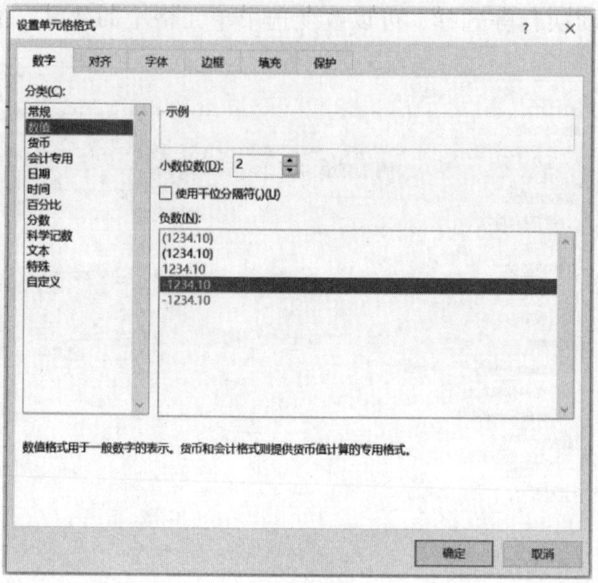

图 2-20　【设置单元格格式】-【数字】

（1）数值。可以选择小数位数、是否使用千位分隔符和负数的表示方法。

（2）货币。在数值前加美元或人民币符号。

（3）会计专用。可以选择小数位数和货币符号，如￥280。

（4）日期。可以选择各种类型的日期格式，如 2021 年 3 月 8 日、2021 年 3 月、2021-3-8 等。

（5）时间。可以选择各种类型的时间格式，如 6：30，6 时 30 分。

（6）百分比。可以选择百分比的小数位数。

（7）分数。如 156.5 表示为 $156\frac{1}{2}$。

（8）科学计数。

（二）利用功能区的数字工具

用【开始】选项卡下的【数字】的格式工具可以快速改变一个单元格或单元格区域的数字格式。方法是首先选中需要设置数字格式的单元格或单元格区域，然后单击会计数字格式工具、百分比工具、千位分隔工具、增加小数位数、减少小数位数等。

四、设置字体格式

在 Excel2016 中输入的文本默认为宋体。为了制作出美观的电子表格，用户可以更改工作表中单元格或单元格区域的字体、字号、字形或颜色等文本格式。

（一）通过浮动工具栏设置。

双击需要设置字体格式的单元格，将光标插入其中，拖动鼠标左键，选择要设置的字符，并将鼠标光标放置在选择的字符上，片刻后将出现一个半透明的浮动工具栏，将光标移到上面，浮动工具栏将变得不透明，在其中可设置字符的字体格式，如图 2-21 所示。

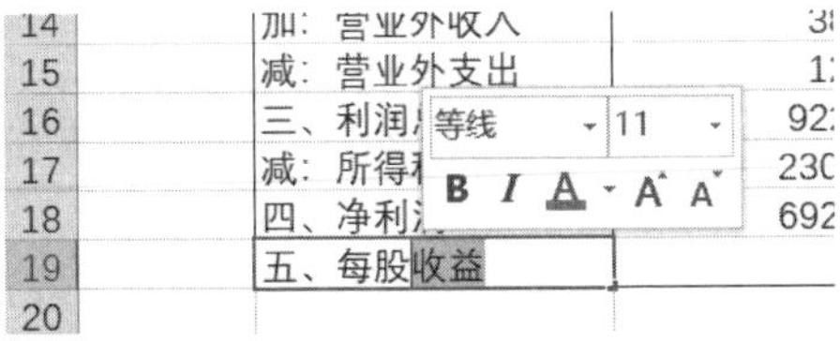

图 2－21　【字体格式】浮动工具栏

（二）通过【开始】选项卡的【字体】组设置

用【开始】选项卡下的【字体】组的字体工具，可以快速改变一个单元格或单元格区域的字体。方法是首先选中需要设置字体格式的单元格或单元格区域，然后单击字体、字号、字形、颜色等字体工具。

（三）通过【设置单元格格式】对话框

方法一：选中需要改变字体格式的单元格或单元格区域，单击【开始】选项卡【格式】按钮，在弹出的菜单中单击【设置单元格格式】命令，打开【设置单元格格式】对话框，在【字体】标签中根据需要设置字体格式。

方法二：选中需要改变数字格式的单元格或单元格区域，单击鼠标右键，在弹出的菜单中单击【设置单元格格式】命令，打开【设置单元格格式】对话框，在【字体】标签中根据需要设置字体格式。

方法三：单击【开始】选项卡下【字体】组右下角的功能扩展按钮，打开【设置单元格格式】对话框，在【字体】标签中根据需要设置字体格式。

五、设置单元格或单元格区域的颜色

默认情况下，Excel 工作表中的单元格为白色，但是为了单元格内容更清楚美观，Excel 提供多种颜色供单元格或单元格区域设置背景使用。

（一）通过【设置单元格格式】对话框

方法一：选中要设置背景色的单元格或单元格区域，单击【开始】选项卡【格式】按钮，在弹出的菜单中单击【设置单元格格式】命令，打开【设置单元格格式】对话框，在【填充】标签中根据需要设置背景色。

方法二：选中要设置背景色的单元格或单元格区域，单击鼠标右键，在弹出的菜单中单击【设置单元格格式】命令，打开【设置单元格格式】对话框，在【填充】标签中根据需要设置背景色。

（二）通过【字体】组的颜色工具

用【开始】选项卡下的【字体】组的颜色工具，可以快速改变一个单元格或单元格区域的颜色。方法是首先选中需要设置背景色的单元格或单元格区域，然后单击填充颜色工具。

六、设置单元格样式

Excel2016 内置了多种单元格样式，为单元格预定义了不同的文字格式、数字格式、对齐格式等格式模板，应用单元格样式可以帮助我们轻松拥有专业且美观的表格。

（一）应用内置样式

利用 Excel 的自动套用单元格样式功能，可以直接调用系统中已经设置好的单元格样式，使目标单元格快速达到我们需要的格式。

打开需要设置格式的工作簿，选择需要设置格式的单元格或单元格区域，在【开始】选项卡【样式组】中单击【单元格样式】按钮，在弹出的单元格样式下拉菜单中选择单元格样式。下拉菜单，如图 2－22 所示。

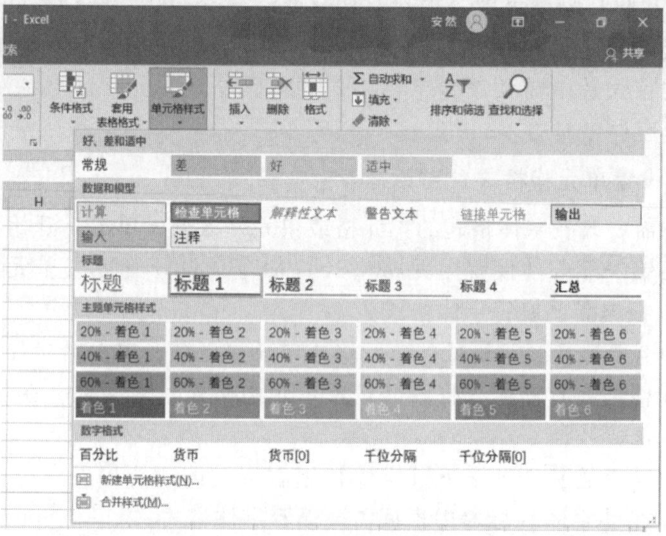

图 2－22　【单元格样式】菜单

标题：设置指定标题的字体、字号、字形等样式。

主题单元格格式：选择指定单元格或单元格区域的填充色。

数字格式：设置指定单元格或单元格区域的数字格式。

（二）创建自定义样式

系统内置的单元格样式是有限的，有时并不能满足用户的需要。因此，Excel 还提供了自定义单元格样式功能。具体方法是：

第一，在【开始】选项卡【样式组】中单击【单元格样式】按钮，在弹出的单元格样式下拉菜单中单击【新建单元格样式】命令。

第二，弹出【样式】对话框，在样式名文本框中输入样式名称，然后单击【格式】按钮。

第三，弹出【设置单元格格式】对话框，切换到各选项卡设置相应的单元格格式，完成后单击【确定】按钮，返回【样式】对话框，单击【确定】按钮。

第四，再次单击【单元格样式】按钮，在打开的下拉列表的“自定义”栏中可以看到自定义的单元格样式，单击该样式，即可快速应用到所选的单元格或单元格区域中。

第五，如果要删除自定义单元格样式，可以在在【开始】选项卡【样式组】中单击【单元格样式】按钮，在下拉菜单中用鼠标右键单击【自定义】栏中需要删除的样式，弹出快捷菜单，单击【删除】命令即可。

七、设置表格样式

Excel2016 不仅提供了单元格的样式，还提供了表格样式。表格样式也预置了不同的文字格式、数字格式、对齐方式、边框和底纹等，可以快速对整个表格进行美化。

（一）自动套用表格样式

Excel 内置了多种表格样式，应用这些表格样式可以快速设置工作表的样式。具体方法如下。

第一，选中需要套用表格样式的单元格区域，在【开始】选项卡【样式】组中单击【套用表格格式】按钮，在弹出的单元格样式下拉菜单中选择一种表格格式。

第二，弹出【套用表格格式】对话框，然后单击【确定】按钮，即可将选择的表格格式应用到所有的单元格区域中。

第三，单击【设计】选项卡【工具】组中的【转换为区域】命令，在弹出的对话框中单击【是】按钮。

第四，返回工作簿，即可看到选中的单元格区域已经套用了选定的表格格式。

（二）自定义表格样式

Excel 还提供了自定义表格样式的功能。具体操作方法如下。

第一，在【开始】选项卡【样式】组中单击【套用表格格式】按钮，在弹出的下拉菜单中单击【新建表样式】命令。

第二，在打开的【新建表样式】对话框中输入新名称，然后在【表元素】列表框中选择【整个表】后单击【格式】按钮。

第三，打开的【设置单元格格式】对话框，切换到各选项卡设置相应的单元格格式，完成后单击【确定】按钮。

第四，返回【新建表样式】对话框，在【表元素】列表框中选择【标题行】选项，然后单击【格式】按钮。

第五，再次打开的【设置单元格格式】对话框，切换到各选项卡设置相应的单元格格式，完成后单击【确定】按钮。

第六，如果有需要，可以分别设置表元素中的其他表格样式，全部设置完成后单击【设置单元格格式】对话框中的【确定】按钮。

第七，返回工作簿后应用该样式，即可得到所需要的效果。

八、重新命名工作表

一个工作簿中包含若干张工作表，在默认情况下，工作表以 sheet1、sheet2、sheet3 等依次命名。在实际工作中，当工作表有了新的内容并具有特定含义时，可以对该工作表重新命名，使表的名字与内容相匹配。重新命名工作表的方法有三种。

（一）【开始】–【格式】菜单中的【重新命名工作表】命令

该命令允许对选定的工作表重新命名，合法的名字最多由 31 个字符（包含空格）组成。

（二）双击鼠标左键重新命名工作表

选定需要重新命名的工作表并将鼠标指针指在该工作表标签上，双击鼠标左键，可以对该工作表重新命名。

（三）快捷菜单【重命名】命令

选定需要重新命名的工作表并将鼠标指针指在该工作表标签上，单击鼠标右键按钮，在弹出的快捷菜单中单击【重命名】命令，可以对该工作表重新命名。

九、显示和隐藏工作表

在实际工作中，有时因为应用需要或者安全隐私，需要将某些工作表隐藏时，也可以使用工作表的隐藏功能，将工作簿中的一些工作簿隐藏显示。隐藏工作表的方法有两种。

1.【开始】-【格式】菜单中的【隐藏或取消隐藏】命令下的【隐藏工作表】命令。选中想要隐藏的工作表，单击【开始】选项卡下的【格式】下拉按钮，在弹出的下拉菜单中选择【隐藏和取消隐藏】命令，然后在弹出的扩展菜单中选择【隐藏工作表】命令。

2. 快捷菜单【隐藏】命令。选定需要重新命名的工作表并将鼠标指针指在该工作表标签上，单击鼠标右键按钮，在弹出的快捷菜单中单击【隐藏】命令，可以对该工作表隐藏显示。

如果要取消隐藏工作表，也可以使用两种方法。

1.【开始】-【格式】菜单中的【隐藏或取消隐藏】命令下的【取消隐藏】命令。选中想要隐藏的工作表，单击【开始】选项卡下的【格式】下拉按钮，在弹出的下拉菜单中选择【隐藏和取消隐藏】命令，然后在弹出的扩展菜单中选择【取消隐藏】命令。

2. 快捷菜单【取消隐藏】命令。选定需要重新命名的工作表并将鼠标指针指在该工作表标签上，单击鼠标右键按钮，在弹出的快捷菜单中单击【取消隐藏】命令，可以对该工作表取消隐藏。

第六节　绘制图表

Excel 具有强大的图表功能，提供了十几种不同类型的平面图和立体图，如柱形图、饼图、折线图等。每种类型的图表又包含若干子类型图表以及简单的绘图方法，给财务管理人员绘制各种图表带来了极大的便利。

一、图表的组成

Excel 图表是由各图表元素构成的，不同类型的图表，其构成元素有一定的差别，一个图表中不可能出现所有的图表元素。常见的图表元素如下：

1. 图表区：即整个图表所在的区域。

2. 绘图区：包含数据系列图形的区域。

3. 图表标题：在 Excel 中默认使用系列名称作为图表标题，建议根据需要修改。

4. 图例：标明图表中的图形代表的数据系列。

5. 数据系列：根据源数据绘制的图形，用以生动形象地反映数据，是图表的关键部分。

6. 数据标签：用于显示数据系列的源数据的值，为避免图形变得杂乱，可以选择在数据标签和 y 轴刻度标签中择一而用。

7. 网格线：有水平网格线和垂直网格线两种，分别与纵坐标轴（y 轴）、横坐标轴（x 轴）上的刻度线对应，是用于比较数值大小的参考线。

8. 坐标轴：包括纵坐标轴（y 轴）和横坐标轴（x 轴），坐标轴上有刻度线、刻度标签等，某些复杂的图表会用到次坐标轴，一个图表最多可以有 4 个坐标轴，即主 x 轴、主 y 轴和次 x 轴、次 y 轴。

9. 坐标轴标题：用于标明 x 轴或 y 轴的名称，一般在散点图中使用。

10. 插入到图表中的其他对象：例如在图表中插入的自选图形、文本框等，用于进一步阐释图表。

二、绘制图表的原则

在绘制图表的时候，应该遵循以下三个原则：

1. 数据源取值原则。绘制图表之前，必须选择一个有效的数据源区域，然后才能绘制图表。

2. 包含表头取值原则。绘制图表的时候，选择数据源区域一定要注意包含表头，即必须包括“上表头”“左表头”（或者其中一组表头）的信息，这实际上就是坐标轴的含义。有的时候只包含一个表头，只有一个表头的时候，通常是绘制饼图。

3. 取值目标性原则。取值目标性原则是指根据管理目标，合理地选择数据区域，显示最好的分析结果。因为表格数据区域存放的数据并不一定完全用于绘图分析，随意在表格中抓取数据区域绘制图表，将不能达到预期的效果。

【例 2-10】已知宇阳公司2×21年销售情况分析表，如表 2-1 所示。

表 2-1　　宇阳公司2×21年销售情况分析表

2×21年度

销售网点	第 1 季度	第 2 季度	第 3 季度	第 4 季度	合计
北京	3 500	3 950	4 120	5 230	16 800
上海	5 400	6 300	5 600	5 800	23 100
广州	5 000	4 300	4 600	4 800	18 700
重庆	3 900	5 400	4 200	4 500	18 000
南京	6 100	5 000	6 000	6 200	23 300
沈阳	2 800	2 500	3 000	1 800	10 100

管理目标：绘制图表分析各销售网点间、各季度间销售额的情况。

如图 2-23 所示，根据管理目标合理选择数据区域，能够将管理目标清晰地表示出来。

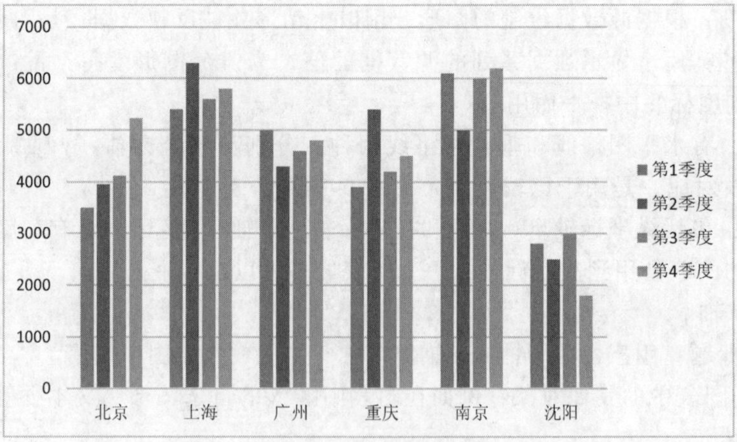

图 2－23　宇阳公司销售情况分析表

如图 2－24 所示，绘制图表时，选择数据区域不合理导致了一些问题，具体如下。

（1）图中出现了多余的内容。合计项不是各个季度销售额，况且“合计值”远远大于各个销售网点的数值。

（2）由于全年合计数特大，而销售网点的销售额相对较小，造成较小数据难以显示和分辨。

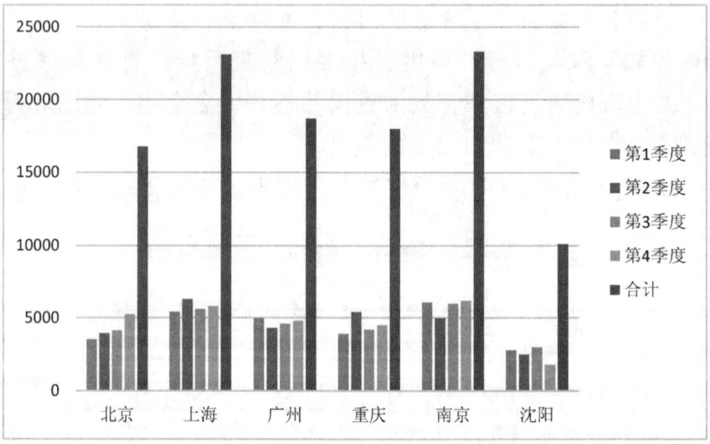

图 2－24　数据区域选择不合理的销售分析图

三、数据区域的选取方法

在绘制图表前，首先在工作表中选择数据区域，该区域中的数据是绘制图表的依据。选择的区域可以是连续的，也可以是不连续的，但所选中的整个区域必须能够构成矩形。

（一）连续区域的选择方法

选择连续区域的方法是：选择区域的最左上角单元格，按住鼠标左键拖动到区域的最右下角单元格，松开鼠标键，此时数据区域被选中。若想选择整个工作表区域，则单击“全选”按钮（行标与列标交叉的空单元格处）。

（二）不连续区域的选择方法

选择不连续区域的方法是：先选择一个区域，然后将鼠标指针移到第二个区域，按下 Ctrl 键的同时选择第二个区域，再将鼠标指针移到第三个区域，按下 Ctrl 键的同时选择第三个区域，直到不连续区域都被选中。可以选取任意区域，但是所选区域必须能够构成一个矩形。

（三）选择数据区域中第一行文字及最左列文字的意义

如果表格数据区域中第一行为文字（表头栏目），最左列为文字，财务管理人员希望把它们标在图上，则选择数据区域时应该将它们选择在内。在以行为主的图形中，第一行文字将被标示在图表的 x 轴（横轴）上，称为分类；最左列的文字代表不同的内容，被设置为不同的颜色，标示在图例中。反之，在以列为主的图形中，第一列文字将被标示在图表的 x 轴（横轴）上，称为分类；第一行的文字代表不同的内容，被设置为不同的颜色，标示在图例中。

四、图表的绘制方法

在 Excel 中，创建图表的方法主要有三种。

第一，利用【图表】组中的命令按钮创建。选中用来创建图表的数据区域后，在【插入】选项卡下【图表】组中选择要插入的图表类型，如单击“柱形图”下拉按钮，在弹出的下拉菜单中，选择柱形图样式即可。

第二，利用【插入图表】对话框创建。选中用来创建图表的数据区域后，在【插入】选项卡下单击【图表】组右下角的功能扩展按钮，打开【插入图表】对话框，在其中选择要插入的图表类型和样式，然后单击【确定】按钮即可。或者选中用来创建图表的数据区域后，在【插入】选项卡下【图表】组中选择要插入的图表类型，如单击“柱形图”下拉按钮，在弹出的下拉菜单中，选择柱形图样式即可。

第三，利用快捷键创建。在 Excel 中，默认的图表类型为簇状柱形图。选中用来创建图表的数据区域，然后按下“Alt + F1”组合键，即可快速嵌入图表。

下面我们以宇阳公司销售数据为基础数据源，讨论第二种创建图表的方法和步骤。

选中图 2 – 25 中的单元格区域“A3:E9”。

	A	B	C	D	E	F
1	宇阳公司销售情况分析表					
2	2×21年度					
3	销售网点	第1季度	第2季度	第3季度	第4季度	合计
4	北京	3500	3950	4120	5230	16800
5	上海	5400	6300	5600	5800	23100
6	广州	5000	4300	4600	4800	18700
7	重庆	3900	5400	4200	4500	18000
8	南京	6100	5000	6000	6200	23300
9	沈阳	2800	2500	3000	1800	10100

图 2 – 25　宇阳公司2×21年销售情况分析表

在【插入图表】左侧选【柱形图】，在【插入图表】右侧选【三维簇状柱形图】，单击【确定】按钮，出现柱形图表。如图 2－26 所示。

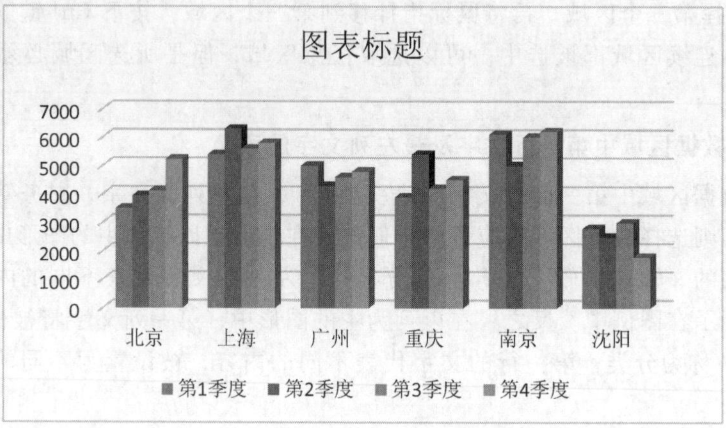

图 2－26　三维簇状柱形图

五、图表的编辑

软件自动绘制的图表有时并不令人满意，需要对其进行移动、缩放、复制与删除、修改等编辑。在编辑过程中，很多操作与图的部位有关，如选择整个图表，操作的对象是整个图表；如选择图表的某个成分（图项），操作对象是某个成分，如一个坐标轴、一个图例等。

编辑图表的方式包括【图表工具】菜单和快捷菜单的各项编辑功能。【图表工具】选项包括【设计】和【格式】两个子选项卡，含有很多工具。

（一）【设计】选项

如图 2－27 所示，【设计】选项卡包括【类型】组、【数据】组、【图表布局】、【图表样式】和【位置】等工具选项。

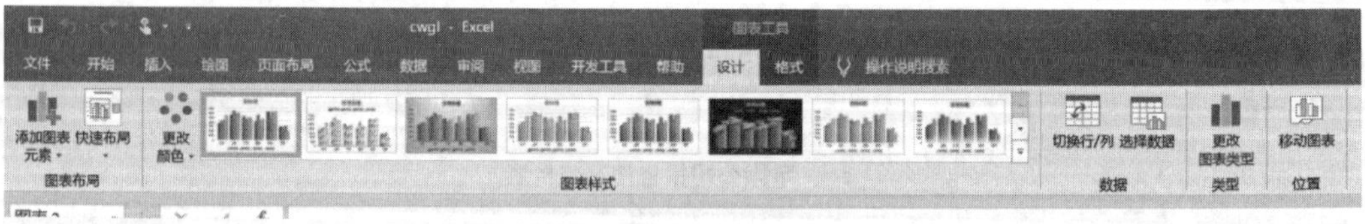

图 2－27　【图表工具】－【设计】选项卡

1. 类型组。类型组，包括“更改图表类型”工具，可以将图表类型改为其他的类型，如将柱形图改为线型图等，或者保存为模板，方便以后调用。使用“更改图表类型”的时候会出现一个“更改图表类型”的对话框，与“插入图表”向导完全一样，选择需要的图表类型就可以完成修改了。

2. 数据组。数据组，包括“切换行/列”和“选择数据”工具。“切换行/列”工具主要是切换 x 轴和 y 轴。例如，改变图 2－26 的坐标轴，结果如图 2－28 所示。

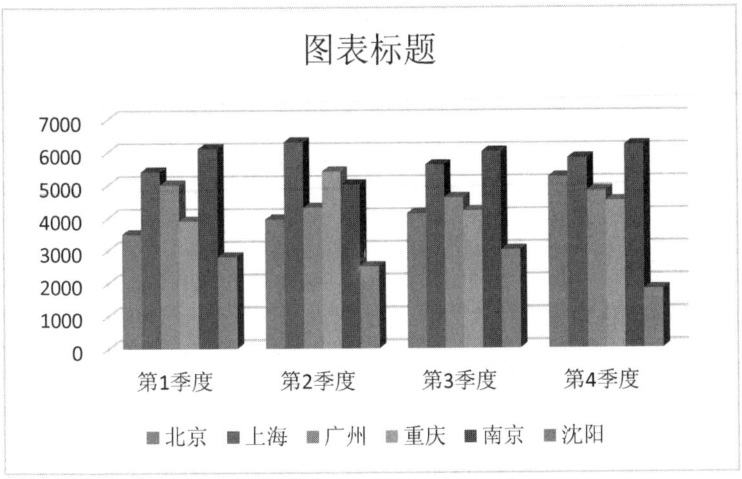

图 2 – 28　宇阳公司销售情况季度分析图

“选择数据”工具可以更改图表数据区域，如图 2 – 29 所示，通过【选择数据源】对话框可以编辑图表数据区域。

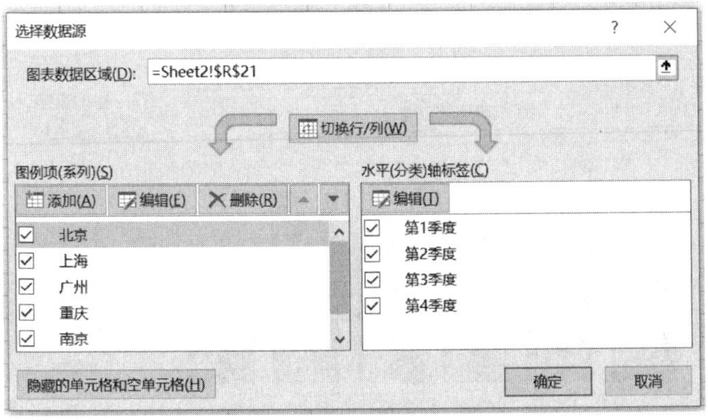

图 2 – 29　【选择数据源】对话框

3. 图表布局组。图表布局组，设有“添加图表元素”和“快速布局”两个命令工具。“添加图表元素”可对图表中的元素，如坐标轴、轴标题、图表标题、数据标签、数据表、误差线、网格线、图例、线条、趋势线等皆可设置。对于常规情况之外，一般还设有其他选项，可供进一步添加设置。“快速布局”主要是设置图表标题和坐标轴标题以及图例项的位置与格式，下拉箭头用于显示各种可供选择的格式，每一大类的图表都有很多种方案可选。

4. 图表样式。图表样式组的右侧箭头用于显示各种图表配色方案以及线条的粗细等。“更改颜色”命令中则显示了很多颜色配置可供选择。

5. 位置选项。位置选项的“移动图表”命令用户可以选择是否将图表移动到新的工作表，或者存放于本工作表。

（二）【格式】选项

如图 2 – 30 所示，“图表工具”选项卡下的“格式”子选项卡包含很多的工具选项，可以设置选定对象的形状样式、艺术字样式、对齐和组合等排列方式、高度和宽度等大小信息。

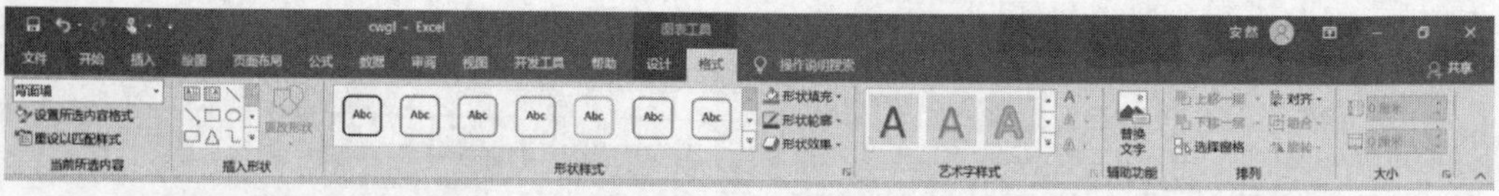

图 2－30　【图表工具】－【格式】选项卡

尤其值得注意的是，选择需要设置次坐标轴的系列，然后单击鼠标右键，弹出快捷菜单，选择“设置数据系列格式”选项，弹出对话框，针对该系列单独设置次坐标轴。

（三）编辑图表的快捷菜单

当要编辑的图表对象被选中或激活时，便可以对其进行编辑。此时单击鼠标右键，弹出快捷菜单，如图 2－31 所示。

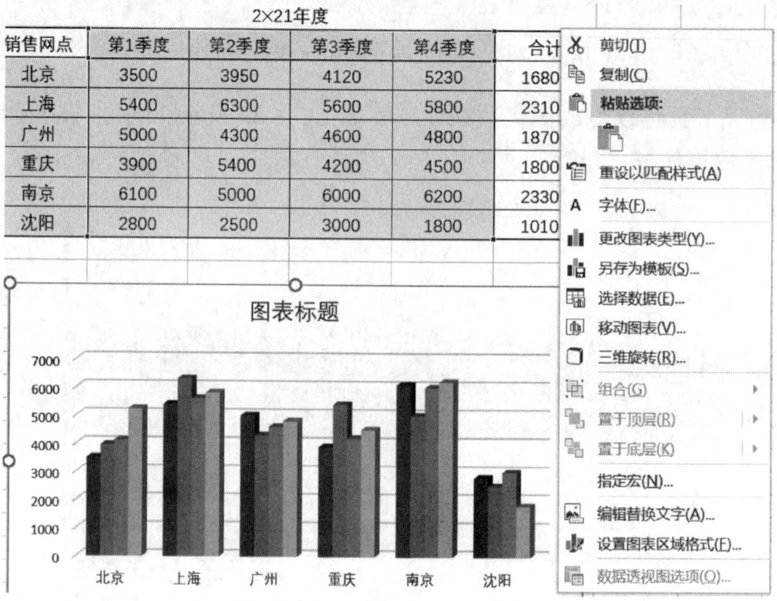

图 2－31　编辑图表的快捷菜单

1. 【设置图表区域格式】命令。选择该命令会出现一个“设置图表区域格式”对话框，设置对象的填充颜色、边框颜色、边框样式、大小等属性。

2. 【剪切】与【粘贴】命令。把选中的图表对象剪切下来，存入剪切板，用【粘贴】命令将该对象粘贴到其他位置，完成移动操作，原图表被删除。

3. 【复制】与【粘贴】命令。将选中的图表对象复制到剪贴板，用【粘贴】命令将该对象粘贴到其他位置，完成复制操作，原图表保留。

4. 【指定宏】命令。使用该命令可以将该对象与某一宏程序相链接。

5. 使用快捷功能还可以更改图表类型、图表数据源以及将图表移至其他工作表中。

六、利用图表进行分析

创建图表的目的是将那些管理过程中看似模糊的东西，以可观、形象的状态展现在管理者面前，以增强管理的直观性和可预测性。

Excel 为图表分析提供了两种常规技术，即图表转置和图表类型变换技术。

1. 利用图表转置（【切换行/列】命令）从不同的视角分析。以宇阳公司销售情况分析表作为基本数据源，选择销售数据绘制分析图表，得到图 2－32（a）、图 2－32（b）。

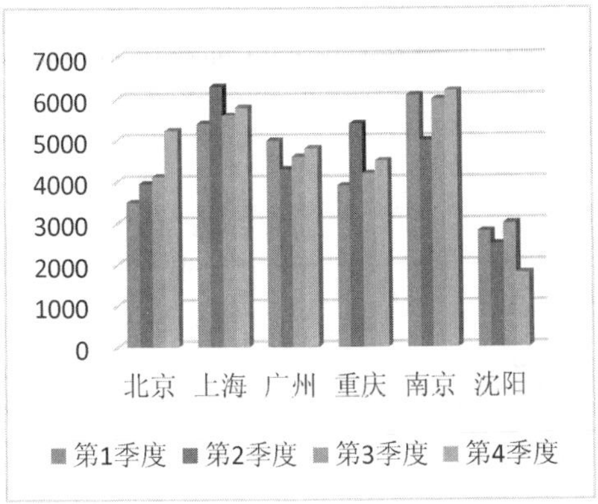

图 2－32（a）　销售网点分析图

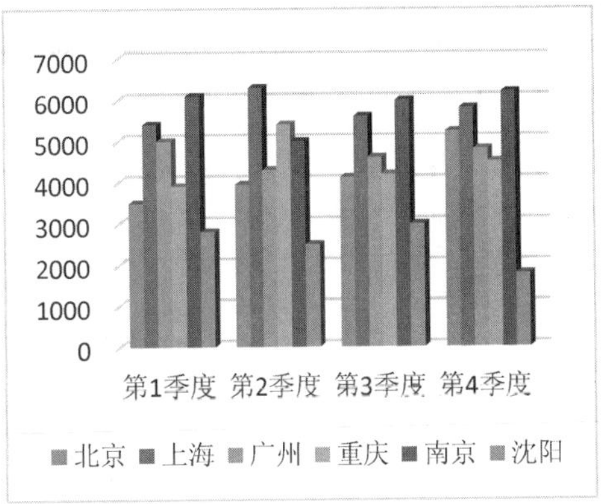

图 2－32（b）　销售时期分析图

图 2－32（a）从时间的角度，分析在某一特定时期不同网点之间销售额的高与低。

图 2－32（b）从销售网点的角度，分析某一特定的销售网点不同时期的销售情况。

从管理者的角度看，上述分析是从不同角度审视同一组数据。一个好的管理者能够利用数字化管理，通过不同侧面的描述、按不同目标整理和挖掘数据间的关系，实现有效的管理。

2. 灵活应用图表类型进行多视角分析。Excel 提供了大量的图表类型，管理者可以通过合理地使用图表类型建立分析图表，发现数据间存在的问题。也就是说，按照不同的管理目标，管理者可以提炼出数据的不同的表现形式。

下面仍以宇阳公司的数据为数据源，讨论如何灵活应用图表类型。

（1）管理目标 1——按销售网点分析其销售额的变化趋势。选择折线图表类型，绘制分析图 2－33。

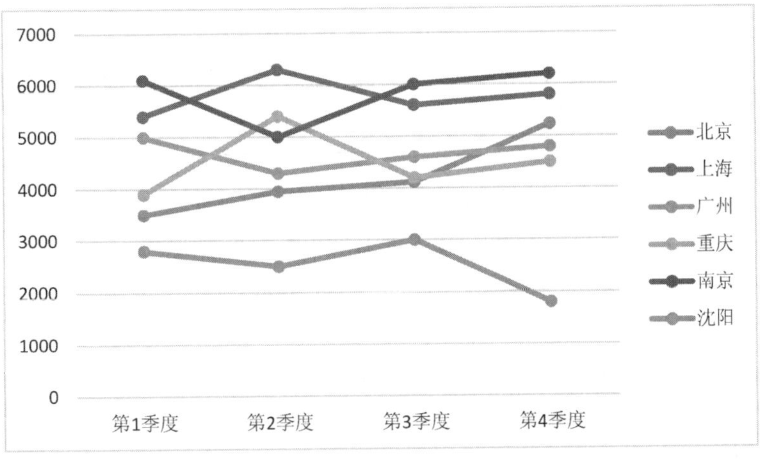

图 2－33　宇阳公司网点销售情况折线分析图

图 2－33 可以清楚地展现各销售网点的销售趋势：上海和重庆网点二季度销售情况有所上升，但三、四季度又有下降的趋势；广州和南京网点虽然二季度销售额下降到最低点，但三、四季度逐步上升；北京网点销售情况最好，一直稳步上升；沈阳网点销售情况最差，虽然三季度有所上升，但是四季度下降幅度最大。

（2）管理目标 2——分析各销售网点年销售额在集团所占的百分比。选择饼图，绘制分析图 2－34。

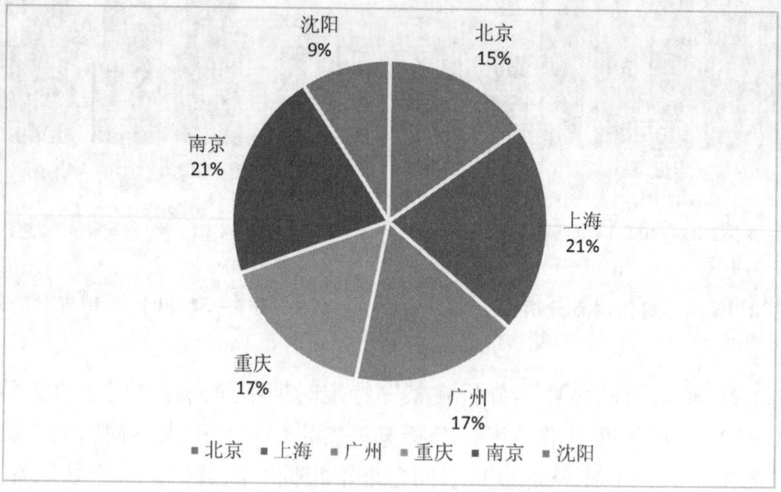

图 2－34　宇阳公司销售网点饼状分析图

该图可以清楚地展现各销售网点年销售额占集团总销售额的比例，其中南京和上海销售网点占比最高，达 21%。此外，可以进行图表转换，得到各季度占全年销售的百分比。

除此之外，还可以根据管理目标使用各种图表类型绘制分析图表，在此不一一介绍了，读者可以在计算机上练习。

本章小结

本章我们主要学习了大量的 Excel 操作命令，我们将这些命令总结如下：

1. 打开文件：【文件】选项卡下的【打开】命令。
2. 建立新文件：【文件】选项卡下的【新建】命令。
3. 保存文件：【文件】选项卡下的【保存】或【另存为】命令。
4. 关闭文件：【文件】选项卡下的【关闭】命令。
5. 退出 Excel：【文件】选项卡下的【退出】命令。
6. 设置单元格数字显示方式：【开始】－【格式】菜单中【设置单元格格式】命令下的【数字】标签。
7. 设置单元格内容对齐方式：【开始】－【格式】菜单中【设置单元格格式】命令下的【对齐】标签。
8. 设置单元格中文字的字体：【开始】－【格式】菜单中【设置单元格格式】命令下

的【字体】标签。

9. 设置单元格的边框：【开始】 -【格式】菜单中【设置单元格格式】命令下的【边框】标签。

10. 设置单元格背景颜色：【开始】 -【格式】菜单中【设置单元格格式】命令下的【填充】标签。

11. 调整工作表的行高：【开始】 -【格式】菜单中【行高】命令。

12. 调整工作表的列宽：【开始】 -【格式】菜单中【列宽】命令。

13. 对工作表重新命名：【开始】 -【格式】菜单中【组织工作表】命令。

14. 复制：【开始】选项卡下的【复制】命令。

15. 剪切：【开始】选项卡下的【剪切】命令或工具栏中的剪切工具。

16. 粘贴：【开始】选项卡下的【粘贴】命令或工具栏中的粘贴工具。

17. 选择性粘贴：【开始】 -【粘贴】选项卡下的【选择性粘贴】。

18. 填充：【开始】选项卡下的【填充】命令。

19. 清除单元格或单元格区域的内容：【开始】选项卡下的【清除】命令。

20. 删除单元格或单元格区域内容：【开始】选项卡下的【删除】命令。

21. 查找工作表单元格内容：【开始】 -【查找和选择】选项卡下的【查找】命令。

22. 替换工作表单元格内容：【开始】 -【查找和选择】选项卡下的【替换】命令。

23. 插入单元格：【开始】 -【插入】 -【插入单元格】命令。

24. 插入列：【开始】 -【插入】 -【插入工作表列】命令。

25. 插入行：【开始】 -【插入】 -【插入工作表行】命令。

26. 设置表格样式：【开始】选项卡下的【样式】命令。

27. 插入图表：【插入】选项卡下的【图表】命令。

28. 编辑图表：【图表工具】 -【设计】或【格式】命令。

一、本章关键词

工作簿（workbook）

新建工作表（creating a new worksheet）

格式设计（format designing）

输入数据（entering data）

建立公式（building formulas）

修改工作表（modifying worksheets）

编辑工作表（editing worksheets）

绘制图表（drawing the chart）

二、思考题

1. 单元格数据的清除和删除有何异同？
2. 如何在两个不同的工作簿之间进行工作表的移动和复制？
3. 工作簿和工作表是什么关系？
4. 数值型数据有几种数字格式？如何设置各种数字格式？

5. 公式的运算符有几种？分别包括哪些？

三、基础训练

1. 练习以下基本操作。

（1）选中一行或一列。

（2）选中多行或多列。

（3）选中多个不相邻区域。

（4）选中整个工作表。

（5）【复制】和【粘贴】命令。

（6）【剪切】和【粘贴】命令。

（7）【插入】命令。

（8）【填充】命令。

（9）【清除】命令。

（10）【查找和选择】命令。

2. 根据图 2－35 完成以下操作。

（1）建立一个新工作簿，并将其以 jbcz1. xlsm 的名字保存在 C 盘 jsjcw 目录中。

（2）在 jbcz. xlsm 工作簿中选择 sheet1 工作表，设计图 2－35 所示的学生成绩表。

（3）编辑学生成绩表：设置标题、表头、表体等的底色、字体颜色、字号大小、格式。

	A	B	C	D	E	F
1	学生成绩表					
2	学号	姓名	数学	英语	计算机	总分
3	001	王娟	93	86	82	261
4	002	李岚	86	75	85	246
5	003	赵莉	87	92	78	257
6	004	霍甜	88	95	75	258
7	005	白莎	90	91	92	273
8	合计		444	439	412	1295

图 2－35　学生成绩表截图

3. 根据资料完成以下操作。

（1）建立一个新工作簿，并将其以 jbcz2. xlsm 的名字保存在 C 盘 jsjcw 目录中。

（2）在 jbcz2. xlsm 工作簿中选择 sheetl 工作表，设计图 2－36 所示的资产负债表结构，建立单元格之间的关系。

（3）编辑资产负债表：设置标题、表头、表体等的底色、字体颜色、字号大小、格式等。

4. 根据资料完成以下操作。

（1）建立一个新工作簿，并将其以 jbcz3. xlsm 的名字保存在 C 盘 jsjcw 目录中。

（2）在 jbcz3. xlsm 工作簿中选择 sheetl 工作表，设计图 2－37 所示的银行存款利息计算表。

资产负债表					
2020年12月31日					
					金额单位:元
资产	年初数	期末数	负债和所有者权益	年初数	期末数
货币资金			短期借款		
短期投资			应付账款		
应收票据			应付工资		
应收账款净额			应交税费		
其他应收款			**流动负债合计**		
存货			长期借款		
流动资产合计			应付债券		
非流动资产:			**非流动负债合计**		
长期股权投资			**负债合计**		
固定资产			股本		
在建工程			资本公积		
无形资产			盈余公积		
其他非流动资产			未分配利润		
非流动资产合计			**股东权益合计**		
资产总计			**负债及股东权益总计**		

图 2－36 资产负债表结构图

(3) 编辑银行存款利息计算表：设置标题、表头、表体等的底色、字体颜色、字号大小、格式等。

(4) 在单元格区域 C4:G8 中建立公式、计算利息。计算结果保留小数点后两位。

银行存款利息计算表						
存款年限	年利率	本金				
		10000	20000	30000	40000	50000
0.5	2.29%					
1	2.68%					
2	3.25%					
3	3.69%					
5	5.25%					

图 2－37 银行存款利息计算表

5. 根据资料完成以下操作。

(1) 建立一个新工作簿，并将其以 jbcz4. xlsm 的名字保存在 C 盘 jsjcw 目录中。

(2) 在 jbcz4. xlsm 工作簿中选择 sheetl 工作表，根据图 2－38 资料制作本月销售人员销售业绩表，计算每个销售人员的当月总销售额。

(3) 编辑销售人员销售业绩表：设置标题、表头、表体等的底色、字体颜色、字号大小、格式等，使之美观清晰。

(4) 根据每个销售人员的月销售额，制作“销售人员业绩对比”三维簇状柱形图，并进行编辑，力求美观大方、结构合理，插入 sheet1 工作表中。

(5) 在 jbcz4. xlsm 工作簿中选择 sheet2 工作表，根据图 2－38 资料制作本月销售地销售业绩表，计算每个销售地点的当月总销售额。

(6) 编辑销售地销售业绩表：设置标题、表头、表体等的底色、字体颜色、字号大小、格式等，使之美观清晰。

(7) 根据每个销售地的月销售额，制作“销售地点业绩对比”二维饼状图，并进行编辑，力求美观大方、结构合理，插入 sheet2 工作表中。

	A	B	C	D	E	F
1	大同公司销售情况统计表					
2	序号	销售人员	日期	销售地	商品	金额
3	1	刘亮	2020/6/1	北京	彩电	64000
4	2	李刚	2020/6/2	北京	彩电	118000
5	3	刘亮	2020/6/3	北京	冰箱	32000
6	4	王力	2020/6/4	天津	电脑	35000
7	5	李刚	2020/6/5	上海	冰箱	41000
8	6	宋鹏	2020/6/6	上海	空调	28000
9	7	李刚	2020/6/7	北京	彩电	63000
10	8	王力	2020/6/8	天津	空调	125000
11	9	张海洋	2020/6/9	南京	彩电	88000
12	10	宋鹏	2020/6/10	南京	电脑	72000
13	11	张海洋	2020/6/11	上海	空调	44000
14	12	王力	2020/6/12	北京	彩电	12000
15	13	刘亮	2020/6/13	天津	冰箱	44000
16	14	张海洋	2020/6/14	上海	空调	32000
17	15	刘亮	2020/6/15	上海	冰箱	22000
18	16	张海洋	2020/6/16	北京	彩电	78000
19	17	宋鹏	2020/6/17	天津	冰箱	43000
20	18	张海洋	2020/6/18	北京	电脑	169000
21	19	王力	2020/6/19	南京	彩电	11000
22	20	张海洋	2020/6/20	南京	电脑	85000

图 2-38　销售情况统计表

第三章　筹资管理模型

学习目标

知识目标： 通过本章学习，要求学生了解企业筹资的基本渠道与方式、筹资管理的基本要求；熟悉货币时间价值定义；掌握货币时间价值相关函数的语法、功能及应用；掌握 INDEX( ) 函数的语法、功能及应用；掌握逻辑函数的语法、功能及应用；掌握长期借款双变量分析模型的设计；掌握融资租赁分析模型的设计；对比不同筹资方式决策分析模型的分析结果，选择合理的筹资渠道和最佳的筹资方式。

能力目标： 熟练运用货币时间价值相关函数、INDEX( ) 函数、逻辑函数；熟练运用模拟运算表工具、图形控件工具、视图功能；可以设计筹资分析决策模型——长期借款双变量分析模型、融资租赁分析模型；可以设计长期借款筹资与融资租赁筹资对比分析模型。

第一节　筹资管理模型概述

一、建立筹资管理模型的意义

企业筹资，是指企业作为筹资主体，根据其生产经营、对外投资和调整资本结构等需要，通过筹资渠道和金融市场，运用筹资方式，经济有效地筹措资金活动。筹资活动是企业一项基本的财务活动，是企业创建和生存发展的一个必要条件。

筹资管理可以满足经营运转的资金需求；可以满足投资发展的资金需求；可以合理安排筹资渠道和选择投资方式；可以降低资本成本，合理地控制财务风险。

按所筹集资金使用期限不同，企业筹资分为短期筹资和长期筹资两种类型。短期筹资是指企业筹集使用期限在一年以内的资金筹集活动，主要用于企业流动资产和资金日常周转，一般在短期内需要偿还。短期筹资经常利用商业信用、短期借款、保理业务等方式来筹集。长期筹资是指企业使用期限在一年以上的资金筹集活动。长期筹资的目的主要在于形成（更新）企业的生产和经营能力、扩大企业生产经营规模或为对外投资筹集资金，长期筹资通常采取吸收直接投资、发行股票、发行债券、长期借款、融资租赁等方式。长期资金筹集的决策涉及的金额大，时间长，对企业的投资、分配，风险、收益和发展有着深远的影响，其决策效果对企业有重大意义。

二、两种主要的筹资方式

（一）股权筹资

股权筹资形成企业的股权资金，也称之为权益资本，是企业通过吸收直接投资、发行股票等方式筹集和取得的资金，吸收直接投资、发行股票和利用留存收益是股权筹资的三种基本形式。在股权筹资中，不仅要考虑国家政策、经济环境等因素，还要考虑股票的发行价格及股票的资本成本。

1. 普通股筹资。发行普通股筹资，采用不同的股利支付政策，其资本成本的计算方式不同。如果公司采用固定股利政策，其资本成本的测算公式如下：

$$普通股资本成本 = \frac{每年固定的股利}{普通股发行价 \times (1 - 筹资费用率)}$$

如果公司采用固定增长的股利政策，其资本成本的测算公式如下：

$$普通股资本成本 = \frac{本期支付的股利 \times (1 + 股利增长率)}{普通股发行价 \times (1 - 筹资费用率)} + 股利增长率$$

除了上述两种普通股资本成本的计算方式外，还可以使用资本资产定价模型法测算普通股的资本成本。

$$K_c = R_f + \beta \times (R_m - R_f)$$

式中：K_c为普通股资本成本，R_f为无风险报酬率，R_m为市场平均报酬率，β为股票贝塔系数。

2. 优先股筹资。发行优先股筹资，优先股的股利通常是固定的，公司利用优先股筹资需花费发行费用，因此优先股资本成本的计算类似于普通股。其资本成本的测算公式如下：

$$优先股资本成本 = \frac{优先股股利}{优先股发行价 \times (1 - 筹资费用率)}$$

3. 留存收益筹资。利用留存收益筹资，留存收益是企业税后净利形成的一种所有者权益。其实质是所有者向企业追加投资。企业利用留存收益筹资，无须发生实际筹资费用。留存收益的资本成本率，表现为股东追加投资要求的报酬率，其计算与普通股资本成本相同，也分为股利折现模型法和资本资产定价模型法，不同点在于不考虑筹资费用。

（二）长期债务筹资

1. 长期债券筹资。债券筹资是指企业通过发行企业债券（公司债券）筹集资本的一种筹资方法。长期债券，指的是期限超过1年的公司债券，其发行目的通常是为建设大型项目筹集大笔长期资金。在债券筹资方式下，不仅要考虑国家政策、经济环境等因素，还要考虑债券的发行价格及债券的资本成本等因素。

债券的发行价格是债券发行时使用的价格，亦即投资者购买债券时所支付的价格。公司债券的发行价格通常有三种：平价、溢价和折价。平价指以债券的票面金额为发行价格；溢价指以高出债券票面金额价格为发行价格；折价指以低于债券票面金额价格为发行价格。债券发行价格的形成受诸多因素的影响，其中主要是票面利率与市场利率的一致程度。债券的票面金额和票面利率在债券发行前已按市场利率和发行公司的具体情况确定下来，一并载明与债券之上。但在发行债券时已经确定的票面利率不一定与当时的市场利率一致。为了协调债券购销双方在债券利息上的利益，就要调整发行价格；当票面利率高于市场利率时，以溢价发行债券；当票面利率低于市场利率时，以折价发行债券；当票面利率与市场利率一致时，以平价发行债券。债券发行价格的计算公式是：

$$债券发行价格 = \sum_{i=1}^{n} \frac{票面金额 \times 票面利率}{(1+市场利率)^{n}} + \frac{票面金额}{(1+市场利率)^{n}}$$

公司债券资本成本包括债券利息和发行费用。债券利息在税前支付，有抵税作用，企业实际负担的利息应为：债券年利息 × （1 – 所得税税率），其资本成本计算的一般模式为：

$$债券资本成本 = \frac{年利息 \times (1-所得税税率)}{债券筹资总额 \times (1-筹资费率)} \times 100\%$$

2. 长期借款筹资。长期借款是指企业向银行或其他金融机构借入的期限在 1 年以上（不含 1 年）或超过 1 年的一个营业周期以上的各项借款。在长期借款筹资方式下，不仅要考虑国家的贷款政策、经济环境、借款程序等因素，还要考虑借款利率、借款期限、偿还方式等因素对每期还款额的影响，以便企业根据其偿还能力，做出相关决策。

长期借款的资本成本包括借款利息和借款手续费用。借款的利息在税前支付，有抵税作用，其资本成本计算的一般模式为：

$$长期借款资本成本 = \frac{年利率 \times (1-所得税税率)}{(1-手续费率)} \times 100\%$$

3. 融资租赁筹资。融资租赁是由租赁公司按承租单位要求出资购买设备，在较长的合同期内提供给承租单位使用的融资信用业务，它是以融通资金为主要目的的租赁。在融资租赁中，除了要考虑国家的经济政策、租赁方的信用等因素外，还要考虑租金的支付方式、设备价款及预计残值，利息、租费率等因素对每期应付租金的影响，以便企业根据其偿还能力，做出相应决策。

就一个企业而言，几乎不可能只使用单一的筹资方式。因此在筹资管理的过程中。需要对各种筹资方式进行分析，测算各筹资方式的资本成本、财务风险，合理安排筹资资本结构，为企业制定有效的筹资策略。

计算机技术的发展为提高企业的筹资管理能力创造了条件。我们可以利用 Excel 提供的函数和工具建立投资分析决策模型，进行定量分析，帮助管理者做出正确的决策。本章通过长期借款双变量分析模型和融资租赁分析模型的建立，阐述在 Excel 中如何应用计算机技术建立筹资分析与决策模型的基本思路和方法。

三、筹资管理模型的内容

（一）长期借款基本模型

在长期借款基本模型中，企业财务人员可以根据不同的借款金额、借款年限、每年还款期数中任意一个或几个因素的变化来分析每期偿还金额的变化，从而做出相应的决策。

（二）长期借款双变量分析模型

长期借款双变量分析模型通过分析两个变量不同组合下的长期借款偿还情况，以便根据分析的结果做出决策。

（三）融资租赁分析模型

在融资租赁分析模型中，企业财务人员可以通过选择承租设备，根据不同的承租条件，计算出每期应付租金，与企业能承担的租金对比后做出相应的决策。

（四）应用 Excel 视图功能对比分析

企业财务人员可应用 Excel 视图功能，将融资租赁筹资模型与长期借款筹资模型垂直并排放置于屏幕上，企业财务人员可直接进行融资租赁筹资和长期借款筹资的成本对比，从而做出是融资租赁筹资还是长期借款筹资的决策。

第二节 筹资管理模型的主要函数

货币时间价值是现代财务管理的关键基础之一，因其非常重要，并且涉及所有理财活动，因此，学习财务管理，必须掌握时间价值原理和计算方法。

货币时间价值是指一定量资金在不同时点上的价值量差额，也称资金时间价值。由于资金随时间的延续而增值，现在的一元钱与将来的一元多钱甚至几元钱在经济上是等效的。换一种说法，就是现在的一元钱和将来的一元钱的经济价值不相等，由于不同时间单位货币的价值不相等，所以不同时间的货币收入不宜直接进行比较，需要将它们换算到相同的时间基础上，然后才能进行大小的比较和比率的计算。因此，要将一定量资金换算到某一时点上，必须掌握终值、现值的计算和换算。

一、普通复利终值和现值的计算

（一）普通复利终值的计算

普通复利终值是指现在某一笔资金按复利计算的将来某一时间的价值。其计算公式为：

$$F_n = P \times (1+i)^n$$

式中：F_n——第 n 年后的终值；P——现值；i——利率；n——期数。

（二）普通复利现值的计算

普通复利现值是普通复利终值的对称概念，指未来一定时间的某一笔资金按复利计算的现在的价值。复利现值计算是已知 F、i、n，求 P。

通过复利终值计算已知：

$$F_n = P \times (1+i)^n$$

所以，计算公式为：

$$P = \frac{F}{(1+i)^n} = F \times (1+i)^{-n}$$

（三）名义利率与有效年利率

名义利率是指银行等金融机构提供的利率，也叫报价利率。在提供报价利率时，还必须同时提供每年的复利次数（或计息期的天数），否则意义是不完整的。

期间利率是指借款人每期支付的利息，它可以是年利率，也可以是半年利率、季利率、

月利率或日利率等。期间利率 $= \frac{名义利率}{每年复利次数}$

有效年利率是指按给定的期间利率每年复利 m 次时，能够产生相同结果的年利率，也称等价年利率。

$$有效年利率 = (1 + \frac{名义利率}{m})^{m} - 1$$

（四）年金终值与现值的计算

1. 普通年金终值和偿债基金的计算。普通年金又称后付年金，是指各期期末收付的年金。普通年金终值是指其最后一次收付时的本利和，每次收付的普通复利终值之和。其计算公式为：

$$F_n = A \times \frac{(1+i)^n - 1}{i} = A \times (F/A, i, n)$$

式中：F_n——普通年金终值；A——年金；i——利率；n——表示年金个数，而不是期数。

式中的 $\frac{(1+i)^n - 1}{i}$ 被称为普通年金终值系数，记作（F/A，i，n）。

偿债基金是指为使年金终值达到既定金额每期期末支付的年金数额，实际上就是已知普通年金终值 F，求年金 A。

根据普通年金终值计算公式：

$$F_n = A \times \frac{(1+i)^n - 1}{i}$$

可知：$A = F \times \frac{i}{(1+i)^n - 1}$

式中的：$\frac{i}{(1+i)^n - 1}$ 是普通年金终值系数的倒数，称偿债基金系数，记作（A/F，i，n）。它可以把普通年金终值折算为每期需要支付的金额。

2. 普通年金现值与资本回收额的计算。普通年金现值是指为在每期期末取得相等金额的款项，现在需要投入的金额，它是每次取款的复利现值之和。其计算公式为：

$$P = A \times \frac{1 - \frac{1}{(1+i)^n}}{i}$$

式中：P——普通年金现值；A——年金；i——利率；n——表示年金个数，而不是期数。

式中的 $\frac{1 - \frac{1}{(1+i)^n}}{i}$ 被称为普通年金现值系数，记作（P/A，i，n）。

资本回收额是指年金现值达到既定金额，每期期末应取款的年金数额，其实质就是已知普通年金现值 P，求年金 A。

根据普通年金现值计算公式为：$P = A \times \frac{1 - \frac{1}{(1+i)^n}}{i}$

可知：$A = P \times \frac{i}{1-(1+i)^{-n}}$

式中：$\frac{i}{1-(1+i)^{-n}}$是普通年金现值系数的倒数，称资本回收系数，记作（A/P，i，n）。它可以把普通年金现值折算为每期需要取款的金额。

需要说明的是，若已知普通年金现值（或者普通年金终值）、年金 A 以及年金个数 n（或者利率 i），应计算出对应的利率 i（或者年金个数 n）。

【例 3－1】某人投资 196 660 元，复利计算，折现率为多少时，才能保证在以后 10 年中每年末得到 28 000 元的收益？

$$(P/A, i, 10) = \frac{196\ 660}{28\ 000} = 7.0236$$

查普通年金现值系数表：（P/A，7%，10）=7.0236

$\therefore i = 7\%$

因此，折现率为 7% 才能保证在以后 10 年中每年年末得到 28 000 元收益。

【例 3－2】某企业拟还清银行借款 196 660 元，年利率为 7%，如果从现在起每年年末等额还款 28 000 元，请计算几年可以偿清借款？

$$28\ 000 \times (P/A, 7\%, n) = 196\ 660$$
$$(P/A, 7\%, n) = 7.0236$$

查普通年金现值系数表：（P/A，7%，10）=7.0236

$\therefore n = 10$

因此，如果从第一年年末开始还款，每年年末等额偿还 28 000 元，10 年可以清偿借款。

3. 预付年金终值和现值的计算。预付年金是指在每期期初收付的年金，又称即付年金或先付年金。预付年金终值的计算公式为：

$$\begin{aligned} F_n &= A \times (F/A, i, n) \times (1+i) \\ &= A \times (F/A, i, n+1) - A \times (F/A, i, 1) \\ &= A \times [(F/A, i, n+1) - 1] \end{aligned}$$

式中的（F/A，i，n）×（1+i）、（F/A，i，n+1）－1 是预付年金终值系数，或称一元的预付年金终值。它是在普通年金终值系数的基础上，年金个数加 1、系数减 1 所得的结果；或者在普通年金终值系数的基础上乘以（1+i）所得的结果。

预付年金现值计算公式如下：

$$\begin{aligned} P &= A \times (P/A, i, n) \times (1+i) \\ &= A + A \times (P/A, i, n-1) \\ &= A \times [(P/A, i, n-1) + 1] \end{aligned}$$

式中的（P/A，i，n）×（1+i）、（P/A，i，n－1）+1 是预付年金现值系数，或称一元的预付年金现值。它是在普通年金现值系数（P/A，i，n）的基础上，年金个数减 1、系数加 1 所得的结果；或者在普通年金现值系数的基础上乘以（1+i）所得的结果。

4. 递延年金的终值和现值的计算。递延年金是指第 1 次收付发生在第 2 期或第 3 期以后的年金。

递延年金终值与普通年金终值的计算方法类似，与递延期的长短无关，其计算公式如下：

$$F_{(n+m)} = A \times (F/A, i, n)$$

式中：n + m——支付期；m——递延期末。

递延年金的现值计算公式如下：

$$\begin{aligned} P &= A \times (P/A, i, n) \times (P/F, i, m) \\ &= A \times (P/A, i, n+m) - A \times (P/A, i, m) \\ &= A \times [(P/A, i, n+m) - (P/A, i, m)] \end{aligned}$$

5. 永续年金现值的计算。无限期定额支付的年金称为永续年金，永续年金没有终止的时间，也就没有终值，永续年金的现值计算公式如下：

$$P = \frac{A}{i}$$

二、货币时间价值函数

Excel 提供了终值函数、现值函数、年金函数、年金中的利息函数、利率函数、期数函数等与货币时间价值相关的函数。

关于货币时间价值函数的参数说明如下：

1. rate：每期利率

2. nper：年金的付款总期数

3. pmt：每期固定支付或收入的金额，在整个年金期间保持不变。如果省略 pmt，则必须包括 pv 参数。

4. pv：现值，或一系列未来付款的当前值的累积和。如果省略 pv，则假定其值为 0（零），并且必须包括 pmt 参数。

5. type：年金类型，其值可以为 0 或 1，用以指定各期的付款时间是在期初还是期末。Type 参数值为 0，表示普通年金；type 参数值为 1，表示预付年金。如果省略 type，则假定其值为 0。

参数在使用时，请确保指定 rate 和 nper 所用的单位是一致的。如果贷款期限 2 年，年利率 12%，每月还一次款，则 rate 应为 12%/12，nper 应为 2 × 12。如果对相同贷款每年还一次款，则 rate 应为 12%，nper 应为 2。

参数在使用时，若是支出的款项，以负数表示；如为收入的款项，以正数表示。

（一）终值函数 FV()

1. 语法：FV（rate，nper，pmt，pv，type）。

2. 功能：在已知利率、期数、收付款金额的条件下，计算相关款项的终值。可以使用 FV()函数计算一次性收付款项的终值、年金终值或综合应用。

【例 3－3】某公司向银行借入 20 000 元，期限为 3 年，年利率 6%，复利计息，到期一次还本付息，3 年后该公司应向银行偿还的本利和为多少？

计算公式为：= FV（6%，3，－20 000），其值为－23 820.32 万元。

【例 3－4】某公司计划从今年开始，每年年末存入银行 10 000 元作为科技奖励基金，年利率 8%，那么 5 年后该项奖励基金的本利和是多少？

计算公式为：= FV（8%，5，－10 000,，0），其值为 58 666.01 元。

某公司计划从今年开始，每年年初存入银行 10 000 元作为科技奖励基金，年利率 8%，那么5年后该项奖励基金的本利和是多少？

计算公式为：=FV（8%，5，-10 000，，1），其值为63 359.29万元。

【例3-5】某人要为孩子存储教育基金，现将20 000元存入银行，以后每年末定期存入5 000元，假定按年利率5%复利计息，那么6年后可以获得的本利和是多少？

计算公式为：=FV（5%，6，-5 000，-20 000，0），其值为60 811.48元。

某人要为孩子存储教育基金，现将20 000元存入银行，以后每年初定期存入5 000元，假定按年利率5%复利计息，那么6年后可以获得的本利和是多少？

计算公式为：=FV（5%，6，-5 000，-20 000，1），其值为62 511.96元。

（二）现值函数PV()

1. 语法：PV（rate，nper，pmt，fv，type）。

2. 功能：在已知利率、期数、收付款金额的条件下，计算相关款项的现值。可以使用PV()函数计算一次性收付款项的现值、年金现值或综合应用。

【例3-6】某人计划在8年后购买一套价值300 000元的住房，年复利率为5%，现在应一次性存入银行多少钱？

计算公式为：=PV（5%，8，，-300 000，0），其值为203 051.81元，现在应存入银行203 051.81元。

【例3-7】有一项保险，购买成本20 000元，投保后可以每年年末从保险公司领取1 600元，连续领取20年，投资回报率为5%，请判断是否应该购买此项保险？

计算公式为：=PV（5%，20，1 600，，0），其值为-19 939.54元。购买成本20 000元大于投保后可从保险公司领取资金的现值19 939.54元，所以不应购买。

有一项保险，购买成本20 000元，投保后可以每年年初从保险公司领取1 600元，连续领取20年，投资回报率为5%，请判断是否应该购买此项保险？

计算公式为：=PV（5%，20，1 600，，1），其值为-20 936.51元。购买成本20 000元小于投保后可从保险公司领取资金的现值20 936.51元，所以应购买。

（三）年金函数PMT()、年金中的本金函数PPMT()、年金中的利息函数IPMT()

1. 年金函数PMT()。

（1）语法：PMT（rate，nper，pv，fv，type）。

（2）功能：在已知年金个数、利率、现值的条件下，返回年金，即：资本回收额（包括本金和利息）；在已知年金个数、利率、终值的条件下，返回年金，即：偿债基金（包括本金和利息）。

2. 年金中的本金函数PPMT()。

（1）语法：PPMT（rate，per，nper，pv，fv，type）。

（2）功能：在已知年金个数、利率、现值的条件下，返回年金所含的本金，即：资本回收额的本金部分；在已知年金个数、利率、终值的条件下，返回年金所含的本金，即：偿债基金的本金部分。

3. 年金中的利息函数IPMT()。

（1）语法：IPMT（rate，per，nper，pv，fv，type）。

（2）功能：在已知年金个数、利率、现值的条件下，返回年金所含的利息，即：资本回收额的利息部分；在已知年金个数、利率、终值的条件下，返回年金所含的利息，即：偿债基金的利息部分。

（3）以上三个函数存在以下关系：PMT( ) = PPMP( ) + IPMT( )。

【例 3 -8】 拟在 5 年后还清 100 000 元债务，从现在起每年年末等额存入银行一笔款项，假设银行存款利率为 10%。每年年末应存入银行多少钱？第 1 年末存入银行的金额中本金和利息各是多少？

每年年末应存入银行的金额（偿债基金）：= PMT（10%，5，，-100 000，0）= 16 379.75 元

第 1 年年末偿债基金中的本金：= PPMT（10%，1，5，，-100 000，0）= 16 379.75 元

第 1 年年末偿债基金中的利息：= IPMT（10%，1，5，，-100 000，0）= 0 元

【例 3 -9】 假设以 10% 的利率借款 20 000 元投资于某个寿命为 10 年的项目，每年年末应收回多少现金？第 2 年末收回的投资额中本金和利息各是多少？

每年年末应收回的投资额（资本回收额）：= PMT（10%，10，-20 000，，0）= 3 254.91 元

第 2 年年末资本回收额中的本金：= PPMT（10%，2，10，-20 000，，0）= 1 380.4 元

第 2 年年末资本回收额中的利息：= IPMT（10%，2，10，-20 000，，0）= 1 874.51 元

（四）期数函数 NPER( )

1. 语法：NPER（rate，pmt，pv，fv，type）。

2. 功能：在已知利率、年金，年金现值、年金终值的条件下，求期数。

【例 3 -10】 某公司向银行贷款 3 600 000 万元，贷款年利率为 6%，如果该公司采取每年末等额还款方式，每年末还款 600 000 元，那么公司需要多少年能够全部偿还该笔贷款？

计算公式为：= NPER（6%，-600 000，3 600 000，，0）= 7.66 年

某公司向银行贷款 3 600 000 元，贷款年利率为 6%，如果该公司采取每年初等额还款方式，每年初还款 600 000 元，那么公司需要多少年能够全部偿还该笔贷款？

计算公式为：= NPER（6%，-600 000，3 600 000，，1）= 7.12 年

（五）利率函数 RATE( )

1. 语法：RATE（nper，pmt，pv，fv，type，guess）。

2. 功能：在已知期数（年金个数）、年金，年金现值、年金终值的条件下，求利率（折现率）。

3. 注意：参数 Guess 指预期利率，即：利率的估计数。如果省略 guess，则假定其值为 10%。

【例 3 -11】 某公司向银行贷款 3 600 000 元，如果银行要求该公司采取每年年末等额还款方式，每年年末还款 600 000 元，连续偿还 10 年，该公司的贷款年利率是多少？

计算公式为：RATE（10，-600 000，3 600 000，，0，0）= 10.56%

某公司向银行贷款 3 600 000 元，如果银行要求该公司采取每年初等额还款方式，每年年初还款 600 000 元，连续偿还 10 年，该公司的贷款年利率是多少？

计算公式为：RATE（10，-600 000，3 600 000，，1，0）= 13.70%

三、INDEX( )函数

（一）引用单元格的 INDEX( )函数

1. 语法：INDEX（reference，row_num，[column_num]，[area_num]）。

2. 功能：返回指定的行与列交叉处的单元格引用。如果引用由非相邻的单元格区域组成，则利用 area_num 选择要查找的内容。

3. 参数。

（1）Reference：一个或多个单元格区域的引用。如果引用由非相邻的单元格区域组成，在输入时，请将多个引用括在括号中，用逗号隔开。

（2）row_num：指引用的对象位于第几行，该参数可为0。

（3）column_num：指引用的对象位于第几列，该参数可为0。

（4）area_num：指引用的对象位于第几个引用区域，从该区域中返回指定的行与列交叉处的单元格引用。选择或输入的第一个区域的编号为1，第二个区域为2，依此类推。如果省略 area_num，则 INDEX 使用区域 1。引用区域必须位于同一工作表中，如果引用区域不在同一工作表上，它将导致#VALUE！错误。

4. 注意：row_num、column_num 和 area_num 必须指向引用中的单元格，否则，INDEX 将返回#REF！错误。如果省略了 row_num 和 column_num，则 INDEX 返回由 area_num 指定的引用区域。

【例 3－12】 INDEX（A1:D8，4，3），表示 A1 到 D8 单元区域中第 4 行、第 3 列，即 C4 单元格中的内容。

【例 3－13】 INDEX（D1:D8，4），表示 D 列第 4 个单元格，即 D4 单元格中的内容。

【例 3－14】 INDEX（D1:D8，4，5）的值为“#REF”，因为 D1:D8 表示 D 列的数据，所以 column_num 为“5”时，找不到对应的单元格。

【例 3－15】 INDEX（(A1:D8，F1:G8)，4，2，2），表示第 2 个区域（F1:G8）第 4 行第 2 列，G4 单元格中的内容。

【例 3－16】 INDEX（(A1:D8，F1:G8)，0，0，2）的值为“#VALUE”，因为如果 row_num 或 column_num 为 0 时，返回 reference 引用的单元格区域，此时 reference 引用了两个单元格区域，即：A1:D8，F1:G8，所以返回值为“#VALUE”。

（二）数组形式的 INDEX( )函数

1. 语法：INDEX（array，row_num，column_num）。

2. 功能：返回表或数组中元素的值，由行号和列号索引选择。

3. 参数。array：以数组方式输入的单元范围，即：单元格区域或数组常量。

如果 array（数组）只包含一行或一列，则相应的 row_num 或 column_num 参数是可选的；

如果 array（数组）具有多行和多列，并且仅使用 row_num 或 column_num，则 INDEX 返回数组中整个行或列。

（1）row_num：指定所返回的数值位于数组中的第几行，如果省略该参数，则需要输入 column_num 参数。

（2）column_num：指定所返回的数值位于数组中的第几列，如果省略该参数，则需要输入 row_num 参数。

4. 注意：如果同时使用 row_num 和 column_num 参数，INDEX 将返回 row_num 和 column_num 交叉处的单元格中的值。

row_num 和 column_num 必须指向 array（数组中）的某一单元格；否则，INDEX 将返回“#REF！错误”。

如果将 row_num 或 column_num 设置为"0"，则 INDEX 将分别返回整列或整行的值的数组。

若要使用以数组形式返回的值，请以数组公式的形式输入 INDEX 函数。按 Ctrl + Shift + Enter 可以输入数组公式。

四、逻辑函数

（一）IF( )函数

1. 语法：IF（Logical_test，value_if_true，value_if_false）。

2. 功能：根据逻辑条件 Logical_test 进行真假值的判断，返回不同的结果。

如果逻辑条件 Logical_test 为真（true），则返回 value_if_true 的值；如果逻辑条件 Logical_test 为假（false），则返回 value_if_false 的值。

3. 参数。

（1）Logical_test：条件表达式，是可能产生 true 或 false 的数值或表达式。

（2）value_if_true：满足逻辑条件，返回该参数的值，此参数不得省略。

（3）value_if_false：不满足逻辑条件，返回该参数的值，此参数可省略。省略时，若逻辑条件为 false，则 if( )函数返回 false 的值。

4. 注意：If( )函数可嵌套使用，构成多重嵌套函数。

【例 3-17】 =IF（A1 = "Yes"，1，2），表示如果 A1 单元格中内容为"Yes"，其返回值为 1，否则返回值为 2。

【例 3-18】 假设对某公司的盈利水平进行评价：净利润 > 150 万元，盈利水平为"优"；100 < 净利润 ≤ 150，盈利水平为"良"；净利润 ≤ 100，盈利水平为"中"。利用 IF( )函数分析结果，如图 3-1 所示。

	A	B	C
1	净利润	盈利水平	盈利水平
2	155	优	优
3	100	中	中
4	50	中	中
5	80	中	中
6	110	良	良
7	150	良	良

图 3-1　IF( )函数的应用

计算公式为：B2 = IF（A2 > 150，"优"，IF（A2 > 100，"良"，"中"））

或：C2 = IF（A2 ≤ 100，"中"，IF（A2 ≤ 150，"良"，"优"））

（二）AND( )函数

1. 语法：AND（logical1，logical2，……）。

2. 功能：逻辑与函数。当所有参数的逻辑值均为 ture 时，返回 ture；如果有任何一个参数的逻辑值为 false，则返回 false。

3. 注意：这些参数的内容可以是逻辑值、数组或引用。

【例 3-19】假设对某公司的盈利水平进行评价：净利润 > 150 万元，并且销售数量 > 80 万件，盈利水平为“优”；100 < 净利润 ≤ 150，并且销售数量 > 50 万件，盈利水平为“良”；净利润 ≤ 100，并且销售数量 ≤ 50 万件，盈利水平为“中”，将 IF( ) 函数与 AND( ) 函数嵌套使用，分析结果，如图 3-2 所示。

	E	F	G
1	净利润	销售数量	盈利水平
2	155	100	优
3	100	85	中
4	50	55	中
5	80	78	中
6	110	95	良
7	150	102	良

图 3-2　IF( ) 函数与 AND( ) 函数嵌套

计算公式为：G2 = IF（AND（E2 > 150，F2 > 80），“优”，IF（AND（E2 > 100，F2 > 50），“良”，“中”））

（三）OR( ) 函数

1. 语法：OR（logical1，logical2，……）。

2. 功能：逻辑或函数。如果任一参数的逻辑值为 ture 时，返回 ture；只有当所有参数的逻辑值均为 false 时，返回 false。

3. 注意：这些参数的内容可以是逻辑值、数组或引用。

【例 3-20】假设对某公司的盈利水平进行评价：净利润 > 150 万元，或者销售数量 > 80 万件，盈利水平为“优”；否则为“良”；将 IF( ) 函数与 OR( ) 函数嵌套使用，分析结果，如图 3-3 所示。

	I	J	K
1	净利润	销售数量	盈利水平
2	155	100	优
3	100	85	优
4	50	55	良
5	80	78	良
6	110	95	优
7	150	102	优

图 3-3　IF( ) 函数与 OR( ) 函数嵌套

计算公式为：K2 = IF（OR（I2 > 150，J2 > 80），“优”，“良”）

（四）NOT( ) 函数

1. 语法：NOT（logical1）。

2. 功能：逻辑反函数。即：当 logical 为 true 时，NOT( ) 返回 false；当 logical 为 false 时，NOT( ) 返回 ture。

【例 3-21】假设对某公司的盈利水平进行评价：净利润未达到 100 万元，则“盈利水平未达标”，将 IF( ) 函数与 NOT( ) 函数嵌套使用，分析结果，如图 3-4 所示。

	M	N	O
1	净利润	销售数量	盈利水平
2	155	100	盈利水平达标
3	100	85	盈利水平达标
4	50	55	盈利水平未达标
5	80	78	盈利水平未达标
6	110	95	盈利水平达标
7	150	102	盈利水平达标

图 3-4　IF( )函数与 NOT( )函数嵌套

计算公式为：O2 = IF（NOT（M2≥100），“盈利水平未达标”，“盈利水平达标”）

第三节　长期借款筹资模型

长期借款是指企业向银行或其他金融机构借入的期限在 1 年以上（不含 1 年）或超过 1 年的一个营业周期以上的各项借款。在采用长期借款方式筹资前，财务管理人员不但需要了解长期借款的种类、程序、优缺点等基本内容，还需要对长期借款的借款金额、借款利率、借款期限、偿还方式等因素进行分析，根据分析的结果，确定合理的借款方案。本节主要讨论在计算机环境下建立长期借款基本模型与长期借款双变量分析模型的方法。

一、长期借款筹资

（一）长期借款的种类

1. 按提供贷款的机构，分为政策性银行贷款、商业银行贷款和其他金融机构贷款。政策性银行贷款，是指执行国家政策性贷款业务的银行向企业发放的贷款，通常为长期贷款。

商业银行贷款，是指由各商业银行，如中国工商银行、中国建设银行、中国农业银行、中国银行等，向工业企业提供的贷款，用以满足企业生产经营的资金需要。

其他金融机构贷款，如从信托投资公司取得实物或货币形式的信托投资贷款、从财务公司取得的各种中长期贷款、从保险公司取得的贷款等。

2. 按机构对贷款有无担保要求，分为信用贷款和担保贷款。信用贷款，是指以借款人的信誉或保证人的信用为依据而获得的贷款。企业取得这种贷款，无需以财产做抵押。对于这种贷款，由于风险较高，银行通常要收取较高的利息，往往还附加一定的限制条件。

担保贷款，是指由借款人或第三方依法提供担保而获得的贷款，包括保证责任、财产抵押、财产质押，因此，担保贷款包括保证贷款、抵押贷款和质押贷款。

保证贷款，是指按《担保法》规定的保证方式，以第三人作为保证人，承诺在借款人不能偿还借款时，按约定承担一定保证责任或连带责任而取得的贷款。

抵押贷款，是指按《担保法》规定的抵押方式，以借款人或第三人的财产作为抵押物而取得的贷款。

质押贷款，是指按《担保法》规定的质押方式，以借款人或第三人的动产或财产权利作为质押物而取得的贷款。

3. 按企业取得贷款的用途，分为基本建设贷款、专项贷款和流动资金贷款。基本建设贷款，是指企业因从事新建、改建、扩建等基本建设项目需要资金，而向银行申请借入的款项。

专项贷款，是指企业因为专门用途而向银行申请借入的款项。包括大修理贷款、研发和新产品研制贷款、出口专项贷款等。

流动资金贷款，是指企业为满足流动资金的需求，而向银行申请借入的款项。包括流动资金借款、生产周转借款、临时借款、结算借款和卖方信贷。

（二）长期借款的偿还方式

企业应按借款合同的规定按期还本付息，企业偿还长期借款的方式通常有三种：

1. 到期一次偿还，在这种方式下，还款集中，借款企业应于贷款到期日前做好准备，以保证全部清偿到期贷款。

2. 定期偿还相等份额的本金，即：在到期日之前定期（如每一年或两年）返还相同的金额，至贷款到期日还清全部本金。

3. 分批偿还，每批金额不相等，便于企业灵活安排。

（三）长期借款筹资的程序

1. 提出申请。企业根据投资需求向银行提出书面申请，按银行要求的条件和内容填报借款申请书。

2. 银行审批。银行按照有关政策和贷款条件，对企业进行信用审查，依据审批权限，核准公司申请的借款金额和用款计划。银行审查的主要内容是：公司的财务状况；信用情况；盈利的稳定性；发展前景；借款投资项目的可行性；抵押品和担保情况。

3. 签订合同。借款申请获批准后，银行与企业进一步协商贷款的具体条件，签订正式的借款合同，规定贷款的数额、利率、期限和一些约束性条款。

4. 取得借款。借款合同签订后，企业在核定的贷款指标范围内，根据用款计划和实际需要，一次或分次将贷款转入公司的存款结算户以便使用。

（四）长期借款筹资的优缺点

1. 长期借款筹资的优点。筹资速度快。与发行债券，融资租赁等债权筹资方式相比，长期借款的程序相对简单，所花时间较短，公司为迅速获得所需资金；资本成本较低。利用长期借款筹资，比发行债券和融资租赁的利息负担要低，而且无须支付证券发行费用、租赁手续费用等筹资费用。

2. 长期借款筹资的缺点。限制条款多。与债券筹资相比较，长期借款合同对借款用途有明确规定，通过借款的保护性条款对公司资本支出额度、再筹资、股利支付等行为有严格的约束，生产经营活动和财务政策必将受到一定程度的影响；财务风险较大。企业举借长期借款，必须定期还本付息。在经营不利的情况下，可能会产生不能偿付的风险，甚至导致破产。

二、长期借款基本模型

在了解长期借款的种类、程序、优缺点等基本内容后，财务管理人员可利用 Excel 提供的财务函数与模拟分析工具，建立长期借款基本模型，定义借款利率、借款期限，还款期数等因素之间的勾稽关系，对长期借款的借款金额，借款利率，借款期限等多个因素进行测算分析，为选择合理的借款方案提供依据。下面以建立分期等额还款模型进行分析。

（一）建立分期等额还款分析模型

【例 3-22】 A 公司拟向银行申请长期借款 100 000 元，贷款年利率为 8%，借款期限为 2 年，每年还款 2 次，要求：建立分期等额还款分析模型，定义各因素之间的勾稽关系。

创建一个新的工作簿，将其命名为"3. 筹资决策模型"，在工作簿中选择一个工作表，将其命名为"分期等额还款分析模型"。在"分期等额还款分析模型"工作表中建立分期等额还款分析模型，如图 3-5 所示。

	A	B
1	A公司分期等额还款分析模型	
2		
3	借款类型	长期借款
4	借款金额	100000
5	借款年利率	8%
6	借款年限	2
7	每年还款期数	2
8	总还款期数	4
9	每期偿还金额	27,549.00

图 3-5　分期等额还款分析模型

（二）定义各因素间的勾稽关系

1. 总还款期数。总还款期数等于借款年限与每年还款期数的乘积。

总还款期数（B8）=借款年限（B6）×每年还款期数（B7）

2. 借款利率。借款利率的单位在使用时应与每年还款期数保持一致。即：【例 3-22】中贷款期限 2 年，年利率 8%，如果每年还款期数为 1 期，即：每年还款 1 次，借款利率应为年利率 8%；如果每年还款期数为 2 期，即：每半年还款 1 次，则借款利率应为半年利率 8%/2=4%。

借款利率（B5）=借款年利率（B5）/每年还款期数（B7）

3. 每期偿还金额。在偿还期分期等额偿还的金额，被称为年金。如果在每期期初等额偿还的借款，属于预付年金；如果在每期期末等额偿还的借款，则是普通年金。可以使用 Excel 提供的 PMT( )年金函数，计算长期的长期借款每期偿还的金额。

每期偿还金额 = PMT（借款年利率/每年还款期数，总还款期数，借款金额）

B9 = PMT（B5/B7，B8，B4）

PMT( )年金函数返回值为每期付款金额，所以显示为负数。为使其显示为正数，可以在公式中嵌套 ABS( )绝对值函数，每期偿还金额的公式为：B9 = ABS（PMT（B5/B7，B8，B4））。财务人员可以通过设置 PMT( )年金函数的 Type 参数来计算期初等额偿还和期末等额偿还的金额。

（三）分期等额还款分析模型的应用

分期等额还款分析模型建立之后，每期偿还金额与借款金额、借款年利率、借款年限、每年还款期数、总还款期数因素之间建立了动态的逻辑链接。财务人员可以通过直接输入数据的方式改变 B4 单元格至 B7 单元格中的数值，即：通过改变借款金额、借款年利率、借款年限、每年还款期数中的任意一个或几个因素的值，观察每期偿还金额的变化，从而选择与企业偿债能力匹配的长期借款方案。

三、长期借款双变量分析模型

长期借款分析中的各种因素是相互影响的。借款年限的长短会影响借款利率的高低，借款利率的变动会直接影响长期借款的每期偿还金额，这两个因素的变动会对长期借款分析的结果产生较大影响，从而影响企业对长期借款方案的选择。因而财务人员希望通过改变这两个因素的数值，观察两个因素在不同数值组合下的分析结果，以便做出科学的筹资决策。Excel 提供的模拟运算表工具，就可以帮助企业的财务管理人员达成上述目标。

（一）模拟分析

Excel 提供的模拟分析工具是一种只需一步操作就能计算出所有变化的分析工具。在工作表中输入公式，就可以进行模拟分析操作，查看公式中某些数据的改变对公式计算结果的影响。模拟分析要在模拟运算表中进行。模拟运算表是一个单元格区域，它可显示公式中一个或多个因素替换不同值时的结果。长期借款双变量分析模型，就是财务人员在已建立的长期借款双变量分析模型中，应用模拟运算表，在借款利率和总还款期数两个因素所在的单元格中输入不同数值，查看这两个因素数值的变化对每期偿还金额的影响。

1. 模拟分析的功能。模拟分析有两个功能。一是提供计算捷径，在一次操作过程中完成多组不同数值的计算；二是提供新颖的显示和比较方式，在工作表上同时显示和比较多组不同数值的计算结果。

2. 模拟分析的三种类型。方案管理器。Excel 方案管理器提供了层次丰富的数据管理方案与计算功能，每个方案在变量与公司计算定义的基础上，能够通过定义一系列可变单元格和对应各变量单元格的取值，构成一个方案。在方案管理器中可以同时管理多个方案，从而达到对于多变量、多数据以及多方案的计算和管理。

单变量求解。Excel 的单变量求解，是在待求解问题数学模型（公式）确定的前提下，根据对模型所描述目标的确定要求，利用数学模型倒推条件（自变量）指标的逆向分析过程。

模拟运算表。模拟运算表为用户提供对指定数学模型中变量变化的观察手段，支持用户观察模型限制条件在指定范围内变化时，以及模型中 1～2 个变量发生变化时，模型最终结果的变化情况。

3. 模拟分析工具的使用。在【数据】选项卡下选择【模拟分析】命令。

（二）建立长期借款双变量分析模型

【例 3－23】 A 公司拟向银行申请长期借款 100 000 元，贷款年利率为 8%，借款期限为 2 年，每年还款 2 次，以借款利率和总还款期数两个因素的变化对每期偿还金额的影响为例，介绍长期借款双变量分析模型的构建方法。

1. 设置长期借款双变量分析表。第一，选择“分期等额还款分析模型”工作表；第二，在 A14:A21 单元格区域中输入各种可能的借款年利率；第三，在 B13:D13 单元格中区域中输入各种可能的总还款期数；第四，在行列交叉的单元格 A13 中输入目标 PMT() 函数公式，即：A13 = ABS（PMT（B5/B7，B8，B4，0））。

运用 Excel 数据菜单下的模拟运算表功能，用 B13:D13 单元格区域中各种总还款期数替换 B8 单元格总还款期数的值；用 A14:A21 单元格区域中各种借款年利率替换 B5 单元格借款年利率的值，在 B14:D21 单元格区域中显示不同借款年利率和总还款期数下的每期偿还金额，如图 3－6 所示。

	A	B	C	D
1	A公司分期等额还款分析模型			
2				
3	借款类型	长期借款		
4	借款金额	100000		
5	借款年利率	8%		
6	借款年限	2		
7	每年还款期数	2		
8	总还款期数	4		
9	每期偿还金额	27,549.00		
10				
11		A公司分期等额还款双变量分析模型		
12	借款年利率/总还款期数			
13	27,549.00	4	8	24
14	6.00%			
15	6.50%			
16	7.00%			
17	7.50%			
18	8.00%			
19	8.50%			
20	9.00%			
21	10.00%			

图 3－6　A 公司分期等额还款双变量分析模型

2. 双变量分析表的操作流程。首先，选择 A13:D21 单元格区域；然后，从【数据】选项卡下选择【模拟分析】下的【模拟运算表】命令，出现如图 3－7 所示的对话框；随后，在"输入引用行的单元格"框中，输入 A 公司分期等额还款分析模型中表示"总还款期数"数值的单元格"$B$8"；在"输入引用列的单元格"框中，输入 A 公司分期等额还款分析模型中表示"借款年利率"数值的单元格"$B$5"，如图 3－7 所示。最后，点击【确定】按钮，A 公司分期等额还款双变量分析就完成了，分析结果如图 3－8 所示。

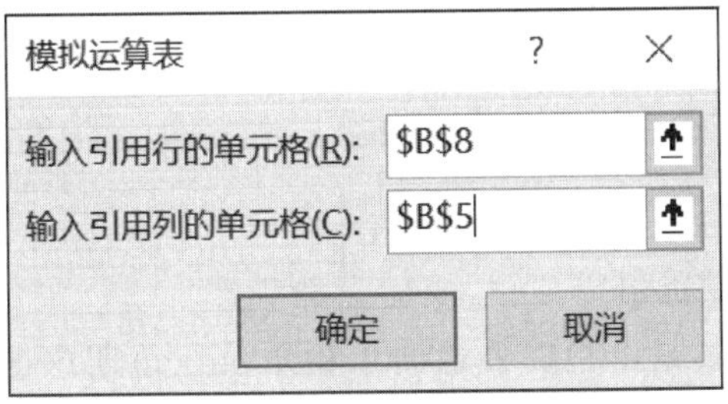

图 3－7　模拟运算表对话框

	A	B	C	D
1	A公司分期等额还款分析模型			
2				
3	借款类型	长期借款		
4	借款金额	100000		
5	借款年利率	8%		
6	借款年限	2		
7	每年还款期数	2		
8	总还款期数	4		
9	每期偿还金额	27, 549. 00		
10				
11		A公司分期等额还款双变量分析模型		
12	借款年利率/总还款期数			
13	27, 549. 00	4	8	24
14	6. 00%	26, 902. 70	14, 245. 64	5, 904. 74
15	6. 50%	27, 063. 72	14, 396. 26	6, 064. 89
16	7. 00%	27, 225. 11	14, 547. 66	6, 227. 28
17	7. 50%	27, 386. 87	14, 699. 84	6, 391. 89
18	8. 00%	27, 549. 00	14, 852. 78	6, 558. 68
19	8. 50%	27, 711. 50	15, 006. 49	6, 727. 63
20	9. 00%	27, 874. 36	15, 160. 97	6, 898. 70
21	10. 00%	28, 201. 18	15, 472. 18	7, 247. 09

图 3－8　A 公司分期等额还款双变量分析模型

3. 分期等额还款双变量分析模型的应用。企业财务人员可以改变图 3－8A 公司分期等额还款双变量分析模型中 B13:D13 单元格区域中“总还款期数”的值；改变 A14:A21 单元格区域中“借款年利率”的值，模型会重新计算不同借款年利率和总还款期数下的每期偿还金额，显示在 B14:D21 单元格区域。

需要注意的是，双变量分析模型运行的结果值是一个数组，因此不能对单个结果进行编辑。如果需要清除该双变量分析表，必须清除双变量分析表全部值。

第四节　融资租赁筹资模型

租赁，是指通过签订资产出让合同的方式，使用资产的一方（承租方）通过支付租金，向出让资产的一方（出租方）取得资产使用权的一种交易行为。在这项交易中承租方通过得到所需资产的使用权，完成了筹集资金的行为。

一、融资租赁

（一）租赁的两种方式

租赁分为经营租赁和融资租赁。

1. 经营租赁。经营租赁是由租赁公司向承租单位在短期内提供设备，并提供维修、保养、人员培训等的一种服务性业务，又称服务性租赁。经营租赁的租赁期限短，承租人众多，租赁期设备保养费由出租人承担，租赁期满后，租赁资产所有权归出租人。

2. 融资租赁。融资租赁，是由租赁公司按承租单位要求出资购买设备，在较长的合同期内提供给承租单位使用的融资信用业务，它是以融通资金为主要目的的租赁。融资租赁的租赁期长，承租人仅有一人，租赁期设备保养费全部由承租人负担。从财务管理角度，融资性租赁更具有融资性，相当于用分期付款方式购买一项资产。

（二）融资租赁的基本形式

1. 直接租赁。直接租赁是融资租赁的主要形式，承租方提出租赁申请时，出租方按照承租方的要求选购，然后再出租给承租方。

2. 售后回租。售后回租是指承租方由于急需资金等各种原因，将自己的资产售给出租方，然后以租赁的形式从出租方原封不动地租回资产的使用权。在这种租赁合同中，除资产所有者的名义改变之外，其他情况均无变化。

3. 杠杆租赁。杠杆租赁是指涉及承租人、出租人和资金出借人三方的融资租赁业务。一般来说，当所涉及的资产价值昂贵时，出租方自己只投入部分资金，通常为资产价值的20%～40%，其余资金则通过将该资产以抵押担保的方式，向第三方（通常为银行）申请贷款解决。租赁公司将购进的设备出租给承租方，用收取的租金偿还贷款，该资产的所有权属于出租方。出租人既是债权人也是债务人，如果出租人到期不能按期偿还借款，资产所有权则转移给资金的出借者。这种融资租赁形式，由于租赁收益一般大于借款成本，出租人借款购买出租物可获得财务杠杆利益，故称为杠杆租赁。

（三）融资租赁租金的构成及计算

1. 决定租金的因素。融资租赁每期租金的多少取决于以下几项因素：①设备价款及预计残值，包括设备买价、运输费、安装调试费、保险费等，以及设备租赁期满后，出售可得的市价。②利息，是指租赁公司为承租企业购置设备垫付资金所应支付的利息。③租赁手续费，是指租赁公司承办租赁设备所发生的业务费和必要的利润。

2. 租金的支付方式。按支付时间的长短，分为年付、半年付、季付和月付；按期初和期末支付，分为先付租金和后付租金；按是否等额支付，分为等额支付和不等额支付。在实务中，承租企业与租赁公司商定的租金支付方式，大多为后付等额年金。

3. 租金的计算。我国融资租赁实务中租金的计算大多采用等额年金法。在等额年金法下，通常要根据利率和租赁手续费率确定一个租费率，作为折现率。按照年金支付的时间，可以分别计算后付租金和先付租金。可利用 Excel 中 PMT( ) 年金函数实现融资租赁租金的计算。

（1）后付租金的计算。其计算公式如下：

$$\text{后付租金}=\frac{\text{设备价款}-\text{残值}\times(P/F,\ i,\ n)}{(P/A,\ i,\ n)}$$

式中：（P/A，i，n）——普通年金现值系数；（P/F，i，n）——普通复利现值系。

（2）先付租金的计算。其计算公式如下：

$$\text{先付租金}=\frac{\text{设备价款}-\text{残值}\times(P/F,\ i,\ n)}{(P/A,\ i,\ n)\times(1+i)}$$

融资租赁是企业长期筹资的主要方式之一，对于承租方和出租方的财务管理人员而言，以计算机为工具建立租赁分析模型进行分析，制定科学合理的长期筹资决策是大势所趋。

二、融资租赁分析模型

在融资租赁模式下，承租方应按合同向出租方（租赁公司）支付租金。租金总额、租金的支付方式、租费率（折现率）、租赁期限及每年支付租金的次数均会对每期应付租金的数额产生影响。因此，企业财务人员需要对不同的租赁方案，不同的条件下的（即：不同的租金总额、不同的租金支付方式、不同的租费率、不同的租赁期限及每年支付租金次数）每期应付租金数额进行对比分析，为企业制定科学的融资租赁决策提供依据。

（一）建立融资租赁分析模型

在工作簿“3. 筹资决策模型”中，选择一个新工作表，将其重命名为“融资租赁分析模型”。在“融资租赁分析模型”工作表中建立A公司融资租赁分析模型，输入相关数据，如图3-9所示。

	A	B
1	A公司融资租赁分析模型	
2	租赁项目名称	设备B-英国
3	租金总额	2000000
4	租金支付方式	后付租金
5	年租费率	10%
6	租赁期限	5
7	每年付款次数	1
8	总付款次数	5
9	每期应付租金	527594.9616

图3-9　A公司融资租赁分析模型

（二）定义各因素间的勾稽关系

1. 总付款次数。总付款次数等于租赁期限与每年付款次数的乘积。总付款次数（B8）=租赁期限（B6）×每年付款次数（B7）。

2. 年租费率。根据利率和租赁手续费率确定的，即：融资租赁的折现率，年租费率的单位在使用时应与每年还款期数保持一致。年租费率（B5）=年租费率（B5）/每年付款次数（B7）。

3. 租金支付方式。可以通过Excel中的IF()函数实现租金支付方式的逻辑判断选择。

4. 每期应付租金。由于我国融资租赁实务中租金的计算大多采用等额年金法。因此，可以通过Excel中IF()逻辑判断函数与PMT()年金函数的嵌套使用，完成每期应付租金的计算。每期应付租金B9=IF（B4=“后付租金”，ABS（PMT（B5，B8，B3，，0）），ABS（PMT（B5，B8，B3，，1）））。

该公式的含义是：如果租赁设备租金支付方式为“后付租金”，即：B4=“后付租金”，那么，将ABS（PMT（B5，B8，B3，，0）的值返回B9单元格，即：按后付年金的计算公式求出年金，并将计算结果取绝对值后返回B9单元格；否则，将ABS（PMT（B5，B8，B3，，1）的值返回B9单元格，即：按先付年金的计算公式求出年金，并将计算结果取绝对值后返回B9单元格。

（三）融资租赁分析模型的应用

融资租赁分析模型建立之后，企业财务人员根据租赁公司提供的融资租赁资产报价方案，将不同报价方案下租赁资产的租金总额、租金的支付方式、租费率（折现率）、租赁期限及每年支付租金的次数等数据输入该模型，融资租赁分析模型将会自动计算出不同报价方案下承租该资产的每期应付租金。通过对比分析，进行融资租赁方案的优化选择。

如果租赁公司提供的融资租赁资产项目多，可供承租方选择的项目报价、租赁条件又不尽相同，使用这种单一项目的融资租赁分析模型进行分析，过程就略显烦琐。下面将 Excel 内部宏技术应用于融资租赁分析模型，建立融资租赁拓展分析模型。

三、融资租赁拓展分析模型

（一）建立融资租赁拓展分析模型

在融资租赁拓展分析模型中加入 Excel 图形控件元素，可以拓展融资租赁分析模型各条件参数的选择范围，快速准确计算出不同条件参数下，租赁资产每期应付租金，方便企业财务人员分析决策。融资租赁拓展分析模型，如图 3－10 所示。

	A	B	C
1	A公司融资租赁拓展分析模型		
2	租赁项目名称		设备B-英国　4
3	租金总额		2000000
4	租金支付方式		后付租金
5	年租费率	10%	10
6	租赁期限	5	
7	每年付款次数		1
8	总付款次数		5
9	每期应付租金		527594.9616

图 3－10　融资租赁拓展分析模型

1. 应用开发工具。

（1）启动开发工具。Excel 提供了开发工具。单击【文件】菜单，点击右下方的【选项】，在【选项】中点击【自定义功能区】，在右方【主选项卡】中选择【开发工具】，【开发工具】就被启动并显示于主菜单中。【开发工具】包含【表单控件】和【ActiveX 控件】。融资租赁拓展分析模型主要使用【表单控件】工具栏中提供的图形控制工具，在模型中建立图形控制按钮。

（2）建立图形控制按钮的方法。首先，在【开发工具】选项卡选择【插入】命令，图形控制项工具栏就会显示，如图 3－11 所示。其次，选择【表单控件】或【ActiveX 控件】工具栏上的图形控制工具。融资租赁拓展分析模型主要使用【表单控件】工具栏中提供的图形控制工具。最后，指定该图形控制工具在工作表中的位置，通过拖拽制作图形控制工具。

2. 建立租赁公司报价单。租赁公司提供的租赁资产报价单，是融资租赁分析模型的重要组成部分。在建立融资租赁拓展分析模型时，一是建立租赁公司报价单；二是将其与融资租赁拓展分析模型相关项目建立连接后，可以通过驱动控制按钮选择承租资产（设备名称）、租金、支付方式。租赁公司报价单，如图 3－12 所示。

图 3－11　控件工具

	D	E	F	G	H
1			租赁公司报价单		
2		生产厂家	设备名称	租金	支付方式
3		英国	设备A-英国	3500000	先付租金
4		日本	设备A-日本	3300000	先付租金
5		美国	设备A-美国	3100000	先付租金
6		英国	设备B-英国	2000000	后付租金
7		日本	设备B-日本	2500000	后付租金

图 3－12　租赁公司报价单

3. 建立租赁项目名称组合框。在融资租赁拓展分析模型中，首先在租赁项目名称处，即 C2 单元格建立组合框，其目的是方便企业财务人员通过下拉组合框选择所需的租赁设备。建立租金总额索引和租金支付方式索引，当选中某一设备后，相应的租金总额和租金支付方式将自动从租赁报价单中获取并填入租赁分析模型中。租赁项目名称组合框，如图 3－13所示。

	A	B	C
1	A公司融资租赁拓展分析模型		
2	租赁项目名称		设备B-英国 ▼ 4
3	租金总额		2000000
4	租金支付方式		后付租金
5	年租费率	10%	10
6	租赁期限	5	
7	每年付款次数		1
8	总付款次数		5
9	每期应付租金		527594.9616

图 3－13　租赁项目名称组合框

建立租赁项目名称组合框的方法如下：

（1）选择【组合框】按钮。单击【表单控件】工具栏中的【组合框】按钮。

（2）指定【组合框】的位置。将【组合框】放于“融资租赁拓展分析模型”工作表中“租赁项目名称”所在的C2单元格，按住鼠标左键，从C2单元格的左上角至右下角拖拽出一个矩形“组合框”。注意：该“组合框”不要覆盖整个C2单元格，给C2单元格右端留出一定的空白，用于展示“组合框”下拉菜单显示项数。

（3）建立组合框与租赁公司报价单中设备名称链接。选中【组合框】，点击鼠标右键选中【设置控件格式】，显示【设置控件格式】的对话框，选择【控制】，设置相关参数。设置控件格式对话框，如图3-14所示。相关参数说明如下：

【数据源区域】——工作表区域，组合框的内容将从指定的工作表区域中提取。

【单元格链接】——链接单元，组合框当前备选项目的返回值存入该“链接单元”。

【下拉显示项数】——显示行数，当组合框被激活时，由该值决定下拉框显示的行数。

本例中：

【数据源区域】对话框中输入：“$F$3:$F$7”，使组合框与租赁公司报价单中的设备名称区域建立链接，用户激活组合框后，则可在其中显示出可供租赁的各种设备名称。

【单元格链接】对话框中输入：“$C$2”，当用户从【组合框】中选择了其中的某一设备时，被选择设备在组合框下拉菜单中的位置编号将存放在C2单元格中。例如：选择组合框下拉菜单第4项设备，C2单元格的值为4，用户可利用该位置编号查到该设备的其他信息，如租金、支付方式等。注意：如前所述，为了更好地展示设备在组合框下拉菜单中的位置编号，请提前在C2单元格的右端留白，并将该单元格设置为左对齐。

【下拉显示项数】对话框中输入：5，租赁公司报价单中提供的租赁设备共有5台，用户激活组合框后，将会有5条租赁设备名称列出。

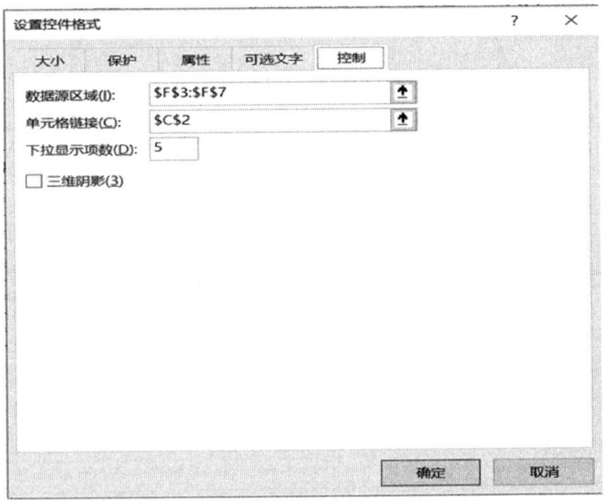

图3-14　设置组合框控件格式对话框

（4）完成链接。单击图3-14中的【确定】按钮，完成组合框与租赁公司报价单中的设备名称之间的链接。

4. 建立租金总额索引。

（1）点击“租金总额”所在单元格：C3。

（2）在 C3 单元格中输入公式：= INDEX（G3:G7，C2）。

（3）该公式含义是：由于所选设备在“租赁项目名称”组合框下拉菜单中的位置编号在 C2 单元格，INDEX( )函数根据 C2 的单元格的数值，从“租赁公司报价单”的“租金”单元格区域 G3:G7 找到相应的租金，并将“租金”显示在 C3 单元格中。

5. 建立租金支付方式索引。

（1）点击“租金支付方式”所在单元格：C4。

（2）在 C4 单元格中输入公式：= INDEX（H3:H7，C2）。

（3）该公式含义是：由于所选设备在“租赁项目名称”组合框下拉菜单中的位置编号在 C2 单元格，INDEX( )函数根据 C2 的单元格的数值，从“租赁公司报价单”的“租金支付方式”单元格区域 H3:H7 中找到相应的租金，并将“租金支付方式”显示在 C4 单元格中。

6. 建立年租费率滚动条。租赁公司通常会提供年租费率的选择范围。在融资租赁拓展分析模型“年租费率”处，建立“滚动条”图形控件，企业财务人员可以利用“滚动条”在租赁公司提供的年租费率范围内选择“年租费率”。建立年租费率滚动条的方法如下：

（1）选择【滚动条】按钮。点击【开发工具】选择【插入】【表单控件】工具栏中的【滚动条】按钮。

（2）指定【滚动条】的位置。将【滚动条】放于“融资租赁拓展分析模型”工作表中“年租费率”所在的 C5 单元格，按住鼠标左键，从 C5 单元格的左上角至右下角拖拽出一个矩形“滚动条”。注意：该“滚动条”不要覆盖整个 C5 单元格，给 C5 单元格右端留出一定的空白，用于展示“滚动条”中所包含的“年租费率”整数数值。

（3）设置年租费率的选择范围。选中 C5 单元格中的“滚动条”，点击鼠标右键，选择【设置控件格式】，显示【设置控件格式】对话框，点击【控制】，设置相关参数，如图 3 - 15所示。相关参数说明如下：

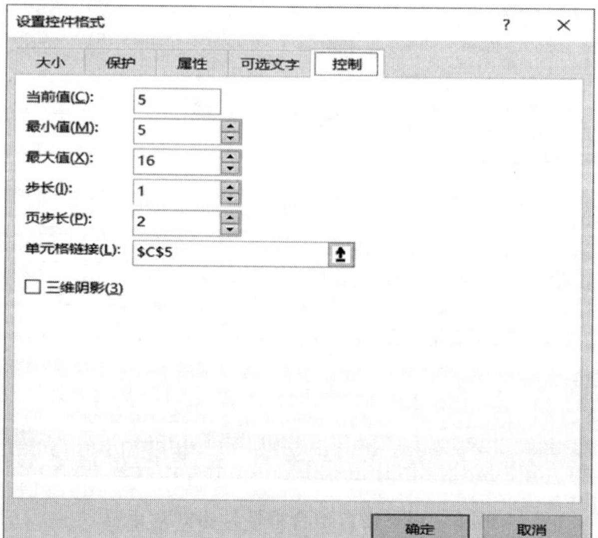

图 3 - 15　设置滚动条控件格式对话框

【当前值】——该参数定义由【最小值】和【最大值】定义的区域内滚动条的默认值。

【最小值】——该参数定义滚动条显示的最小值。

【最大值】——该参数定义滚动条显示的最大值。

【步长值】——设置该参数后，当用户点击滚动条一端箭头时滚动的单位数值。

【页步长】——设置该参数后，当用户点击滚动条箭头中间的空白部分时，滚动的单位数值。

【单元格链接】——该参数是将选定滚动条的值链接到工作表上的一个单元格中。

【三维阴影】——该参数决定滚动条是否有三维阴影的外观。

本例中年租费率的范围为5%～16%，并希望年租费率以1%的幅度变化。参数对话框中不能输入小数，因此，在各参数对话框中先输入整数，并将输入的值链接到C5单元格中。即：【当前值】输入5；【最小值】输入5；【最大值】输入16；【步长值】输入1；【页步长】输入2；【单元格链接】输入“$C$5”。

（4）完成【滚动条】的建立。单击【确定】按钮即完成。

（5）建立年租费率公式。由于“滚动条”中的参数只能设置“年租费率”的整数变动形式，因此，要使滚动条呈现“年租费率”的百分比变动形式，需要在“融资租赁拓展分析模型”工作表中“年租费率”右侧的B5单元格中，建立年租费率公式：B5 = C5/100。该公式建立后，点击“滚动条”，B5单元格就会从5%～16%显示“年租费率”的百分比形式。

（6）滚动条的使用。单击“滚动条”两端的箭头，B5单元格中的“年租费率”以【步长值】1转化的百分比形式“1%”增减变动；单击“滚动条”箭头中间的空白部分，B5单元格中的“年租费率”就以【页步长值】2转化的百分比形式“2%”增减变动。

7. 建立租赁年限数值调节钮。租赁公司通常会提供租赁年限的选择范围。在融资租赁拓展分析模型“租赁期限”处，建立“数值调节钮”，企业财务人员可以利用“数值调节钮”在租赁公司提供的“租赁期限”范围内选择租赁年限。建立租赁年限数值调节钮的方法如下：

（1）选择【数值调节钮】。点击【表单控件】工具栏中的【数值调节钮】按钮。

（2）指定【数值调节钮】的位置。将【数值调节钮】放于“融资租赁拓展分析模型”工作表中“租赁期限”所在的C6单元格，按住鼠标左键，从C6单元格的左上角至右下角拖拽出一个矩形“数值调节钮”。

（3）设置“租赁年限”的选择范围。选中C6单元格中的“数值调节钮”，点击鼠标右键，选择【设置控件格式】，显示【设置控件格式】对话框，点击【控制】，设置相关参数，如图3－16所示。相关参数说明如下：

【当前值】——该参数定义由【最小值】和【最大值】定义的区域内数值调节钮的默认值。

【最小值】——该参数定义数值调节钮显示的最小值。

【最大值】——该参数定义数值调节钮显示的最大值。

【最小值】与【最大值】——定义了数值调节钮可调节数值的范围。

【步长值】——设置该参数后，当用户点击数值调节钮向上或向下的三角按钮时变动的单位数值。

【单元格链接】——该参数是将选定数值调节钮的值链接到工作表上的一个单元格中。

【三维阴影】——该参数决定数值调节钮是否有三维阴影的外观。

本例中"租赁期限"的范围为 1 ~ 15 年，并希望租赁年限以 1 年的幅度变化。将各参数对话框中输入的值链接到 B6 单元格中。即：【当前值】输入 5；【最小值】输入 1；【最大值】输入 15；【步长值】输入 1；【单元格链接】输入"＄B＄6"。

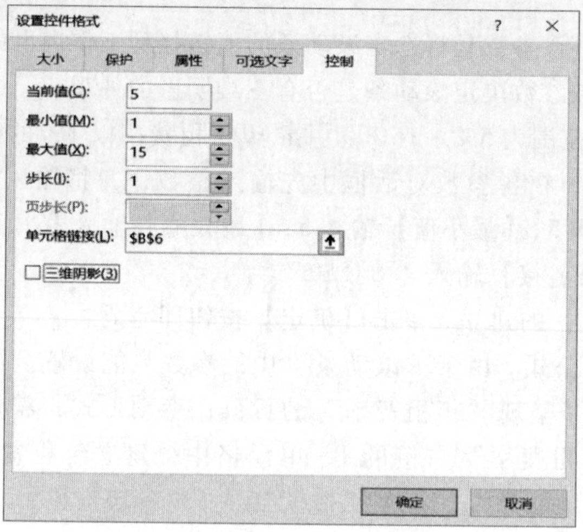

图 3 – 16　设置数值调节钮对话框

(4) 完成【数值调节钮】的建立。单击【确定】按钮即完成。

8. 总付款次数。总付款次数 = 租赁期限 × 每年付款次数，C8 = B6 × C7

9. 每期应付租金。将 IF( ) 函数与 PMT( ) 年金函数嵌套使用，计算每期应付租金，将结果显示在 C9 单元格中。C9 = IF（C4 = "后付租金"，ABS（PMT（B5/C7，C8，C3，，0）），ABS（PMT（B5/C7，C8，C3，，1）））。

（二）融资租赁拓展分析模型的应用

1. 组合框的应用。融资租赁拓展分析模型建立后，展示"租赁项目名称"的"组合框"在 C2 单元格，企业财务人员点击 C2 单元格的"组合框"时，各种"租赁设备名称"将以下拉菜单的形式呈现。此时可点击鼠标左键，选择下拉菜单中的设备。完成租赁设备的选择后，该设备的名称、租金总额与支付方式，将自动从租赁公司报价单中获取，填入公司融资租赁拓展分析模型中，如图 3 – 17 所示。

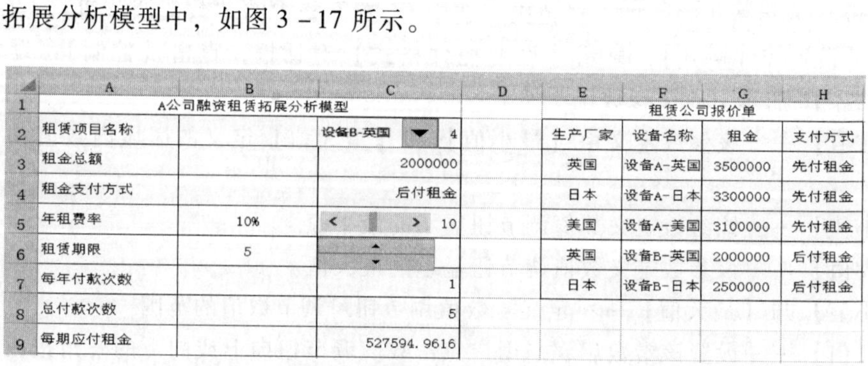

	A	B	C	D	E	F	G	H
1	A公司融资租赁拓展分析模型					租赁公司报价单		
2	租赁项目名称		设备B-英国　4		生产厂家	设备名称	租金	支付方式
3	租金总额		2000000		英国	设备A-英国	3500000	先付租金
4	租金支付方式		后付租金		日本	设备A-日本	3300000	先付租金
5	年租费率	10%	10		美国	设备A-美国	3100000	先付租金
6	租赁期限	5			英国	设备B-英国	2000000	后付租金
7	每年付款次数		1		日本	设备B-日本	2500000	后付租金
8	总付款次数		5					
9	每期应付租金		527594.9616					

图 3 – 17　A 公司融资租赁拓展分析模型的应用

2. 滚动条的应用。融资租赁拓展分析模型建立后，企业财务人员可在租赁公司提供的年租费率范围内选择“年租费率”。展示“年租费率”的“滚动条”在C5单元格。点击C5单元格“滚动条”左右两端的箭头，在C5单元格的右侧将展示“年租费率”变动的整数数值，在B5单元格展示相应的百分比变动形式。

3. 数值调节钮的应用。融资租赁拓展分析模型建立后，企业财务人员可在租赁公司提供的租赁年限的选择范围“租赁期限”。展示“租赁期限”的“数值调节钮”在C6单元格。点击C6单元格“数值调节钮”上下的三角箭头，在B6单元格将展示“租赁期限”的变动值。

建立了融资租赁拓展分析模型后，企业财务人员可以通过【组合框】、【滚动条】、【数值调节钮】的应用，改变租金总额、租赁期限、年租费率等参数数值，快速生成不同参数条件下的每期应付租金，帮助企业合理地选择融资租赁方案。Excel提供的图形控件功能，为企业财务人员构建各种财务分析模型提供了便利。

第五节　长期借款筹资与融资租赁筹资的选择

企业可以通过向银行借款或融资租赁的方式取得一项固定资产。下面我们将运用现值的概念，计算通过长期借款方式购买固定资产的成本现值与通过融资租赁方式取得固定资产的租赁成本现值，对两个方案的计算结进行对比分析，帮助企业财务人员选择合理的筹资方案。

【例3－24】 假设A公司需要购买一台设备B，价格2 500 000元。预计设备的使用寿命为10年，按直线法计提折旧，10年后无残值，所得税率为25%。有两种筹资方案可供选择：

方案一：长期借款筹资。A公司向银行借款2 500 000元购买该设备，银行贷款年利率10%，借款期限10年，在10年内每年年末等额偿还。

方案二：融资租赁。A公司向租赁公司采用融资租赁的方式从租赁公司租入该设备。租赁期10年，每年末等额支付租金，年租费率10%，合同约定租赁期满设备归A公司所有，租赁期满无残值。

一、建立长期借款分期偿还现值计算表

在工作簿“3. 筹资决策模型”中建立“A公司长期借款分期偿还现值计算表”，如图3－18所示。

（一）每期还款额

每期还款额是指每期固定偿还的贷款金额，用PMT()函数完成每期还款额的计算。为了使计算结果显示为正值，可通过PMT()函数与ABS()绝对值函数的嵌套来实现。

1. 选择B12单元格，输入公式：＝ABS（PMT（$B$4/$B$6，$B$7，$B$3,,0））。

2. 将B12单元格向下拖动复制，将公式复制到B13:B21单元格区域，完成每期还款额的计算。

	A	B	C	D	E	F	G	H
1	A公司长期借款分析模型							
2	借款类型	长期借款		固定资产名称	设备B-日本			
3	借款金额	2500000		固定资产原值	2500000			
4	借款年利率	10%		预计固定资产残值	0			
5	借款年限	10		折旧年限	10			
6	每年还款期数	1		折旧方法	直线法			
7	总还款期数	10		年折旧额	250000			
8	每期偿还金额	406, 863						
9								
10				A公司长期借款分期偿还现值计算表				
11	年	每期还款额	期还款额中的本	每期还款额中的利息	折旧额	抵税金额	分期偿还净现金流出量	分期偿还净现金流出量现值
12	1	406, 863	156, 863	250, 000	250, 000	125, 000	281, 863	256, 240
13	2	406, 863	172, 550	234, 314	250, 000	121, 078	285, 785	236, 186
14	3	406, 863	189, 805	217, 059	250, 000	116, 765	290, 099	217, 956
15	4	406, 863	208, 785	198, 078	250, 000	112, 020	294, 844	201, 382
16	5	406, 863	229, 664	177, 200	250, 000	106, 800	300, 064	186, 316
17	6	406, 863	252, 630	154, 233	250, 000	101, 058	305, 805	172, 619
18	7	406, 863	277, 893	128, 970	250, 000	94, 743	312, 121	160, 167
19	8	406, 863	305, 683	101, 181	250, 000	87, 795	319, 068	148, 848
20	9	406, 863	336, 251	70, 613	250, 000	80, 153	326, 710	138, 557
21	10	406, 863	369, 876	36, 988	250, 000	71, 747	335, 117	129, 202
22	合计	4, 068, 635	2, 500, 000	1, 568, 635	2, 500, 000	1, 017, 159	3, 051, 476	1, 847, 472
23								

… 融资租赁拓展分析模型 | A公司融资租赁租金支付现值计算表 | A公司长期借款分期偿还现值计算表

图 3-18　A 公司长期借款分期偿还现值计算表

3. 选择 B22 单元格，输入公式：=SUM（B12:B21），完成每期还款额的汇总计算。

（二）每期还款额中的本金

每期还款额中的本金是指每期固定偿还的贷款金额中所包含的本金金额。用 PPMT( ) 函数完成每期还款额中的本金计算。为了使计算结果显示为正值，可通过 PPMT( ) 函数与 ABS ( ) 绝对值函数的嵌套来实现。

1. 选择 C12 单元格，输入公式：=ABS（PPMT（$B$4/$B$6，A12，$B$7，$B$3））。

2. 将 C12 单元格向下拖动复制，将公式复制到 C13:C21 单元格区域，完成每期还款额中的本金计算。

3. 选择 C22 单元格，输入公式：=SUM（C12:C21），完成每期还款额中本金的汇总计算。

（三）每期还款额中的利息

每期还款额中的利息是指每期固定偿还的贷款金额中所包含的利息金额。用 IPMT( ) 函数完成每期还款额中的利息计算。为了使计算结果显示为正值，可通过 IPMT( ) 函数与 ABS ( ) 绝对值函数的嵌套来实现。债务利息可在缴纳企业所得税前从收入中扣除，具有抵税作用，它会影响长期借款分期偿还的现金流出量。

1. 选择 D12 单元格，输入公式：=ABS（IPMT（$B$4/$B$6，A12，$B$7，$B$3））。

2. 将 D12 单元格向下拖动复制，将公式复制到 D13:D21 单元格区域，完成每期还款额中的利息计算。

3. 选择 D22 单元格，输入公式：=SUM（D12:D21），完成每期还款额中利息的汇总计算。

PMT( ) 函数与 PPMT( ) 函数和 IPMT( ) 函数之间的关系是：PMT( ) = PPMT( ) + IPMT( )

（四）折旧额

折旧额是指固定资产在一定期间按一定的折旧方法所计提的折旧数额。常用的固定资产的折旧方法有：直线法、年数总和法、双倍余额递减法。Excel 提供了 SLN( ) 直线法折旧函数、SYD( ) 年数总和法折旧函数、DDB( ) 双倍余额递减法折旧函数、VDB( ) 倍率余额递减法折旧函数、DB( ) 固定余额递减法折旧函数，帮助企业财务人员计算不同折旧方法下固定资产的折旧金额。本例中折旧额的计算可通过 SLN( ) 函数来实现。折旧额可在缴纳企业所得税前从收入中扣除，具有抵税作用，它会影响长期借款分期偿还的现金流出量。

在本例中：A 公司需要贷款购买一台设备 B，价格 2 500 000 元。预计设备的使用寿命为 10 年，按直线法计提折旧，10 年后无残值。

1. 选择 E12 单元格，输入公式：=SLN（$E$3，$E$4，$E$5）。

2. 将 E12 单元格向下拖动复制，将公式复制到 E13:E21 单元格区域，完成折旧额的计算。

3. 选择 E22 单元格，输入公式：=SUM（E12:E21），完成折旧额的汇总计算。

（五）抵税金额

抵税金额是指在长期借款筹资模式下因债务利息与折旧额而减少缴纳的企业所得税金额。

1. 选择 F12 单元格，输入公式：=（D12 + E12）×25%。

2. 将 F12 单元格向下拖动复制，将公式复制到 F13:F21 单元格区域，完成抵税金额的计算。

3. 选择 F22 单元格，输入公式：=SUM（F12:F21），完成抵税金额的汇总计算。

（六）分期偿还模式下净现金流出量

分期偿还模式下净现金流出量指扣除抵税金额后，分期还款的现金流出金额。

1. 选择 G12 单元格，输入公式：=B12 − F12。

2. 将 G12 单元格向下拖动复制，将公式复制到 G13:G21 单元格区域，完成分期偿还模式下净现金流出量的计算。

3. 选择 G22 单元格，输入公式：=SUM（G12:G21），完成分期偿还模式下净现金流出量的汇总计算。

（七）分期偿还净现金流出量现值

分期偿还净现金流出量现值是指在考虑货币时间价值的前提下，计算的分期还款现金净流出量的现值。用 PV( ) 函数完成分期偿还净现金流出量现值的计算。为了使计算结果显示为正值，可通过 PV( ) 函数与 ABS( ) 绝对值函数的嵌套来实现。

1. 选择 H12 单元格，输入公式：=ABS（PV（$B$4/$B$6，A12，，G12））。

2. 将 H12 单元格向下拖动复制，将公式复制到 H13:H21 单元格区域，完成分期偿还净现金流出量现值。

3. 选择 H22 单元格，输入公式：=SUM（H12:H21），完成借款成本现值的汇总计算。

二、建立融资租赁租金支付现值计算表

在工作簿“3. 筹资决策模型”中建立“A公司融资租赁租金支付现值计算表”，如图3－19所示。

	A	B	C	D	E	F
1	A公司融资租赁分析模型					
2	租赁项目名称	设备B-日本				
3	租金总额	2500000				
4	租金支付方式	后付租金				
5	年租费率	10%				
6	租赁期限	10				
7	每年付款次数	1				
8	总付款次数	10				
9	每期应付租金	406, 863. 49				
10	A公司融资租赁租金支付现值计算表					
11		每期应付租金	折旧额	抵税金额	租金支付净现金流量	租金支付净现金流量现值
12	1	406, 863. 49	250, 000	62, 500	344, 363. 49	313, 057. 72
13	2	406, 863. 49	250, 000	62, 500	344, 363. 49	284, 597. 92
14	3	406, 863. 49	250, 000	62, 500	344, 363. 49	258, 725. 38
15	4	406, 863. 49	250, 000	62, 500	344, 363. 49	235, 204. 90
16	5	406, 863. 49	250, 000	62, 500	344, 363. 49	213, 822. 63
17	6	406, 863. 49	250, 000	62, 500	344, 363. 49	194, 384. 21
18	7	406, 863. 49	250, 000	62, 500	344, 363. 49	176, 712. 92
19	8	406, 863. 49	250, 000	62, 500	344, 363. 49	160, 648. 11
20	9	406, 863. 49	250, 000	62, 500	344, 363. 49	146, 043. 73
21	10	406, 863. 49	250, 000	62, 500	344, 363. 49	132, 767. 03
22	合计	4, 068, 634. 87	2, 500, 000	625, 000	3, 443, 634. 87	2, 115, 964. 56
23						

… | 融资租赁拓展分析模型 | A公司融资租赁租金支付现值计算表 | A公司长期借款分期偿还现值计算表 |

图3－19　A公司融资租赁租金支付现值计算表

（一）每期应付租金

每期应付租金是指在融资租赁方式下，租赁期内按合同约定的租金支付方式，每期等额支付的租金金额。每期应付租金的计算可通过IF( )函数、PMT( )函数与ABS( )绝对值函数嵌套来实现。融资租赁相当于用分期付款方式购买一项资产，因此融资租赁方式下的每期应付租金不得在缴纳企业所得税前扣除。

1. 选择B12单元格，输入公式：

= IF($B$4 =“后付租金”,ABS(PMT($B$5/ $B$7, $B$8, $B$3,,0)),
ABS (PMT ($B$5/$D$7, $B$8, $B$3,, 1)))

2. 将B12单元格向下拖动复制，将公式复制到B13:B21单元格区域，完成每期应付租金的计算。

3. 选择B22单元格，输入公式：= SUM（B12:B21），完成每期应付租金的汇总计算。

（二）折旧额

折旧额是指融资租赁的固定资产在一定期间按一定的折旧方法所计提的折旧金额。采用融资租赁方式租入的固定资产，应当采用与自有应计提折旧资产相一致的折旧政策。本例中折旧额的计算可通过SLN( )函数来实现。折旧额可在缴纳企业所得税前从收入中扣除，具有抵税作用，它会影响融资租赁租金支付的现金流出量。

1. 选择C12单元格，输入公式：= SLN（$B$3，0，$B$6）。

2. 将C12单元格向下拖动复制，将公式复制到C13:C21单元格区域，完成折旧额的计算。

3. 选择C22单元格，输入公式：= SUM（C12:C21），完成折旧额的汇总计算。

（三）抵税金额

抵税金额是指在融资租赁筹资模式下因折旧额而减少缴纳的企业所得税金额。融资租赁相当于用分期付款方式购买一项资产，因此融资租赁方式下的每期应付租金不得在缴纳企业所得税前扣除。

1. 选择 D12 单元格，输入公式：=C12×25%。

2. 将 D12 单元格向下拖动复制，将公式复制到 D13:D21 单元格区域，完成抵税金额的计算。

3. 选择 D22 单元格，输入公式：=SUM（D12:D21），完成抵税金额的汇总计算。

（四）租金支付净现金流量

租金支付净现金流量是指扣除抵税金额后，每期应支付的租金。

1. 选择 E12 单元格，输入公式：=B12-D12。

2. 将 E12 单元格向下拖动复制，将公式复制到 E13:E21 单元格区域，完成抵税金额的计算。

3. 选择 E22 单元格，输入公式：=SUM（E12:E21），完成租金支付净现金流量的汇总计算。

（五）租金支付净现金流量现值

租金支付净现金流量现值是指在考虑货币时间价值的前提下，计算的租金支付净现金流量的现值。用 PV( ) 函数完成租金支付净现金流量现值的计算。为了使计算结果显示为正值，可通过 PV( ) 函数与 ABS( ) 绝对值函数的嵌套来实现。

1. 选择 F12 单元格，输入公式：=ABS（PV（$B$5/$B$7，A12,，E12））。

2. 将 F12 单元格向下拖动复制，将公式复制到 F13:F21 单元格区域，完成分期偿还净现金流出量现值。

3. 选择 F22 单元格，输入公式：=SUM（F12:F21），完成租金支付净现金流量现值的汇总计算。

三、应用 Excel 视图功能对比分析

长期借款分期偿还现值计算表与融资租赁租金支付现值计算表建立后，企业财务人员就可以对两种筹资方案进行对比分析，做出筹资决策。

（一）将两个筹资方案的分析计算表放于两个窗口中

1. 从【视图】选项卡下选择【新建窗口】命令，增开一个窗口。

2. 从【视图】选项卡下选择【全部重排】命令，选择【垂直并排】方式将两个窗口垂直并排显示在屏幕上，如图 3-20 所示。

（二）比较分析

由图 3-20 可知，融资租赁方式下，租赁支付成本现值为 2 115 964.56 元，长期借款筹资分期还款方式下，借款成本现值总额为 1 847 472 元。通过融资租赁方式取得该设备的成本高于通过长期借款方式取得该项设备的成本，应该选择成本低的筹资方案，即：选择长期借款筹资购买该设备。

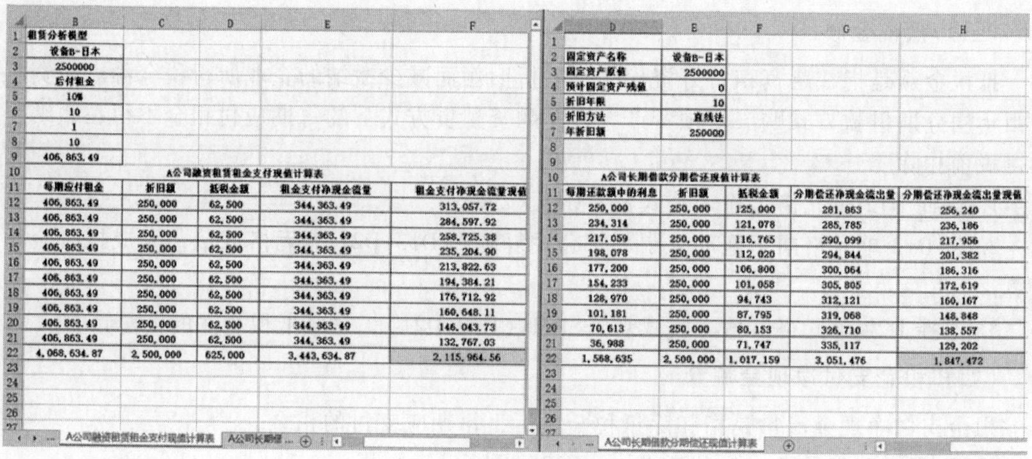

租赁分析模型

设备B-日本
2500000
后付租金
10%
10
1
10
406,863.49

A公司融资租赁租金支付现值计算表

每期应付租金	折旧额	抵税金额	租金支付净现金流量	租金支付净现金流量现值
406,863.49	250,000	62,500	344,363.49	313,057.72
406,863.49	250,000	62,500	344,363.49	284,597.92
406,863.49	250,000	62,500	344,363.49	258,725.38
406,863.49	250,000	62,500	344,363.49	235,204.90
406,863.49	250,000	62,500	344,363.49	213,822.63
406,863.49	250,000	62,500	344,363.49	194,384.21
406,863.49	250,000	62,500	344,363.49	176,712.92
406,863.49	250,000	62,500	344,363.49	160,648.11
406,863.49	250,000	62,500	344,363.49	146,043.73
406,863.49	250,000	62,500	344,363.49	132,767.03
4,068,634.87	2,500,000	625,000	3,443,634.87	2,115,964.56

固定资产名称	设备B-日本
固定资产原值	2500000
预计固定资产残值	0
折旧年限	10
折旧方法	直线法
年折旧额	250000

A公司长期借款分期偿还现值计算表

每期还款额中的利息	折旧额	抵税金额	分期偿还净现金流出量	分期偿还净现金流出量现值
250,000	250,000	125,000	281,863	256,240
234,314	250,000	121,078	285,785	236,186
217,059	250,000	116,765	290,099	217,956
198,078	250,000	112,020	294,844	201,382
177,200	250,000	106,800	300,064	186,316
154,233	250,000	101,058	305,805	172,619
128,970	250,000	94,743	312,121	160,167
101,181	250,000	87,795	319,068	148,848
70,613	250,000	80,153	326,710	138,557
36,988	250,000	71,747	335,117	129,202
1,568,635	2,500,000	1,017,159	3,051,476	1,847,472

图 3－20　两种筹资方案的比较分析图

本章小结

本章首先介绍了企业筹资的基本渠道与方式、筹资管理的基本要求；其次，回顾了财务管理中与货币时间价值相关的基本概念，并介绍了货币时间价值的相关函数；第三，介绍了构建筹资分析管理模型所需的索引函数、逻辑函数；然后，介绍了筹资决策函数、模拟运算表工具、图形控件工具的应用；最后，介绍了建立长期借款双变量分析模型、融资租赁分析模型、长期借款筹资与融资租赁筹资对比分析模型的方法。

一、本章关键词

筹资管理　　股权筹资　　长期债务筹资　　货币的时间价值　　长期借款
融资租赁　　模拟运算表工具　　图形控件

二、思考题

1. 简述企业外部筹资的主要方式。
2. 简述企业筹资管理的原则。
3. 简述企业筹资管理的意义。

三、基础训练

1. 某公司在第 1 年年初存入银行 20 000 元，从第 1 年年末开始，每年年末存入 5 000 元，假定年利率 5%，请计算 6 年后的本利和是多少？

2. 某公司在第 1 年年初存入银行 20 000 元，从第 1 年年初开始，每年初定期存入 5 000 元，假定年利率 5%，请计算 6 年后的本利和是多少？

3. 某公司向银行借入 1 000 000 元，期限为 3 年，年利率 6%，到期一次还本付息，3 年后该公司应向银行偿还的本利和为多少？

4. 某公司向银行借入一笔资金，期限为3年，年利率6%，到期一次还本付息，如果3年后该公司应向银行偿还的本利和为2 000 000元，请使用单变量求解，计算该公司向银行借入了多少万元?

5. 某公司计划从今年开始，每年年末存入银行200 000元作为科技奖励基金，年利率8%，5年后该项奖励基金的本利和是多少?

（1）当5年后的本利和为1 300 000元时，如果其他条件不变，请使用单变量求解，计算每年年末应存入银行多少钱。

（2）当5年后的本利和为1 300 000元时，如果其他条件不变，请使用单变量求解，计算年利率。

（3）如果该公司每年年初存入银行200 000元，年利率8%，那么5年后的本利和是多少?

6. 某公司计划在3年后每年年末将50 000元存入银行，如果银行存款年利率为10%，5年后的本利和为多少元?

7. 某人计划在8年后购买一套价值1 000 000元的住房，年利率为10%，现在应一次性存入银行多少钱?

8. 有一项保险，购买成本20 000元，投保后可以每年年末从保险公司领取1 600元，连续领取20年，投资报酬率为5%，请判断是否应该购买此项保险?如果投保后可以每年年初从保险公司领取1 600元，其他条件不变，是否应该购买此项保险呢?

9. 有一项保险，购买成本20 000元，投保后连续20年，每年年末保险公司会等额返现，如果投资报酬率为5%，请使用单变量求解，计算投保后每年年末应从保险公司领取多少钱?

10. 某公司计划设立科技奖励基金，以便在5年后的连续10年中每年年末可以取出200 000元，用于奖励有贡献的科技人员，年利率5%，那么该公司现在应一次性存入银行多少钱?

11. 建立一个具有开发工具的借款筹资分析模型，可以通过控制按钮选择借款金额、借款利率、借款期限，并自动计算每期偿还金额的分析模型。

12. 某公司拟向银行申请长期借款2 800 000元，贷款年利率为8%，借款期限为6年，每年还款2次。

（1）建立长期借款分期等额还款分析模型，计算每期偿还金额。

（2）建立长期借款分期等额还款双变量分析模型，观察贷款年利率在8%～12%变动，借款期限在2～6年变动，每期偿还金额的变化。

13. 假设某公司需要购买一台机床A，价格1 500 000元。预计机床的使用寿命为10年，按年数总和法计提折旧，10年后无残值，所得税率为25%。有两种筹资方案可供选择。

方案一：长期借款筹资。该公司向银行借款1 500 000元购买该机床，银行贷款年利率12%，借款期限10年，在10年内每年年末等额偿还。

方案二：融资租赁。该公司向租赁公司采用融资租赁的方式从租赁公司租入该机床。租赁期10年，每年年末等额支付租金，年租费率12%，合同约定租赁期满，机床归该公司所有，租赁期满无残值。

请对上述方案建立筹资分析模型，该公司应通过长期借款筹资购买该机床，还是通过融资租赁的方式取得该机床?

第四章　项目投资管理模型

学习目标

知识目标：通过本章学习，要求学生了解项目投资管理的概念、特点；了解项目投资管理的类型及评价程序；了解项目投资管理模型的基本内容；掌握项目投资决策评价指标及其函数分析；掌握固定资产折旧方法及其函数分析；掌握固定资产重置决策模型的设计方法，对比不同固定资产重置决策模型的分析结果，选择最佳固定资产重置方案；掌握互斥投资方案决策模型的设计方法，对比模型分析结果，做出项目投资决策。

能力目标：熟练运用项目投资决策评价指标及相关函数，即：NPV( )函数、IRR( )函数、MIRR( )函数、SLN( )函数、DDB( )函数、VDB( )函数、SYD( )函数；可以设计固定资产重置决策模型并进行决策；可以设计互斥投资方案决策模型并进行决策。

第一节　项目投资管理概述

一、项目投资的概念

投资是指特定经济主体（包括国家、企业和个人），为了在未来可预见的时期内获得收益或使资金增值，在一定时期向一定领域的标的物投放足够数额的资金或者实物等货币等价物的经济行为。从特定企业角度看，投资就是企业为获取收益而向一定对象投放资金的经济行为，企业投资按照其内容不同可分为项目投资、证券投资和其他投资等类型。

本章所讨论的投资，是属于直接投资范畴的企业内部投资，即项目投资。项目投资是一种以特定项目为对象，直接与新建项目或更新改造项目有关的长期投资行为。在企业的整个投资中，项目投资具有十分重要的地位，对企业的稳定与发展、未来盈利能力及长期偿债能力都有着重要影响。

二、项目投资管理的特点

与企业其他类型的投资相比，项目投资具有以下几个特点：

（一）项目投资影响期间长

项目投资的建设周期及使用周期比较长，往往需要几年、十几年甚至几十年，其决策一经做出，将会在相当长的时间内影响企业的经营成果和财务状况，甚至对企业的生存和发展产生重要的影响，因此，项日投资决策的成败对企业木来的命运将产生决定性的作用。

（二）项目投资次数少，涉及金额大

与流动资产投资相比，项目投资并不经常发生，特别是大规模的固定资产投资，一般要隔若干年甚至十几年才发生一次。虽然投资次数少，但每次投资金额却比较多，特别是战略性的扩大生产能力投资，其投资数额往往是企业或其投资人多年的资金积累，在企业总资产中占有相当大的比重，因此项目投资对企业未来的现金流量和财务状况都将产生深远的影响。

（三）项目投资实物形态与价值形态可以分离

项目投资中建设项目投入使用后，所形成的固定资产随着磨损，其价值将逐渐脱离实物形态，转化为货币准备金，而其余部分仍存在于实物形态中。在使用年限内，保留在固定资产实物形态上的价值逐年减少，而脱离实物形态转化为货币准备金的价值却逐年增加，直到固定资产报废，其价值才得到全部补偿，当用以往年度形成的货币准备金，重新购置固定资产时，其实物得到更新。固定资产的价值与其实物形态又重新统一起来。

（四）项目投资变现能力较差

项目投资形成的主体通常是厂房和设备等固定资产，是企业从事生产经营活动所必需的劳动手段，但这些资产无法轻易改变其用途。因此，项目投资一旦完成，想要改变其用途或者出售是相当困难的，不是无法实现，就是代价太大。这种投资所具有的不可逆转性，要求企业注重投资的有效性，绝不可盲目投资。

（五）项目投资资金占用数量较稳定

项目投资完成形成生产能力后，在资金占用数量上保持相对稳定。因为，如果营业量在一定范围内增加，往往并不需要立即增加固定资产投资，通过挖掘潜力、提高效率可以完成增加的业务量。如果业务量在一定范围内减少，为维持一定的生产能力，企业也不能出售固定资产以调节资金占用。

三、项目投资的类型和评价程序

（一）项目投资的类型

项目投资按投资对象的不同，可分为新产品开发或现有产品规模扩张项目、设备或厂房的更新项目、研究与开发项目、勘探项目与其他项目。

项目投资按投资项目之间的相互关系，可分为：独立项目和互斥项目。

（二）项目投资的评价程序

项目投资的评价程序如下：第一，提出各种项目的投资方案；第二，估计投资方案的相关现金流量；第三，计算投资方案的价值指标；第四，比较价值指标与可接受标准；第五，对已接受的方案进行再评价。

四、项目投资管理模型的基本内容

（一）项目投资决策评价指标分析

项目投资决策评价指标分析是指应用考虑资金时间价值的动态评价指标净现值、现值指数、内含报酬率、修正内含报酬率等，对各种项目投资方案进行分析，做出投资决策。

（二）固定资产折旧分析

固定资产折旧分析是分析不同的固定资产折旧方法，对企业计提的折旧金额与所得税的影响，是企业财务人员进行固定资产更新决策时必须考虑的重要因素。

（三）固定资产重置决策分析

固定资产重置决策模型中，通过改变固定资产基本数据，可以得到新旧设备的分析结果。企业财务人员可以根据分析数据，做出固定资产重置决策，即：继续使用旧资产或更新资产。

（四）互斥投资方案决策分析

互斥方案是指接受一个方案就必须放弃另一个方案的情况。投资决策中，如涉及多个相互排斥、不能同时存在的投资项目，则应在每一个备选方案已具备财务可行性的前提下，利用相应的评价指标比较各个方案的优劣，并从中选出一个最优方案。

互斥投资方案决策分析是应用净现值法、共同年限法、等额年金法等建立分析模型，对项目投资进行分析决策。如果项目寿命期相同，可以用净现值法进行决策；如果项目寿命期不相同，则用共同年限法和等额年金法进行决策。

第二节　项目投资决策评价指标及其函数分析

一、项目投资决策评价指标

（一）项目投资决策评价指标的含义

项目投资决策评价指标是指用于衡量投资项目财务效益大小和评价投入产出关系是否合理，以及评价其是否具有财务可行性所依据的一系列量化指标的统称。这些指标不仅可用于评价投资方案的财务可行性，还可与不同决策方法结合，作为多方案比较决策的标准，因此在实践中又称为财务可行性评价指标，简称评价指标。

（二）项目投资决策评价指标的分类

投资决策评价指标可以按不同的标准进行分类。

1. 按是否考虑货币时间价值划分。按照是否考虑货币时间价值，可划分为静态评价指标和动态评价指标。前者是指在计算过程中不考虑货币时间价值因素的指标，简称为静态指标，如静态投资回收期、会计收益率；后者是指在计算过程中充分考虑和利用货币时间价值因素的指标，包括净现值、现值指数、内含报酬率等。

2. 按指标性质不同划分。按指标性质不同，可划分为在一定范围内越大越好的正指标和越小越好的反指标两大类，上述指标中只有静态投资回收期属于反指标，会计收益率、净现值、现值指数、内含报酬率都属于正指标。

3. 按指标在决策中的重要性划分。按指标在决策中的重要性，可划分为主要指标和辅助指标。净现值、现值指数、内含报酬率等为主要指标，静态投资回收期、会计收益率为辅助指标。

（三）不考虑货币时间价值的静态评价指标

1. 静态投资回收期。静态投资回收期，是指用投产后各年现金净流量抵偿原始总投资所需的全部时间。它有“包括建设期的静态投资回收期（记作 PP）”和“不包括建设期的静态投资回收期（记作 PP′）”两种形式，在建设期为 s 时，PP′ + s = pp。静态投资回收期的具体计算方法有两种，即公式法、列表法。

公式法计算投资回收期必须满足以下条件：投资项目的投资均集中发生在建设期，投产后若干年内，每年的现金净流量相等，且合计大于或等于建设期发生的原始投资额。其简化公式为：

$$\text{不包括建设期的投资回收期}(PP')=\frac{\text{建设期发生的原始投资合计}}{\text{投产后若干年内相等的现金净流量}}$$

$$\text{包括建设期的投资回收期}=PP'+s$$

列表法，通过列表计算累计现金净流量的方式，来确定包括建设期的静态投资回收期，进而推算出不包括建设期的静态投资回收期的方法。

按照投资回收期的定义，包括建设期的投资回收期 PP 满足以下关系式，即：

$$\sum_{t=0}^{PP} NCF_t = 0$$

这表明在现金流量表的“累计现金净流量”栏中，包括建设期的投资回收期 PP 恰好是累积现金净流量为零的年限，计算时有两种可能：第一，在累积现金流量栏中可以直接找到 0，那么 0 所在列的 t 值即为所求的包括建设期的投资回收期 PP；第二，无法在“累积现金净流量”栏中直接找到 0，那么计算投资回收期要根据每年年末尚未收回的投资额加以确定，可以按下式进行计算：

$$\text{包括建设期的投资回收期（PP）}=\text{最后一项为负值的累计现金净流量对应的年数}+\frac{\text{最后一项为负值的累计现金流量的绝对值}}{\text{下一年度现金净流量}}$$

运用静态投资回收期进行互斥项目决策时，应优先选择投资回收期短的方案，若进行单一投资项目决策时，则必须设置基准投资回收期，当投资回收期短于或等于基准投资回收期时，则项目可以考虑接受，否则应予放弃。

静态投资回收期指标，容易理解，计算也较简便。根据项目投资收回时间长短评价优劣，有利于加速资本回收，减少投资风险。它的缺点在于没有考虑资金的时间价值，没有考虑回收期以后的现金流量状况，容易导致错误的决策。

2. 会计收益率。会计收益率是指项目达到设计生产能力后正常年份内的年均现金净流量与项目原始投资额的比率，其计算公式为：

$$\text{会计收益率}=\frac{\text{年平均现金净流量}}{\text{原始投资额}}$$

运用会计收益率进行投资项目评价时，应首先确定企业要求达到的最低会计收益率。对于互斥项目的决策，当会计收益率高于可接受的最低会计收益率时，应优先选择会计收益率较高的项目；对于独立项目的决策，当投资项目的会计收益率高于可接受的最低会计收益率时则应接受该投资项目。

会计收益率指标简单易懂、容易计算，能说明各投资方案的收益水平，考虑了整个方案在其寿命周期内的全部现金流量。但是它没有考虑货币的时间价值，容易导致错误的决策，在会计收益率相同的情况下无法做出决策。

（四）考虑货币时间价值的动态评价指标

1. 净现值。净现值（NPV）是指在项目计算期内，按设定折现率或基准收益率计算的各年现金净流量现值的代数和。一般情况下，净现值就是投产后的现金净流量，按照设定的折现率折现后的现值，再减去原始投资现值合计的差额。也指特定投资方案未来现金流量的现值与未来现金流出量的现值之间的差额，其计算公式为：

$$净现值(NPV) = \sum_{t=0}^{n} \frac{NCF_t}{(1+i)^t}$$

式中：n——项目计算期；i——设定的折现率；t——年数（t=0，1，2，…）。

运用净现值指标进行决策时，单一投资项目以净现值是否大于0作为判断标准，如果投资项目的净现值大于0，则投资项目具备财务可行性，反之则不具备财务可行性。

净现值指标充分考虑了货币的时间价值，它能反映投资项目在其整个经济年限内的总效益。但是它不能揭示各投资项目本身可能达到的实际报酬率，现金净流量测算和折现率的确定也较为困难。

2. 现值指数。现值指数（PVI），是投产后各年现金净流量的现值合计与原始投资现值合计之间的比值，其计算公式为：

$$现值指数（PVI）=\frac{投产后各年现金净流入量现值合计}{原始投资额现值合计}$$

运用现值指数评价投资项目时，对于单一投资项目的决策，如果现值指数大于或等于1，表明该项目的报酬率大于或等于预定的投资报酬率，项目具有财务可行性，反之则项目不具有财务可行性。

现值指数考虑了货币的时间价值，能够真实反映投资方案的盈亏程度；与净现值相比，现值指数是一个相对数，能正确反映各投资方案的经济效率；但是现值指数的概念比较抽象，不便于理解，无法直接反映投资项目的实际收益率。

3. 内含报酬率。内含报酬率（IRR），是指项目投资实际可望达到的收益率，实质上，它是能使项目的净现值等于0时的折现率。其计算公式为：

$$\sum_{t=0}^{n} [NCF_t \times (P/F, IRR, t)] = 0$$

运用内含报酬率评价项投资项目时，对于单一投资项目的决策，如果计算出的内含报酬率大于或等于企业所要求的必要报酬率，则项目具备财务可行性；反之则项目不具备财务可行性。

内含报酬率考虑了货币的时间价值，从动态的角度直接反映投资项目的实际收益率水平，能反映投资项目本身的真实报酬率，不受基准折现率高低的影响，比较客观。但内含报酬率的计算过程比较复杂，特别是年NCF不相等的投资项目，一般需要两次或多次测算才能求得；内含报酬率隐含了再投资假设，这一假设具有较大的主观性，缺乏客观的经济依据；当运营期大量追加投资时，可能导致多个内含报酬率出现，或偏高或偏低，缺乏实际意义。

二、项目投资决策评价指标的函数分析

（一）净现值函数 NPV( )

1. 语法：NPV（rate，value1，value2，…）

2. 功能：在项目计算期内，已知各年现金净流量及折现率的条件下，返回各年现金净流量现值的代数和，即：净现值。

3. 参数说明。

（1）Rate：设定的折现率或基准收益率。

（2）value1，value2，…：生产经营期各年的现金净流量。

（3）value1，value2，…：必须具有相等的时间间隔，并且都发生在期末。

（4）NPV( )使用 value1，value2，…的顺序来说明现金流的顺序。

4. 注意事项。NPV( )函数假设投资开始于 value1 现金流量的前一期，即第一期期初，结束于最后一笔现金流量所在的时点。NPV( )函数用来计算未来现金净流量的现值，如果第一笔现金流量发生在第一期的期初，则其属于现在的现金流，不应包含在 value 参数中，应将其添加到 NPV( )函数的计算结果中。即：

净现值 = NPV（rate，value1，value2，…）- 第一期期初的原始投资额

【例 4-1】 甲公司拟投资 A 项目，第 1 年年初投资 200 000 元，1～7 年每年年末的现金净流量为：5 000 元、75 000 元、80 000 元、65 000 元、70 000 元、40 000 元、50 000 元。已知折现率为 15%，请计算 A 项目的净现值，分析甲公司是否可以投资 A 项目。计算结果，如图 4-1 所示。

	A	B
1	年份	A方案现金净流量
2	0	-200,000
3	1	5,000
4	2	75,000
5	3	80,000
6	4	65,000
7	5	70,000
8	6	40,000
9	7	50,000
10	净现值	21,716

图 4-1　NPV( )函数的应用 1

净现值 B10 = NPV（15%，B3:B9）+ B2 = 21 716 元。

NPV > 0，所以甲公司可以投资 A 项目。

【例 4-2】 甲公司拟投资 B 项目，第 1 年年初投资 15 000 元，第 1 年年末投资 8 000 元，2～6 年每年年末的现金净流量为：10 000 元、6 000 元、7 500 元、7 000 元、5 000 元。已知折现率为 12%，请计算 B 项目的净现值，分析甲公司是否可以投资 B 项目。计算结果，如图 4-2 所示。

	D	E
1	**年份**	**B方案现金净流量**
2	**0**	**-15,000**
3	**1**	**-8,000**
4	**2**	**10,000**
5	**3**	**6,000**
6	**4**	**7,500**
7	**5**	**7,000**
8	**6**	**5,000**
9	**净现值**	**1,371**

图 4-2　NPV( )函数的应用 2

净现值 E10 = NPV （12%，E3:E8）+ E2 = 1 371 元。

NPV >0，所以甲公司可以投资 B 项目。

（二）现值指数的计算

在 Excel 中没有现值指数函数，我们可以利用净现值函数 NPV( )完成现值指数的计算。即：

$$现值指数\ PVI = \frac{投产后各年现金净流量的现值合计}{原始投资现值合计} = 1 + \frac{NPV}{原始投资现值合计}$$

【例 4-3】计算【例 4-1】中 A 项目的现值指数，分析甲公司是否可以投资 A 项目。计算结果，如图 4-3 所示。

	A	B
1	**年份**	**A方案现金净流量**
2	**0**	**-200,000**
3	**1**	**5,000**
4	**2**	**75,000**
5	**3**	**80,000**
6	**4**	**65,000**
7	**5**	**70,000**
8	**6**	**40,000**
9	**7**	**50,000**
10	**净现值**	**21,716**
11	**现值指数**	**1.11**

图 4-3　现值指数的计算

现值指数 B11 = 1 + (B10/ABS(B2)) = 1.11。

PVI >1，甲公司可以投资 A 项目。

（三）内含报酬率函数 IRR( )

1. 语法：IRR （values，guess）。

2. 功能：返回项目计算期内一系列现金流的内含报酬率。即：返回在整个投资项目的实施运行过程中，当所有现金流入现值之和与所有现金流出现值之和相等时方案的折现率。

3. 参数说明。

（1）values：为数组或包含数字的单元格引用，它必须包含至少一个正值和一个负值，以计算返回的内含报酬率。IRR( )函数根据 values 参数中数字的顺序来说明现金流的顺序，一定要按正确的顺序输入 values。如果 values 参数中包含文本、逻辑值或空白单元格，这些数值将被忽略。

（2）guess：是 IRR( ) 函数计算结果的估计值。IRR( ) 函数从 guess 开始，循环计算，直到结果精确到 0.00001% 的范围内。如果 IRR( ) 函数在计算 20 次后仍得不到结果，则会返回错误值#NUM!。如果 IRR( ) 函数返回了错误值#NUM!，或者返回结果与预期不符，则应使用不同的 guess 值重试。多数情况下，不必为 IRR( ) 函数计算提供 guess 值。如果省略 guess 值，IRR( ) 函数则假定它为 0.1（即 10%）。

【例 4 -4】 某投资项目，在建设起点一次性投资 1 000 万元，当年完工并投产，投产后，每年可获得现金净流量 303 万元。该项目运营期 5 年。如果行业基准投资报酬率为 10%，请计算该投资项目的内含报酬率，判断该投资项目是否可行。计算结果，如图 4 -4 所示。

	G	H
1	年份	现金净流量
2	0	-1000
3	1	303
4	2	303
5	3	303
6	4	303
7	5	303
8	内含报酬率	15.66%

图 4 -4　IRR( ) 函数的应用

内含报酬率 H8 = IRR(H2:H7) = 15.66%。

IRR > 行业基准投资报酬率 10%，该投资项目可行。

（四）修正内含报酬率函数 MIRR( )

1. 语法：MIRR（values，finance_rate，reinvest_rate）。

2. 功能：返回项目计算期内一系列现金流的修正内含报酬率。即：返回在考虑投资成本和各期现金流再投资收益率下的内含报酬率。

3. 参数说明。

（1）values：为数组或包含数字的单元格引用，这些数值分别代表各期的支出（负值）和收益（正值）。MIRR( ) 函数根据 values 参数中数字的顺序来说明现金流的顺序，一定要按正确的顺序输入 values，并使用正确的符号。values 参数中包含的文本、逻辑值或空白单元格将被忽略。values 参数中必须包含至少一个正值和一个负值，否则，MIRR( ) 函数将返回#DIV/0!。

（2）finance_rate：资本成本率。

（3）reinvest_rate：再投资收益率。

【例 4 -5】 如果再投资收益率为 12%，请计算【例 4 -4】中投资项目的修正内含报酬率。计算结果，如图 4 -5 所示。

	G	H
1	年份	现金净流量
2	0	-1000
3	1	303
4	2	303
5	3	303
6	4	303
7	5	303
8	内含报酬率	15.66%
9	修正内含报酬率	13.99%

图 4-5　修正内含报酬率函数的应用 1

投资项目的修正内含报酬率 H9 = MIRR(H2:H7,10%,12%) = 13.99%。

【例 4-6】 有一种储蓄险，第 1 年年初、第 2 年年初缴纳保费 50 000 元，第 2～5 年每年年末均可领回 30 000 元，若再投资利率为 3%，融资利率为 5%，请计算该储蓄险的修正内含报酬率。计算结果，如图 4-6 所示。

	J	K
1	年份	现金净流量
2	0	-50000
3	1	-50000
4	2	30000
5	3	30000
6	4	30000
7	5	30000
8	融资利率	5%
9	再投资利率	3%
10	修正内含报酬率	5.15%

图 4-6　修正内含报酬率函数的应用 2

修正内含报酬率 K10 = MIRR(K2:K7,K8,K9) = 5.15%。

（五）项目投资决策评价指标函数的综合应用

【例 4-7】 M 公司有甲和乙两个投资项目可供选择，甲项目在建设起点一次性投资 4 000万元，当年完工并投产，投产后 1～5 年每年可获得现金净流量分别为 2 400 万元、1 600万元、1 400 万元、1 200 万元、1 200 万元；乙项目在建设起点一次性投资 4 000 万元，当年完工并投产，投产后 1～5 年每年可获得现金净流量分别为 1 600 万元、2 400 万元、2 400万元、2 600 万元、2 800 万元。如果行业基准投资报酬率为 10%。请计算甲、乙的净现值、现值指数，内含报酬率，并比较优劣。如果再投资收益率为 8%，请计算甲乙项目的修正内含报酬率。计算结果，如图 4-7 所示。

（1）净现值。

甲项目净现值 B21 = NPV(10%,B16:B20) + B15 = 2 120.69 万元

乙项目净现值 C21 = NPV(10%,C16:C20) + C15 = 4 755.59 万元

（2）现值指数。

甲项目现值指数 B22 = 1 + B21/ABS(B15) = 1.53

乙项目现值指数 C22 = 1 + C21/ABS(C15) = 2.19

（3）内含报酬率。

	A	B	C
14	年份	甲项目现金净流量	乙项目现金净流量
15	0	-4,000	-4,000
16	1	2,400	1,600
17	2	1,600	2,400
18	3	1,400	2,400
19	4	1,200	2,600
20	5	1,200	2,800
21	净现值	2,120.69	4,755.59
22	现值指数	1.53	2.19
23	内含报酬率	32.62%	45.82%
24	修正内含报酬率	18.66%	27.74%

图 4-7　项目投资决策评价指标函数的综合应用

甲项目内含报酬率 B23 = IRR(B15:B20) = 32.62%

乙项目内含报酬率 C23 = IRR(C15:C20) = 45.82%

（4）甲、乙项目的优劣分析。甲项目和乙项目的净现值均大于 0；现值指数均大于 1；内含报酬率均大于行业基准投资报酬率为 10%。所以甲乙项目均具有财务可行性。

在两个项目的原始投资额相同，项目计算期相同的条件下，乙项目的净现值、现值指数与内含报酬率均大于甲项目对应指标的值，所以乙项目优于甲项目。

（5）假设再投资收益率为 8%，甲、乙项目的修正内含报酬率。

甲项目的修正内含报酬率 B24 = MIRR(B15:B20,10%,8%) = 18.66%

乙项目的修正内含报酬率 C24 = MIRR(C15:C20,10%,8%) = 27.74%

三、项目投资管理的相关函数—折旧函数分析

固定资产折旧是指在固定资产使用寿命内，按照确定的方法对应计折旧额进行系统分摊。其中，应计折旧额是指应当计提折旧的固定资产的原价扣除其预计净残值后的金额；已计提减值准备的固定资产，还应当扣除已计提的固定资产减值准备累计金额。我国会计准则中可选用的固定资产折旧方法包括直线法（平均年限法）、工作量法、双倍余额递减法和年数总和法。Excel 为企业财务人员提供了折旧函数。

（一）直线法

1. 直线法。又称平均年限法，是最简单最常用的一种方法。以固定资产原值减去预计净残值除以预计使用年限，求得每年的折旧额。使用直线法计提折旧，每期的折旧额都相等。计算公式为：

$$年折旧额 = \frac{固定资产原值 - 固定资产预计净残值}{使用年限}$$

2. SLN( )函数。

（1）语法：SLN（cost，salvage，life）。

（2）功能：返回在指定期间内固定资产按直线法折旧，每期应计提的折旧金额。

（3）参数。cost——固定资产资产原值；salvage——固定资产预计净残值；life——固定资产预计使用期限。

【例 4-8】某公司有一生产线，该固定资产原值 300 万元，预计使用 10 年，预计净残值 5 万元，该公司采用直线法计提折旧，计算该生产线每年应计提的折旧额。计算结果，如

图 4－8 所示。

	A	B
1	固定资产原值(万元)	300
2	预计净残值(万元)	5
3	预计使用年限（年）	10
4	年折旧额（万元）	29.50

图 4－8　直线法折旧 SLN( ) 函数的应用

年折旧额 B4＝SLN（B1，B2，B3）＝29.50 万元

（二）双倍余额递减法

1. 双倍余额递减法。是一种加速折旧的方法，是指在不考虑固定资产预计净残值的情况下，根据每期期初固定资产原值减去累计折旧后的金额和双倍的直线法折旧率计算固定资产折旧的一种方法。应在其折旧年限到期前两年内，将固定资产净值扣除预计净残值后的余额平均摊销。计算公式为：

$$\text{年折旧率}=\frac{2}{\text{预计使用年限}}$$

$$\text{年折旧额}=\text{期初固定资产净值}\times\frac{2}{\text{预计使用年限}}$$

最后两年改为直线法计提折旧：

$$\frac{(\text{固定资产净值}-\text{预计净残值})}{2}$$

2. DDB( ) 函数。

（1）语法：DDB（cost，salvage，life，period，factor）。

（2）功能：返回在指定期间内固定资产使用双倍余额递减法折旧，每期应计提的折旧金额。

（3）参数。cost——固定资产资产原值；salvage——固定资产预计净残值；life——固定资产预计使用期限；period——指定计提折旧的期数，period 必须使用与 life 相同的单位；factor——余额递减速率。如果此参数缺省，则默认值为 2，即：双倍余额递减法。用户可以更改此参数。

注意：以上五个参数都必须是正数。

【例 4－9】某公司有一台设备，原值 100 万元，预计净残值 4 万元，预计使用 5 年，按双倍余额递减法计提折旧，每年应计提的折旧额是多少？计算结果，如图 4－9 所示。

第 1 年折旧额 E6＝DDB（$E$1，$E$2，$E$3，D6，2）＝40 万元

第 2 年折旧额 E7＝DDB（$E$1，$E$2，$E$3，D7，2）＝24 万元

第 3 年折旧额 E8＝DDB（$E$1，$E$2，$E$3，D8，2）＝14.4 万元

最后两年改为直线法计提折旧：$\frac{(\text{固定资产净值}-\text{预计净残值})}{2}$

第 4 年折旧额 E9＝（$E$1－$E$2－$E$6－$E$7－$E$8）/2＝8.8 万元

第 5 年折旧额 E10＝（$E$1－$E$2－$E$6－$E$7－$E$8）/2＝8.8 万元

	D	E
1	设备原值(万元)	100
2	预计净残值(万元)	4
3	预计使用年限(年)	5
4		
5	年份	年折旧额(万元)
6	1	40.00
7	2	24.00
8	3	14.40
9	4	8.80
10	5	8.80
11	累计折旧	96.00

图 4－9 双倍余额递减法折旧 DDB( )函数的应用

累计折旧 E11＝SUM（E6:E10）＝96 万元

3. VDB( )函数。VDB( )函数代表可变余额递减法。

（1）语法：VDB（cost，salvage，life，start_period，end_period，factor，no_switch）。

（2）功能：返回在指定期间内固定资产使用双倍余额递减或其他倍率递减法折旧，每期应计提的折旧金额。

（3）参数：cost——固定资产资产原值；salvage——固定资产预计净残值；life——固定资产预计使用期限；start_period——计提折旧的起始期，start_period 必须与 life 使用相同的单位；end_period——计提折旧的终止期，end_period 必须与 life 使用相同的单位；factor——余额递减速率。如果此参数缺省，则默认值为 2，即：双倍余额递减法。如果不想使用双倍余额递减法，用户可以更改此参数；no_switch——指定当折旧值大于余额递减计算值时，是否转用直线折旧法。

如果 no_switch 为 TRUE，即使折旧值大于余额递减计算值，DDB( )函数也不转用直线折旧法；如果 no_switch 为 FALSE 或缺省，且折旧值大于余额递减计算值时，DDB( )函数将转用直线折旧法。

注意：VDB( )函数与 DDB( )函数类似，即：使用某倍率余额递减法计提折旧，但 VDB( )函数既能计算指定折旧期间内某一期的折旧金额，也能计算折旧期内一定期间的累计折旧额，而 DDB( )函数只能计算指定折旧期间内某一期的折旧金额。

【例 4－10】 某公司有一台设备，原值 100 万元，预计净残值 4 万元，预计使用 5 年，

（1）按双倍余额递减法计提折旧，每年应计提的折旧额是多少？

（2）如果余额递减速率为 1.5 时，每年应计提的折旧额是多少？

（3）使用 VDB( )函数计算每年的累计折旧金额。

计算结果，如图 4－10 所示。

（1）按双倍余额递减法计提折旧，每年应计提的折旧额为：

第 1 年折旧额 H6＝VDB（$H$1，$H$2，$H$3，0，G6，2）＝40 万元

第 2 年折旧额 H7＝VDB（$H$1，$H$2，$H$3，G6，G7，2）＝24 万元

第 3 年折旧额 H8＝VDB（$H$1，$H$2，$H$3，G7，G8，2）＝14.4 万元

第 4 年折旧额 H9＝VDB（$H$1，$H$2，$H$3，G8，G9，2）＝8.8 万元

第 5 年折旧额 H10＝VDB（$H$1，$H$2，$H$3，G9，G10，2）＝8.8 万元

累计折旧 H11＝SUM（H6:H10）＝96 万元

	G	H	I	J
1	设备原值(万元)	100		
2	预计净残值(万元)	4		
3	预计使用年限(年)	5		
4				
5	年份	年折旧额(万元)	年折旧额(万元)	累计折旧额(万元)
6	1	40.00	30.00	40.00
7	2	24.00	21.00	64.00
8	3	14.40	15.00	78.40
9	4	8.80	15.00	87.20
10	5	8.80	15.00	96.00
11	累计折旧	96.00	96.00	

图 4－10　可变余额递减法折旧 VDB( )函数的应用

（2）如果余额递减速率为 1.5 时，每年应计提的折旧额为：

第 1 年折旧额 I6 = VDB（$H$1，$H$2，$H$3，0，G6，1.5）=30 万元

第 2 年折旧额 I7 = VDB（$H$1，$H$2，$H$3，G6，G7，1.5）=21 万元

第 3 年折旧额 I8 = VDB（$H$1，$H$2，$H$3，G7，G8，1.5）=15 万元

第 4 年折旧额 I9 = VDB（$H$1，$H$2，$H$3，G8，G9，1.5）=15 万元

第 5 年折旧额 I10 = VDB（$H$1，$H$2，$H$3，G9，G10，1.5）=15 万元

累计折旧 I11 = SUM（I6:I10）=96 万元

（3）使用 VDB( )函数计算每年的累计折旧金额为：

第 1 年累计折旧额 J6 = VDB（$H$1，$H$2，$H$3，0，G6）=40 万元

第 2 年累计折旧额 J7 = VDB（$H$1，$H$2，$H$3，0，G7）=64 万元

第 3 年累计折旧额 J8 = VDB（$H$1，$H$2，$H$3，0，G8）=78.4 万元

第 4 年累计折旧额 J9 = VDB（$H$1，$H$2，$H$3，0，G9）=87.2 万元

第 5 年累计折旧额 J10 = VDB（$H$1，$H$2，$H$3，0，G10）=96 万元

（三）年数总和法

1. 年数总和法。是一种加速折旧的方法，它将固定资产的原值减去净残值后的净额乘以一个逐年的减低的分数计算每年的折旧额。这个分数的分子是固定资产尚可使用的年数，分母是固定资产预计使用年限数字之和。计算公式为：

$$年折旧额 = （固定资产原值 - 预计净残值）\times \frac{固定资产尚可使用年限}{固定资产预计使用年数的年限总和}$$

2. SYD( )函数。

（1）语法：SYD（cost，salvage，life，per）。

（2）功能：返回在指定期间内固定资产使用年数总和法折旧，每期应计提的折旧金额。

（3）参数：cost——固定资产资产原值；salvage——固定资产预计净残值；life——固定资产预计使用期限；per——进行折旧计算的期次，必须与 life 使用相同的单位。

【例 4－11】某公司有一台设备，原值 50 万元，预计净残值 2 万元，预计使用 5 年，按年限总和法计提折旧，每年的折旧额是多少？计算结果，如图 4－11 所示。

	A	B
13	设备原值(万元)	50
14	预计净残值(万元)	2
15	预计使用年限(年)	5
16		
17	年份	年折旧额(万元)
18	1	16.00
19	2	12.80
20	3	9.60
21	4	6.40
22	5	3.20
23	累计折旧	48.00

图 4－11　年数总和法折旧 SYD( )函数的应用

第 1 年折旧额 B18＝SYD（$B$13，$B$14，$B$15，A18）＝16 万元

第 2 年折旧额 B19＝SYD（$B$13，$B$14，$B$15，A19）9＝12.8 万元

第 3 年折旧额 B20＝SYD（$B$13，$B$14，$B$15，A20）＝9.6 万元

第 4 年折旧额 B21＝SYD（$B$13，$B$14，$B$15，A21）＝6.4 万元

第 5 年折旧额 B22＝SYD（$B$13，$B$14，$B$15，A22）＝3.2 万元

累计折旧 B23＝SUM（B18:B22）＝48 万元

（四）几种折旧方法的对比分析图

【例 4－12】某公司有一台设备，原值 50 万元，预计净残值 2 万元，预计使用 5 年。

（1）按直线法折旧、双倍余额递减法折旧、年数总和法计提折旧，每年的折旧额分别是多少？

（2）根据（1）的计算结果，绘制“折旧方法对比分析”折线图。

计算结果如图 4－12 所示，“折旧方法对比分析”折线图如图 4－13 所示。

	D	E	F	G
13	设备原值(万元)	50		
14	预计净残值(万元)	2		
15	预计使用年限(年)	5		
16				
17	年份	直线法	双倍余额递减法	年数总和法
18	1	9.60	20.00	16.00
19	2	9.60	12.00	12.80
20	3	9.60	7.20	9.60
21	4	9.60	4.40	6.40
22	5	9.60	4.40	3.20
23	累计折旧	48.00	48.00	48.00

图 4－12　折旧函数的综合应用

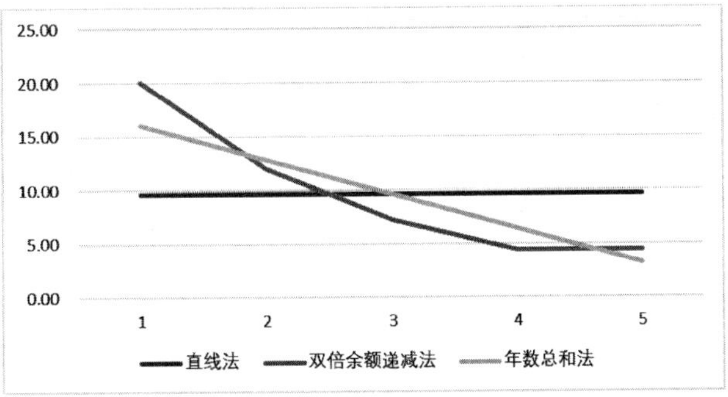

图 4－13　折旧方法对比分析图

根据图4－12中的数据，绘制“折旧方法对比分析”折线图。

第一步：选择E1718:G22单元格区域；

第二步：点击【插入】菜单，选择【图表】中的折线图；

第三步：点击【确定】按钮，生成折旧方法对比分析图，然后对图表进行设置。

由于图4－12中不同折旧方法下的折旧额数据间建立了逻辑链接，图4－12中的数据与图4－13折旧方法对比分析图之间也建立了逻辑链接。所以，对不同的固定资产进行折旧分析时，只需改变基本模型中的固定资产原值、预计净残值、折旧期限的数据，各折旧方法下的每期的折旧额将自动重新计算，折旧方法对比分析图也将实时更新，提高了企业财务人员的工作效率。

第三节　固定资产重置决策模型

一、项目投资的现金流量估计

（一）现金流量的概念

项目投资中所说的现金流量，是指一个项目引起的企业现金支出和现金收入增加的数量。这里的“现金”是广义的现金，它不仅包括各种货币资金，也包括项目需要投入的企业现有非货币资源的变现价值。现金流量是项目投资决策的依据，是运用各项投资决策评价方法的基本前提。

（二）现金流入量的估计

现金流入量是指与投资方案相关的现金收入的增加额。一个项目投资的现金流入量的估计主要包括以下三个部分。

1. 营业收入的估计。营业收入指项目投产后，因生产产品或提供劳务而使公司每年增加的现金流入。是投资项目经营期最主要的现金流入量。为简化计算，假定营业收入发生于生产经营各年年末。计算公式为：

$$年营业收入=该年产品不含税单价\times该年产品销售量$$

2. 回收固定资产残值的估计。回收固定资产残值是指投资项目终结时固定资产出售或报废时的变卖收入。一般假定主要固定资产的折旧年限等于生产经营期，则终结点回收的固定资产余值等于该主要固定资产的原值与其法定残值率的乘积，或是先按确定的净残值估算。

3. 回收垫支流动资金的估计。投资项目出售或报废时，原流动资金投资可用于其他目的，因此回收垫支的流动资金也属于项目投资现金流入量的构成内容。为了简化计算，假定生产经营期内不存在因加速周转而提前回收流动资金的情况，此时终结点一次回收的流动资金必然等于各年垫支的流动资金投资的合计。

回收固定资产残值和回收垫支的流动资金统称为回收额，在项目投资现金流量估算时，假定新建项目的回收额发生在终结点。

（三）现金流出量的估计

现金流出量是指与投资方案相关的企业现金支出的增加额，或者说是在实施一个投资方案的过程中所需要投入的资金。一个项目投资的现金流出量的估计主要包括以下四个部分：

1. 建设投资的估计。建设投资是指建设期发生的主要现金流出量，包括固定资产投资、无形资产投资和其他资产投资。建设投资可以在期初投，也可以在期末投；可以一次投，也可以分次投。

2. 流动资金投资的估计。流动资金投资也称为营运资金投资，是项目投产后为保证其生产经营活动得以正常进行所必需的周转资金，应根据垫付材料、在产品、产成品和现金等流动资产的价值估算。为了简化计算，假定流动资金投资为一次投入，发生在建设期末。

通常情况下，将建设投资与流动资金投资合称为项目的原始投资。

3. 付现成本的估计。付现成本是指所有以现金支出的各种成本和费用，包括税金及附加等，不包括所得税支出。它是项目投产后最主要的现金流出，如材料费、人工费，设备维修费等。这里应注意固定资产折旧、无形资产摊销等项目，在权责发生制的财务会计中是费用，但并不需要支付现金，因此不是付现成本。为了简化计算，假定付现成本发生在生产经营期各年年末。

4. 所得税的估计。所得税是指项目投产后依法缴纳的所得税，所得税一般按照营业利润与企业适用的所得税税率相乘计算。其计算公式为：

所得税 = 营业利润 × 所得税税率

= （营业收入 − 付现成本 − 折旧与摊销） × 所得税税率

（四）现金净流量的估计

项目投资的现金净流量（NCF）是指投资项目在项目计算期内，由每年现金流入量与现金流出量之间的差额所形成的序列指标，当现金流入量大于现金流出量时，现金净流量为正值；反之现金净流量为负值。其理论计算公式为：

某年现金净流量 = 该年现金流入量 − 该年现金流出量

现金净流量又包括所得税前现金净流量和所得税后现金净流量两种形式。前者不受筹资方案和所得税政策变化的影响，是全面反映投资项目方案本身财务获利能力的基础数据。计算时，现金流出量的内容中不考虑所得税因素；后者则将所得税视为现金流出，可用于评价在考虑所得税因素时项目投资对企业价值所作的贡献。计算时，可以在税前现金净流量的基础上直接扣除所得税求得。

1. 建设期的现金净流量的估算。建设期现金净流量可直接按以下简化公式计算：

建设期某年现金净流量 = − 该年原始投资额

$$NCF_t = -I_t \quad (t = 0, 1, 2, \cdots, s, s \geqslant 0)$$

由上式可见，当建设期不为零时，建设期现金净流量的数量特征取决于其投资方式是分次投入还是一次投入。

2. 经营期现金净流量的估算。在不考虑经营期垫支的流动资金，发生的固定资产改良支出和固定资产残值及收回垫支的流动资金的情况下，经营期现金净流量的估算分为两种情况：

税前经营现金净流量 = 营业收入 − 付现成本

= 营业利润 + 折旧摊销

税后经营现金净流量 = 营业收入 − 付现成本 − 所得税

= 税后营业利润 + 非付现成本

= 营业利润 × （1 − 所得税率） + 非付现成本

=(营业收入－付现成本－非付现成本)×(1－所得税率)＋非付现成本
=营业收入×(1－所得税率)－付现成本×(1－所得税率)＋非付现成本×所得税率
=税后收入－税后付现成本＋非付现成本抵税

式中：非付现成本主要是固定资产年折旧费、长期资产摊销费用等，为了简化计算，一般假定各年经营现金净流量发生在年末。

3. 营业终了时回收额的估算。营业终了时回收额是指回收固定资产残值和回收垫支的流动资金。

二、固定资产重置决策模型的建立

（一）固定资产重置决策思路

固定资产重置决策主要针对两个互斥方案进行分析决策：一是继续使用旧设备；二是买入新设备。注意不要被“重置”所迷惑，两个方案彼此并不相关。

如果没有做特殊说明，默认为新旧设备的生产能力是一致的，由此引起的销售收入都相等，属于决策的无关因素，不予考虑。故主要考虑成本，即：现金流出与现金流出的抵减项目。

（二）固定资产重置决策方法

寿命期相同的设备重置方案，采用净现值法，其决策标准为：选择现金流出总现值小的方案；寿命期不同的设备重置方案，用净现值指标可能无法得出正确决策结果，应当采用年金净流量法决策。其决策标准为：选择年金成本小的方案。

（三）寿命期相同的固定资产重置决策模型

一般来说，用新设备来替换旧设备，如果不改变企业的生产能力，就不会增加企业的营业收入，即使有少量的残值变价收入，也不是实质性收入增加。因此，大部分以旧换新进行的设备重置都属于替换重置。在替换重置方案中，所发生的现金流量主要是现金流出量，应选择现金流出总现值小的方案。

【例 4－13】 A 公司现有一台旧机床是三年前购进的，目前准备用一台新机床替换。该公司所得税税率为 25%，资本成本率为 10%，基本资料如图 4－14 所示。两台机床的使用年限均为 6 年，采用净现值法进行固定资产重置决策。分析结果，如图 4－15 所示。

（1）在 A 公司继续使用旧设备的现金流量估算表中建立公式。

①估算 A 公司继续使用旧设备在 0 时点上的现金流量，并建立公式：

旧设备变价收入 B17 = － $B$11 = －40 000 元

旧设备变现净损失减税 B18 =($B$11 －($B$2 － $B$5 × $B$9)) × $B$14 = －3 500 元

旧设备垫支的营运资金 B19 = － $B$7 = －10 000 元

继续使用旧设备在 0 时点上的现金净流量 B28 = SUM(B17:B19) = －53 500 元

旧设备当前变现价值 =40 000 元，由于 A 公司继续使用旧设备，所以，旧设备当前变现价值 40 000 无法得到，无法得到的现金流入，看作现金流出，用负数表示，即：－40 000。

	A	B	C
1	项目	旧设备	新设备
2	原价	84, 000	76, 500
3	税法残值	4, 000	4, 500
4	税法使用年限（年）	8	6
5	已使用年限（年）	3	0
6	尚可使用年限（年）	6	6
7	垫支营运资金(元)	10, 000	11, 000
8	大修理支出(元)	18000（第2年末）	9000（第4年末）
9	年折旧费（直线法）(元)	10, 000	12, 000
10	年营运成本(元)	13, 000	7, 000
11	目前变现价值(元)	40, 000	76, 500
12	最终报废残值(元)	5, 500	6, 000
13	资本成本率	10%	
14	所得税税率	25%	

图 4－14　固定资产重置决策基本资料

	A	B	C	D	E	F	G	H
16	继续使用旧设备	0	1	2	3	4	5	6
17	目前变价收入	-40, 000						
18	目前变现净损失减税	-3, 500						
19	垫支营运资金	-10, 000						
20	年营运成本		-13, 000	-13, 000	-13, 000	-13, 000	-13, 000	-13, 000
21	大修理费			-18, 000				
22	年营运成本合计		-13, 000	-31, 000	-13, 000	-13, 000	-13, 000	-13, 000
23	年税后营运成本		-9, 750	-23, 250	-9, 750	-9, 750	-9, 750	-9, 750
24	年折旧抵税		2, 500	2, 500	2, 500	2, 500	2, 500	0
25	残值变价收入							5, 500
26	残值净收益纳税							-375
27	营运资金收回							10, 000
28	年现金净流量	-53, 500	-7, 250	-20, 750	-7, 250	-7, 250	-7, 250	5, 375
29	净现值	-89, 106. 18						

	A	B	C	D	E	F	G	H
31	购买新设备	0	1	2	3	4	5	6
32	设备投资	-76, 500						
33	垫支营运资金	-11, 000						
34	年营运成本		-7, 000	-7, 000	-7, 000	-7, 000	-7, 000	-7, 000
35	大修理费					-9, 000		
36	年营运成本合计		-7, 000	-7, 000	-7, 000	-16, 000	-7, 000	-7, 000
37	年税后营运成本		-5, 250	-5, 250	-5, 250	-12, 000	-5, 250	-5, 250
38	年折旧抵税		3, 000	3, 000	3, 000	3, 000	3, 000	3, 000
39	残值变价收入							6, 000
40	残值净收益纳税							-375
41	营运资金收回							11, 000
42	年现金净流量	-87, 500	-2, 250	-2, 250	-2, 250	-9, 000	-2, 250	14, 375
43	净现值	-92, 525. 30						

图 4－15　寿命期相同的固定资产重置决策模型

旧设备账面价值＝84 000－3×10 000＝54 000 元

变现净损失减税＝（54 000－40 000）×25%＝3 500 元

同理，旧设备变现净损失减税的现金流入也无法得到，看作现金流出，用负数表示，即：－3 500 元。

当前垫支的营运资金＝－10 000 元

A 公司继续使用旧设备在 0 时点上的现金净流量＝－(40 000＋3 500＋10 000)＝－53 500 元

②估算 A 公司继续使用旧设备在经营期的现金流量，并建立公式：

年营运成本为现金流出，用负数表示，年折旧抵税看作现金流入，用正数表示。

年营运成本 C20 = －$B$10 = －13 000 元，点击 C20 单元格，向右拖动复制 C20:H20，完成 1～6 年年营运成本的填写。

大修理费用 D21 = －18 000 元

年营运成本合计 = 年营运成本 + 大修理费用

年营运成本合计 C22 = SUM（C20:C21） = －13 000 元，点击 C22 单元格，向右拖动复制 C22:H22，完成 1～6 年年营运成本合计的填写。

年税后营运成本 C23 = C22 ×（1 － $B$14）= －9 750 元，点击 C23 单元格，向右拖动复制 C23:H23，完成 1～6 年年税后营运成本合计的填写。

年折旧抵税 C24 = $B$9 × $B$14 = 2 500 元，在企业财务管理中，固定资产折旧按照税法规定计算。旧设备税法使用年限 8 年，已经使用 3 年，按照税法规定剩余年限为 5 年，所以折旧计提尚有 5 年。向右拖动复制 C24:H24，完成 1～5 年年折旧抵税的填写。

残值变现收入 H25 = $B$12 = 5 500 元

残值净收益纳税 H26 = －（$B$12 － $B$3）× $B$14 = －375 元

收回的营运资金 H27 = $B$7 = 10 000 元

③估算 A 公司继续使用旧设备在各时点上的现金净流量，并建立公式：

0 时点的年现金净流量 B28 = SUM（B17:B19） = －53 500 元

年现金流出量 = －年税后营运成本 + 年折旧抵税

第 1 年的现金净流量 C28 = SUM（C23:C27） = －7 250 元

第 2 年的现金净流量 D28 = SUM（D23:D27） = －20 750 元

第 3～5 年的现金净流量 E28 = SUM（E23:E27） = －7 250 元，点击 E28 单元格，向右拖动复制 E28:G28，完成 4～5 年现金净流量的填写。

第 6 年的现金净流量 H28 = SUM（H23:H27） = 5 375 元

第 6 年的现金净流量 = －年税后营运成本 + 年折旧抵税 + 残值变价收入 － 残值净收益纳税 + 收回的营运资金

残值净收益纳税 =（5 500 － 4 000）× 25% = 375 元

第 6 年的现金净流量 = －13 000 ×（1 － 25%） + 0 + 5 500 － 375 + 10 000 = 5 375 元

④A 公司继续使用旧设备现金流出量总现值，并建立公式：

继续使用旧设备现金流出量总现值 B29 = NPV（$B$13，C28:H28） + B28 = －89 106.18元

（2）在 A 公司更换新设备的现金流量估算表中建立公式。

①估算 A 公司购买新设备在 0 时点上的现金流量，并建立公式：

新设备购买价格 B32 = －$C$2 = －76 500 元

垫支营运资金 B33 = －$C$7 = －11 000 元

A 公司购买新设备在 0 时点上的现金净流量 B42 = SUM（B32:B33） = －87 500 元

②估算 A 公司购买新设备在经营期的现金流出量，并建立公式：

年营运成本为现金流出，用负数表示，年折旧抵税看作现金流入，用正数表示。

年现金流出量 = －年税后营运成本 + 年折旧抵税

年营运成本 C34 = －$C$10 = －7 000 元，点击 C34 单元格，向右拖动复制 C34:II34，

完成1~6年年营运成本合计的填写。

大修理费 F35 = -9 000元

年营运成本合计 C36 = SUM(C34:C35) = -7 000元，点击C36单元格，向右拖动复制C36:H36，完成1~6年年营运成本合计的填写。

年税后营运成本 C37 = C36 ×(1 - $B$14) = -5 250元，向右拖动复制C37:H37，完成1~6年年税后营运成本合计的填写。

年折旧抵税 C38 = $C$9 × $B$14 = 3 000元，点击C38单元格，向右拖动复制C38:H38，完成1~6年年折旧抵税的填写。

残值变现收入 H39 = $C$12 = 6 000元

残值净收益纳税 H40 = -($C$12 - $C$3) × $B$14 = -375元

收回的营运资金 H41 = $C$7 = 11 000元

③估算A公司购买新设备在各时点上的现金净流量，并建立公式：

0时点的现金净流量 B42 = SUM（B32:B33） = -87 500元

第1年的现金净流量 C42 = SUM（C37:C41） = -2 250元

第2年的现金净流量 D42 = SUM（D37:D41） = -2 250元

第3年的现金净流量 E42 = SUM（E37:E41） = -2 250元

第4年的现金净流量 F42 = SUM（F37:F41） = -9 000元

第5年的现金净流量 G42 = SUM（G37:G41） = -2 250元

第6年的现金净流量 H42 = SUM（H37:H41） = 14 375元

第6年的现金净流量 = -年税后营运成本 + 年折旧抵税 + 残值变价收入 - 残值净收益纳税 + 收回的营运资金

残值净收益纳税 = (6 000 - 4 500) × 25% = 375元

第6年的现金净流量 = -7 000 ×（1 - 25%）+ 12 000 × 25% + 6 000 - 375 + 11 000 = 14 375元

④A公司购买新设备现金流出量总现值：

购买新设备现金流出量总现值 B43 = NPV（$B$13，C42:H42）+ B42 = -92 525.3元

（3）固定资产重置决策。

∵ 继续使用旧设备现金流出量总现值（-89 106.18元）< 购买新设备现金流出量总现值（-92 525.3元）

∴ 应该继续使用旧设备。

（四）寿命期不同的固定资产重置决策模型

寿命期不同的设备重置方案，用净现值指标可能无法得出正确决策结果，应当采用年金净流量法决策。由于替换重置的设备更新一般不改变生产能力，营业现金流入不会增加，所以在进行设备重置方案决策时，只需比较各方案的年金流出量。我们把按年金净流量原理计算的等额年金流出量称为年金成本。替换重置方案的决策标准是：选择年金成本小的方案。

寿命期不同的设备重置方案进行分析时，应考虑的现金流量有：

1. 新旧设备目前市场价值。对于新设备而言，目前市场价格就是新设备的购买价格，即：原始投资额；对于旧设备而言，目前市场价值就是旧设备的重置成本或变现价值。

2. 新旧设备残值变价收入。残值变价收入应作为现金流出的抵减。

3. 新旧设备的年营运成本。年运营成本，即：年付现成本。如果考虑每年的营业现金流入，应作为每年营运成本的抵减。

【例 4－14】B 公司现有旧设备一台，由于节能减排的需要，准备予以更新。该公司所得税税率为 25%，贴现率为 15%，基本资料如图 4－16 所示。旧设备尚可使用年限为 6 年，新设备的使用年限为 10 年，采用年金净流量法进行固定资产重置决策。分析结果，如图 4－17所示。

	A	B	C
1	项目	旧设备	新设备
2	原价(元)	35,000	36,000
3	预计使用年限（年）	10	10
4	已经使用年限（年）	4	0
5	尚可使用年限(年)	6	10
6	税法残值(元)	5,000	4,000
7	最终报废残值(元)	3,500	4,200
8	目前变现价值(元)	10,000	36,000
9	每年折旧费（直线法）(元)	3,000	3,200
10	每年营运成本(元)	10,500	8,000
11	所得税税率	25%	
12	折现率	15%	
13	普通年金现值系数	3.7845	5.0188

图 4－16　固定资产重置决策基本资料

	A	B	C	D	E	F	G	H
15	继续使用旧设备	0	1	2	3	4	5	6
16	旧设备变现价值	-10,000						
17	变现净损失抵税	-3,250						
18	使用旧设备的投资额	-13,250						
19	年税后营运成本		-7,875	-7,875	-7,875	-7,875	-7,875	-7,875
20	年折旧抵税		750	750	750	750	750	750
21	年营运成本合计		-7,125	-7,125	-7,125	-7,125	-7,125	-7,125
22	残值变价收入							3,500
23	残值净损失抵税							375
24	税后残值收入							3,875
25	年成本合计	-13,250	-7,125	-7,125	-7,125	-7,125	-7,125	-3,250
26	旧设备年金成本	-10,183.47						

	A	B	C	D	E	F	G	H	I	J	K	L
28	购买新设备	0	1	2	3	4	5	6	7	8	9	10
29	新设备投资额	-36,000										
30	年税后营运成本		-6,000	-6,000	-6,000	-6,000	-6,000	-6,000	-6,000	-6,000	-6,000	-6,000
31	年折旧抵税		800	800	800	800	800	800	800	800	800	800
32	年营运成本合计		-5,200	-5,200	-5,200	-5,200	-5,200	-5,200	-5,200	-5,200	-5,200	-5,200
33	残值变价收入											4,200
34	残值净收益纳税											-50
35	税后残值收入											4,150
36	年成本合计	-36,000	-5,200	-5,200	-5,200	-5,200	-5,200	-5,200	-5,200	-5,200	-5,200	-1,050
37	购买新设备年金成本	-12,168.68										

图 4－17　寿命期不同的固定资产重置决策模型

固定资产重置决策模型中，现金流出量用负数表示，现金流入量用正数表示。

（1）在 B 公司继续使用旧设备的现金流量估算表中建立公式。

①估算 B 公司继续使用旧设备在 0 时点上的现金流量，并建立公式：

旧设备变现价值 B16 = － $B$8 = －10 000 元

变现净损失抵税 B17 = －（$B$2 － $B$9 × $B$4 － $B$8）× $B$11 = －3 250 元

使用旧设备的投资额 B18 = SUM（B16:B17）= －13 250 元

②估算 B 公司继续使用旧设备在经营期的现金流量，并建立公式：

税后年营运成本 C19 = - $B$10 × （1 - $B$11） = -7 875 元，点击 C19 单元格，向右拖动复制 C19:H19，完成 1~6 年年营运成本合计的填写。

年折旧抵税 C20 = $B $9 × $B $11 = 750 元，点击 C20 单元格，向右拖动复制 C20:H20，完成 1~6 年年折旧抵税的填写。

年营运成本合计 C21 = SUM （C19:C20） = -7 125 元，点击 C21 单元格，向右拖动复制 C21:H21，完成 1~6 年年营运成本合计的填写。

残值变价收入 H22 = $B$7 = 3 500 元

残值净损失抵税 H23 = （$B$6 - $B$7） × $B$11 = 375 元

税后残值收入 H24 = SUM （H22:H23） = 3 875 元

③估算 B 公司继续使用旧设备在各时点上的年成本合计，并建立公式：

0 时点的年成本合计 B25 = B18 = -13 250 元

第 1 年的年成本合计 C25 = C21 = -7 125 元

第 2 年的年成本合计 D25 = D21 = -7 125 元

第 3 年的年成本合计 E25 = E21 = -7 125 元

第 4 年的年成本合计 F25 = F21 = -7 125 元

第 5 年的年成本合计 G25 = G21 = -7 125 元

第 6 年的年成本合计 H25 = H21 + H24 = -3 250 元

④B 公司继续使用旧设备现金流出量总现值，并建立公式：

普通年金现值系数 B13 = PV （$B$12，B5，-1） = 3.7845

旧设备年金成本 B26 = (NPV($B$12,C25:H25) + B25)/$B$13 = -10 183.47元

（2）在 B 公司更换新设备的现金流量估算表中建立公式。

①估算 B 公司购买新设备在 0 时点上的现金流量，并建立公式：

新设备投资额 B29 = - $C$2 = -36 000 元

②估算 B 公司购买新设备在经营期的现金流出量，并建立公式：

税后年营运成本 C30 = - $C$10 × （1 - $B$11） = -6 000 元，点击 C30 单元格，向右拖动复制 C30:L30，完成 1~10 年年营运成本的填写。

年折旧抵税 C31 = $C $9 × $B $11 = 800 元，点击 C31 单元格，向右拖动复制 C31:L31，完成 1~10 年年折旧抵税的填写。

年营运成本合计 C32 = C30 + C31 = -5 200 元，点击 C32 单元格，向右拖动复制 C32:L32，完成 1~10 年年营运成本合计的填写。

残值变价收入 L33 = $C$7 = 4 200 元

残值净收益纳税 L34 = -（$C$7 - $C$6） × $B$11 = -50 元

税后残值收入 L35 = SUM （L33:L34） = 4 150 元

③估算 B 公司购买新设备在各时点上的年成本合计，并建立公式：

0 时点的年成本合计 B36 = $B$29 = -36 000 元

第 1 年的年成本合计 C36 = C32 = -5 200 元

第 2 年的年成本合计 D36 = D32 = -5 200 元

第 3 年的年成本合计 E36 = E32 = -5 200 元

第 4 年的年成本合计 F36 = F32 = -5 200 元

第 5 年的年成本合计 G36 = G32 = -5 200 元

第 6 年的年成本合计 H36 = H32 = -5 200 元

第 7 年的年成本合计 I36 = I32 = -5 200 元

第 8 年的年成本合计 J36 = J32 = -5 200 元

第 9 年的年成本合计 K36 = K32 = -5 200 元

第 10 年的年成本合计 L36 = L32 + L35 = -1 050 元

④B 公司购买新设备年金成本：

普通年金现值系数 C13 = PV（$B$12，C5，-1）=5.0188

年金成本 B37 =（NPV（$B$12，C36:L36）+ $B$36）/ $C$13 = -12 168.68 元

（3）固定资产重置决策。

∵ 继续使用旧设备的年金成本为(-10 183.47 元) < 购买新设备的年金成本(-12 168.68 元)，

∴ 应该继续使用旧设备。

第四节　互斥投资方案决策模型

一、项目寿命期相同的互斥方案决策模型

项目寿命期相同的互斥方案决策标准为：不论方案的原始投资额是否相同，净现值大的方案为最优方案。

【例 4-15】 某公司现有 A、B 两个互斥投资方案，其中：

（1）A 方案的现金净流量如下：第 0 年现金净流量为 -200 000 元，当年建设当年投产，投产后，第 1～7 年现金净流量分别为：5 000 元、75 000 元、80 000 元、65 000 元、70 000 元、40 000 元、50 000 元。

（2）B 方案的现金净流量如下：第 0 年现金净流量为 -300 000 元，当年建设当年投产，投产后，第 1～7 年现金净流量分别为：60 000 元、70 000 元、90 000 元、85 000 元、88 000元、80 000 元、70 000 元。A、B 两方案的项目计算期均为 7 年，假如折现率为 12%，请使用净现值法对两个投资方案进行分析决策。分析结果，如图 4-18 所示。

	A	B	C
1	时间	A方案现金净流量(元)	B方案现金净流量(元)
2	0	-200,000	-300,000
3	1	5,000	60,000
4	2	75,000	70,000
5	3	80,000	90,000
6	4	65,000	85,000
7	5	70,000	88,000
8	6	40,000	80,000
9	7	50,000	70,000
10	折现率	12%	
11	净现值	45,107.51	49,582.76
12	方案选择	B方案	

图 4-18　项目寿命期相同的互斥方案决策模型

(1) A 方案的净现值：

B11 = NPV（$B$10，B3:B9）+ B2 = 45 107.51 元，点击 B11 单元格，向右拖动复制，即可计算出 B 方案的净现值。

(2) B 方案的净现值：

C11 = NPV（$B$10，C3:C9）+ C2 = 49 582.76 元

(3) 方案选择：

B11 = IF（B11 > C11，“A 方案”，“B 方案”）= B 方案

∵ A 方案的净现值（45 107.51 元）< B 方案的净现值（49 582.76 元）

∴ 应该选择 B 投资方案。

二、项目寿命期不同的互斥方案决策模型

项目寿命期不同的互斥方案决策标准为：项目寿命期不同，资本成本率相同，计算投资项目的等额年金，等额年金大的方案为优；项目寿命期不同，资本成本率不同，计算投资项目的永续净现值，永续净现值大的方案为优。

某项目的等额年金 = 该项目的净现值 × 资本回收系数

= 该项目的净现值 × 1/年金现值系数

某项目的永续净现值 = 等额年金 ÷ 项目的资本成本率

【例 4-16】 某公司现有甲乙两个互斥投资项目，其中：

(1) 甲项目的现金净流量如下：第 0 年现金净流量为 -400 万元，当年建设当年投产，投产后，第 1~5 年现金净流量均为：144 万元。资本成本为 10%。

(2) 乙项目的现金净流量如下：第 0 年现金净流量为 -200 万元，当年建设当年投产，投产后，第 1~3 年现金净流量均为：102 万元。资本成本为 8%。请利用等额年金法，对两个投资项目进行分析决策。分析结果，如图 4-19 所示。

	A	B	C
1	年份	甲项目现金净流量（万元）	乙项目现金净流量（万元）
2	0	-400	-200
3	1	144	102
4	2	144	102
5	3	144	102
6	4	144	
7	5	144	
8	资本成本	10%	8%
9	普通年金现值系数	3.7908	2.5771
10	净现值（万元）	145.87	62.86
11	等额年金（万元）	38.48	24.39
12	永续净现值（万元）	384.81	304.92
13	方案选择	甲项目	

图 4-19 项目寿命期不同的互斥方案决策模型

甲乙方案的投资期限不同，两方案的资本成本也不同，利用等额年金，计算两方案的永续净现值进行决策。

(1) 计算甲项目的净现值、等额年金和永续净现值，并建立公式：

甲项目的普通年金现值系数 B9 = PV(B8,5,-1) = 3.7908

甲项目的净现值 B10 = NPV(B8,B3:B7) + B2 = 145.87 万元

甲项目的等额年金 B11 = B10/B9 = 38.48 万元

甲项目的永续净现值 B12 = B11/B8 = 384. 81 万元

(2) 计算乙项目的净现值、等额年金和永续净现值，并建立公式：

乙项目的普通年金现值系数 C9 = PV （C8，3，－1） = 2. 5771

乙项目的净现值 C10 = NPV （C8，C3:C5） + C2 = 62. 86 万元

乙项目的等额年金 C11 = C10/C9 = 24. 39 万元

乙项目的永续净现值 C12 = C11/C8 = 304. 92 万元

(3) 方案的选择：

B13 = IF （ $B$12 > $C$12，"甲项目"，"乙项目"） = 甲项目

∵ 甲项目的永续净现值（384. 81 万元） > 乙项目的永续净现值（304. 92 元）

∴ 应该选择甲投资项目。

本章小结

本章首先介绍了项目投资管理概述；其次介绍了项目投资决策评价指标及其函数分析；然后介绍了固定资产重置决策模型的设计方法；最后介绍了互斥投资方案决策模型的设计方法。

一、本章关键词

项目投资　　项目现金流量　　静态投资回收期　　净现值　现值指数

内含报酬率　　等额年金　　永续净现值

二、思考题

1. 简述项目投资管理的特点。
2. 简述固定资产重置决策思路。
3. 简述寿命期相同的固定资产重置决策思路。
4. 简述寿命期不同的固定资产重置决策思路。

三、基础训练

1. 某公司有一台设备，其原值为 180 000 元，预计使用 5 年，预计净残值为 20 000 元，分别采用直线法、双倍余额递减法和年数总和法计提折旧，使用 Excel 中相应的折旧函数 SLN( )、DDB( )、SYD( )计算各年的折旧额，并绘制比较分析图。

2. 有一种储蓄险，第 1 年年初、第 2 年年初缴纳保费 50 000 元、第 3 年年初缴纳保费 30 000 元，第 3 ~ 5 年每年年末均可领回 45 000 元，若再投资利率为 8%，融资利率为 10%，请计算该储蓄险的修正内含报酬率。

3. A 公司有 A、B、C 三个投资方案，A 方案在建设起点一次性投资 10 000 元，当年完工并投产，投产后 1 ~ 6 年每年可获得现金净流量均为 3 000 元；B 方案在建设起点一次性投资 8 000 元，当年完工并投产，投产后 1 ~ 6 年每年可获得现金净流量均为 2 000 元；C 方案在建设起点一次性投资 12 000 元，当年完工并投产，投产后 1 ~ 6 年每年可获得现金净流量

均为 3 500 元。

（1）如果资本成本率为 12%。请计算三个投资方案的净现值、现值指数，内含报酬率。

（2）如果再投资收益率为 10%，请计算三个投资方案的修正内含报酬率。

4. 乙公司是一家机械制造企业，适用的所得税税率为 25%。公司现有一套设备（以下简称旧设备）已经使用 6 年，为降低成本，公司管理层拟将该设备提前报废，另行购建一套新设备。新设备的投资于更新起点一次性投入，并能立即投入运营。设备更新后不改变原有的生产能力，但营运成本有所降低。会计上对于新旧设备折旧年限、折扣方法以及净残值等的处理与税法保持一致，假定折现率为 12%，要求考虑所得税费用的影响。不考虑设备运营所带来的营运收入，也不把旧设备的变现价值作为新设备投资的减项。请采用年金净流量法进行固定资产重置决策。相关资料，如表 4－1 所示。

表 4－1　　新旧设备相关资料　　金额单位：万元

项目	旧设备	新设备
原价	5 000	6 000
预计使用年限	12 年	10 年
已使用年限	6 年	0 年
净残值	200	400
当前变现价值	2 600	6 000
年折旧费（直线法）	400	560
年营运成本（付现成本）	1 200	800

5. 某公司有 A、B 两个方案可供选择，其中：A 方案原始投资的现值为 400 万元，第 1～5年的现金净流量均为 144. 2 万元；B 方案原始投资额 200 万元，1～5 年每年现金净流量均为 81. 6 万元，假设基准折现率为 10%，请使用净现值法做出投资决策。

6. 某公司拟投资建设一条新生产线，现有两个项目可供选择，甲项目的原始投资为 2 600万元，项目寿命期为 11 年，净现值为 1 900 万元，资本成本率为 8%；乙项目的原始投资为 2 200 万元，项目寿命期为 10 年，净现值为 1 820 万元。资本成本率为 10%。请使用等额年金法做出投资决策。

第五章　营运资金管理模型

学习目标

知识目标：通过本章学习，要求学生了解营运资金的概念、特点、营运资金管理的目的与原则；熟悉企业持有现金的动机及现金管理的成本、了解现金的日常管理、掌握最佳现金持有量模型的设计；熟悉企业持有应收账款的动机及应收账款管理的成本、熟悉应收账款的信用政策、了解应收账款的日常管理、掌握应收账款信用政策决策模型的设计；熟悉企业持有存货的动机及存货管理的目标与成本、了解存货的日常管理、掌握经济订货批量模型的设计；了解短期借款的种类、信用条件、短期借款的利率及支付方式、短期借款的优缺点；了解商业信用的概念及形式、熟悉应付账款的成本、掌握利用应付账款成本决策分析模型的设计。

能力目标：最佳现金持有量模型的设计及应用；应收账款信用政策决策模型的设计及应用；经济订货批量模型的设计及应用；应付账款成本决策分析模型的设计及应用。

第一节　营运资金管理概述

一、营运资金的概念

营运资金是指投入日常经营活动（营业活动）的资金，是流动资产和流动负债的差额。这里所说的流动资产是指可以在1年以内或超过1年的一个营业周期内变现或耗用的资产，主要包括现金、交易性金融资产、应收账款，应收票据和存货等。这里所说的流动负债是指将在1年或超过1年的一个营业周期内必须偿还的债务，主要包括短期借款、应付账款、应付票据、预收账款等。

企业应控制营运资金的持有数量，既要防止营运资金不足，也要避免营运资金过多。这是因为企业营运资金越多，流动性越强，风险越小，但收益率也越低；相反，营运资金越少流动性越差，风险越大，但收益率也越高。企业需要在风险和收益率之间进行权衡，从而将营运资金的数量控制在一定范围之内。

二、营运资金的特点

（一）流动资产的特点

与固定资产相比，流动资产具有以下特点：

1. 周转具有短期性。企业占用在流动资产上的资金，通常会在 1 年或一个营业周期内收回，对企业影响的时间比较短。

2. 资金占用具有波动性。企业占用流动资产资金并不是一个常数，会随着企业内外条件的变化而变化，时高时低，波动很大。随着流动资产资金占用量的变动，流动负债的数量也会发生变动。

3. 筹资方式具有灵活多样性。企业流动资产投资所需的资金，除了通过短期借款、商业信用、应交税费、应付职工薪酬等短期资金的筹集方式加以解决外，还可以通过长期资金的筹集方式加以解决，这取决于一个企业的流动资产筹资策略的选择。

4. 占用形态具有变动性和易变性。企业流动资产的占用形态是经常变化的，一般按照现金—材料—在产品—产成品—应收账款—现金的顺序转化。为此，在进行流动资产管理时，必须在各项流动资产上合理配置资金数额，做到结构合理，以促进资金周转的顺利进行。

（二）流动负债的特点

与长期负债筹资相比，流动负债筹资具有如下特点：

1. 筹资速度快，容易取得。长期负债的债权人为了保护自身利益，需要对债务人的财务状况、经营成果等信息进行全面的调查、评估后方能作出决定，因而筹资所需时间一般较长且不易取得；短期负债在较短时间内即可归还，债权人顾虑较少，容易取得。

2. 筹资富有弹性。长期负债的债权人为了保护自身利益，往往要在债务契约中向债务人提出很多限制性条件或管理规定；而短期负债的限制则相对宽松些，使筹资企业的资金使用较为灵活、富有弹性。

3. 筹资成本低。一般情况下，短期负债的利率低于长期负债，短期负债筹资成本也就较低。

4. 筹资风险大。短期负债需要在短期内偿还，因而要求筹资企业在短期内拿出足够的资金偿还债务，若债务到期时企业资金安排不当，就会陷入财务危机。此外，短期负债利率的波动比较大，有时也会出现高于长期负债的水平。

三、营运资金管理的目的

营运资金管理是企业财务管理的一个重要组成部分，所以营运资金管理的目的必须符合企业财务管理的目的。一般来说，营运资金管理的目的是通过管理活动的实施，保证企业的营运资金具有适度的流动性，以保证其日常经营的需要，使其具有良好的偿付能力，提高其盈利能力。企业营运资金管理的基本目标就是最大限度地服务于企业的长远财务规划，围绕经营活动现金流量的创造，实现企业价值最大化。当然，流动资产自身没有创造现金流量的能力，对企业价值的形成没有直接的影响。但在资本投资性质及其效率既定的情况下，无能的、低效的营运资金管理会在很大程度上抵减企业经营活动现金流量的创造力。因此，企业应合理确定现金持有量，保持良好的流动资产结构，加快应收账款的回收等，使企业营运资金按照营运资金管理的既定目标进行运营，促使企业实现价值最大化。

为了达到这一目的，在营运资金管理中，要求做好以下几点：合理确定企业营运资金占用数量；合理确定短期资金来源结构；加快资金周转，提高资金利用效率。

四、营运资金管理的原则

企业营运资金在全部资本中占有相当大的比重，而且周转期短、形态易变，所以是企业财务管理工作的一项重要内容，实证研究表明，财务经理的大量时间都用于营运资金的管理。

营运资金管理必须遵循以下原则：①认真分析生产经营状况，合理确定营运资金需要数量；②在保证生产经营需要的前提下，节约使用资本；③加速营运资金周转，提高资金利用效果；④合理安排流动资产与流动负债的比例关系，保证企业有足够的短期偿债能力。

第二节　现金管理与最佳现金持有量模型

现金有广义、狭义之分。广义的现金是指在生产经营过程中以货币形态存在的资金，包括库存现金、银行存款和其他货币资金等。狭义的现金仅指库存现金。这里所讲的现金是指广义的现金。

保持合理的现金水平是企业现金管理的重要内容。现金是变现能力最强的资产，可以用来满足生产经营开支的各种需要，也是还本付息和履行纳税义务的保证。拥有足够的现金对于降低企业风险、增强企业资产流动性和债务可清偿性有着重要的意义。除了应付日常业务活动以外，企业还需要拥有足够的现金偿还贷款、把握商机以防不时之需。同时，现金又是非盈利资产，对其持有量不是越多越好，即使是银行存款，其利率也非常低。因此，现金存量过多，它所提供的流动性边际效益便会随之下降，从而使企业收益水平下降。

所以，企业必须建立一套现金管理的方法，持有合理的现金数额。现金预算是每个企业必做的功课，以衡量企业在某段时间内的现金流入量与流出量，以便保证在满足企业经营活动所需现金的同时，尽量减少企业现金持有数量，提高资金收益率。

一、持有现金的动机

（一）交易性动机

企业的交易性动机是企业为了维持日常周转及正常商业活动所需持有的现金额。企业每日都在发生许多支出和收入，这些支出和收入在数额上不相等、时间上不匹配，为此企业需要持有一定现金来调节，以使生产经营活动能继续进行。

另外，企业生产经营的季节性，要求企业逐渐增加存货以等待季节性的销售高潮。这时，一般会发生季节性的现金支出，公司现金余额下降，随后又随着销售高潮的到来，存货减少，现金又逐渐恢复到原来水平。

一般来说，企业为满足交易动机所持有的现金余额主要取决于企业销售水平。企业销售扩大，销售额增加，所需现金余额也随之增加。

（二）预防性动机

预防性动机是指企业为了应付突发事件而持有的现金。这种突发事件可能是金融环境变化、财税制度变化、公司意外事件引起的偿付，也可能是公司的某大客户违约导致企业突发偿债。因此，企业为了应付突发事件，有必要维持比日常正常运转所需金额更多的现金。

为应付紧急情况所持有的现金余额主要取决于以下三个方面：一是企业愿冒缺少现金风险的程度；二是企业预测现金收支的可靠程度；三是企业临时举债能力的强弱。

（三）投机性动机

投机性动机是企业为了抓住突然出现的获利机会而持有的现金，这种机会大都是转瞬即逝的，如证券价格的突然下跌，企业若没有用于投机的现金，就会错过这一机会。投机动机只是企业确定现金余额时所需考虑的次要因素之一，其持有量的大小往往与企业在金融市场的投机机会及企业对待风险的态度有关。

二、现金管理的成本

（一）机会成本

现金的机会成本是指企业因持有一定现金余额而丧失的再投资收益。再投资收益是企业不能同时用该现金进行有价证券投资所产生的机会成本，这种成本在数额上等同于资金成本。即：

机会成本 = 平均现金持有量 × 机会成本率（或：资本成本率）

现金的机会成本属于变动成本，它与现金持有量成正比例关系，现金持有量越多，机会成本越大，反之就越小。

（二）管理费用

管理费用是指企业因持有一定量的现金而发生的管理费用，如管理人员工资、安全措施等。这部分费用具有固定成本的性质，它在一定范围内与现金持有量的多少关系不大，是决策无关成本。

（三）交易成本

交易成本也称为转换成本，是指企业用现金购入有价证券以及转让有价证券换回现金时付出的交易费用，即：现金与有价证券之间相互转换的成本，如委托买卖佣金、支付经纪费用、证券过户费及其他费用。企业在一定时期内现金使用量确定的情况下，现金持有量越多，证券交易（转换）次数越少，现金的交易成本就越低；现金持有量越少。证券交易（转换）次数越多，现金的交易成本就越高。因此，现金交易成本与现金持有量成反比。

（四）短缺成本

短缺成本是因缺乏必要的现金，不能应付业务开支所需，而使企业蒙受的损失，包括不能及时购买原材料而使生产中断造成的停工损失、造成的信用损失和得不到折扣好处等。现金的短缺成本随现金持有量的增加而下降，现金持有量的减少而上升，即：与现金持有量负相关。

三、最佳现金持有量模型

基于交易预防投机等的需要，企业必须保持一定数量的现金余额，确定最佳现金持有量的模式有很多，这里只介绍成本分析模式和存货模式。

（一）成本分析模式

成本分析模式是根据现金相关成本，分析预测其相关总成本最低时现金持有量的一种方法。

运用成本分析模式确定最佳现金持有量时，只需考虑应持有一定量现金而产生的机会成本和短缺成本，不需要考虑管理费用和交易成本。因此在这种模式下最佳现金持有量，就是持有现金而产生的机会成本与短缺成本之和最小时的现金持有量。

运用成本分析模式，确定最佳现金持有量的具体步骤为：

首先，根据不同现金持有量测算并确定有关成本数值；

然后，按照不同现金持有量及其有关成本资料编制最佳现金持有量测算表；

最后，在测算表中找出相关总成本最低时的现金持有量，即最佳现金持有量。

【例5－1】某企业有四种现金持有方案，有关成本资料如表5－1所示，请建立最佳现金持有量成本分析模型，选择最佳现金持有量方案。最佳现金持有量成本分析模型，如图5－1所示。

表5－1　　现金持有方案　　金额单位：元

方案	甲	乙	丙	丁
平均现金持有量	50 000	100 000	150 000	200 000
机会成本率	10%	10%	10%	10%
管理费用	20 000	20 000	20 000	20 000
短缺成本	24 000	13 500	5 000	2 000

	A	B	C	D	E
1	方案	甲	乙	丙	丁
2	平均现金持有量	50,000	100,000	150,000	200,000
3	机会成本	5,000	10,000	15,000	20,000
4	短缺成本	24,000	13,500	5,000	2,000
5	相关总成本	29,000	23,500	20,000	22,000

图5－1　最佳现金持有量分析模型——成本分析模式

（1）建立最佳现金持有量分析模型——成本分析模式。

（2）确定成本分析模式下的相关成本：机会成本与短缺成本。

（3）计算相关总成本：B5 = SUM（B3:B4）= 29 000元，点击B5单元格，向右拖动复制，完成B5:E5相关总成本指标的计算，即：C5 = 23 500元，D5 = 20 000元，E5 = 22 000元。

（4）丙方案的相关总成本最低：20 000元，其平均现金持有量：150 000元为最佳现金持有量。对相关总成本最低值所在单元格用绿色填充。步骤为：

选择B5:E5单元格区域，点击【单元格条件格式】—【最前最后规则】—【最后10项】—【为最小值的那些单元格设置格式】—【参数1】—【设置颜色】

（二）存货模式

运用存货模式确定最佳现金持有量时，是以下列假设为前提的：①企业所需要的现金可以通过证券变现取得，且证券变现的不确定性很小；②企业预算期内现金需要总量可以预测；③现金的支出过程比较稳定，波动较小，而且每当现金余额降至零时，均可通过部分证券变现得以补充；④证券的利率和报酬率以及每次固定性交易费用可以获悉。

设立了上述假设后，与决策相关的成本有机会成本和交易成本，而管理费用和短缺成本属于与决策无关成本。因此，在这种模式下，最佳现金持有量就是持有现金而产生的机会成本与交易成本之和最小时的现金持有量，如图 5－2 所示。

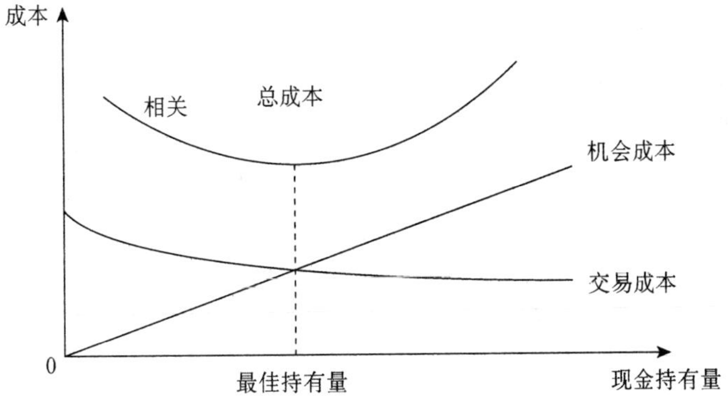

图 5－2　现金相关总成本与现金持有量的关系

相关总成本 = 机会成本 + 交易成本

相关总成本 $= \frac{C}{2} \times K + \frac{T}{C} \times F$

相关总成本 $= \sqrt{2 \times T \times F \times K}$

最佳现金持有量 $= \sqrt{2 \times T \times F \div K}$

最佳交易次数 $= \frac{T}{C^*}$

最佳交易天数 $= \frac{360}{\text{最佳交易次数}}$

【例 5－2】乙公司使用存货模型确定最佳现金持有量。根据有关资料分析，2021 年该公司全年现金需求量为 8 100 万元，每次现金转换的成本为 0.2 万元，持有现金的机会成本率为 10%。请建立最佳现金持有量存货分析模型进行相关指标的分析。分析结果，如图 5－3所示。

	A	B
8	年现金需求总量(万元)	8,100
9	每次转换成本(万元)	0.2
10	机会成本率	10%
11	最佳现金持有量(万元)	180
12	最佳交易次数	45
13	最佳交易天数	8
14	交易成本(万元)	9
15	机会成本(万元)	9
16	相关总成本(万元)	18

图 5－3　最佳现金持有量分析模型——存货模式

（1）建立最佳现金持有量分析模型——存货模式。

（2）确定成本分析模式下的相关成本：交易成本与机会成本；填写已知常量——年现金需求总量、每次转换成本与机会成本率。

（3）计算最佳现金持有量：B11 = SQRT（（2 × B8 × B9）/B10）= 180 万元。

（4）最佳交易次数：B12 = B8/B11 = 45 次。

（5）最佳交易天数：B13 = 360/B12 = 8 天。

（6）交易成本：B14 = B12 × B9 = 9 万元。

（7）机会成本：B15 = B11/2 × B10 = 9 万元。

（8）相关总成本：B16 = SQRT（2 × B8 × B9 × B10）= 18 万元。

或：B16 = SUM（B14:B15）= 18 万元

四、现金的日常管理

企业在确定最佳现金持有量后，还应采取各种措施，加强现金日常管理，以保证现金的安全、完整，最大程度提高现金使用效率，为达到这一目的，应当注意做好以下几方面工作：

（一）使用现金浮游量

现金浮游量是指由于企业提高收款效率和延长付款时间，所产生的企业账户上的现金余额和银行账户上的企业存款余额之间的差额。

（二）推迟应付款的支付

推迟应付款的支付是指企业在不影响自己信誉的前提下，充分运用供货方所提供的信用优惠，尽可能的推迟应付款的支付期。

（三）汇票代替支票

汇票分为商业承兑汇票和银行承兑汇票，与支票不同的是，承兑汇票并不是见票即付。这一方式的优点是它推迟了企业调入资金支付汇票实际所需时间。这样企业就只需在银行中保持较少的现金余额。它的缺点是某些供应商可能并不喜欢用汇票付款，银行也不喜欢处理汇票，它们通常需要耗费更多的人力。同支票相比，银行会收取较高手续费。

（四）力争现金流入与流出同步

如果企业能尽量使它的现金流入与流出发生的时间趋于一致，就可以使所持有的交易性现金余额降到较低水平，这就是所谓的现金流同步。基于这种认识，企业可以重新安排付出现金的时间，尽量使现金流入与现金流出趋于同步。

（五）加速收款

这主要是缩短应收账款的时间。发生应收账款会增加企业资金的占用，但它又是必要的，因为它可以扩大销售规模，增加销售收入。问题在于如何既利用应收账款吸引顾客，又缩短收款时间。这要在两者之间找到适当的平衡点，并实施妥善的收账策略。

（六）使用零余额账户

企业与银行合作，保持一个主账户和一个系列子账户。企业只在主账户保持一定的安全储备，而在一系列子账户不需要保持安全储备。当从某个子账户签发的支票需要现金时，所需要的资金立即从主账户划拨过来，从而使更多的资金可以支配并使用。

第三节 应收账款管理与应收账款信用政策决策模型

一、持有应收账款的动机

持有应收账款的原因，主要有以下两种：

1. 商业竞争。在市场经济条件下，存在着激烈的商业竞争，竞争机制的作用迫使企业以各种手段扩大销售。除了依靠产品质量、价格、售后服务、广告等，赊销也是扩大销售的手段之一。对于同等的产品价格、类似的质量水平、一样的售后服务，实行赊销的产品或商品的销售额将大于现金销售的产品或商品的销售额，这是因为顾客将从赊销中得到好处，出于扩大销售的竞争需要，企业不得不以赊销或其他优惠方式招揽顾客，于是就产生了应收账款。由竞争引起的应收账款，是一种商业信用，是企业持有应收账款的主要原因。

2. 销售和收款的时间差距。商品成交的时间和收到货款的时间经常不一致，这也导致了应收账款。当然，实务中零售企业采用现金销售是很普遍的，而对于一般批发和大量生产企业来讲，发货的时间和收到货款的时间往往不同，这是因为货款结算需要时间的缘故。结算手段越是落后，结算所需时间就越长，销售企业只能承认这种现实，并承担由此引起的资金垫支。随着互联网的发展、大数据以及电子支付手段的不断改进，这些必将减少由于销售和收款的时间差而造成的应收账款。由于销售和收款的时间差而造成的应收账款，不属于商业信用，也不是应收账款的主要内容，不再对它进行深入讨论，只论述属于商业信用的应收账款管理。

应收账款是企业的一项资金投放，是为了扩大销售和盈利而进行的投资。投资要发生成本（包括承担风险），这就需要在实施应收账款信用政策后增加的盈利和增加的成本之间做出权衡。只有当应收账款所增加的盈利超过所增加的成本时，才应当实施应收账款赊销。

二、应收账款管理的成本

（一）应收账款的机会成本

应收账款会占用企业一定量的资金，企业若不把这部分资金投放于应收账款，便可以用于其他投资并可能获得收益，这种因投放于应收账款而放弃其他投资所带来的收益，即为应收账款的机会成本，有关计算公式为：

$$应收账款机会成本 = 应收账款占用的资金 \times 资本成本率$$

$$应收账款占用资金 = 应收账款平均余额 \times 变动成本率$$

$$应收账款平均余额 = 年赊销额 \div 360 \times 平均收现期$$

综上，应收账款机会成本可按下式计算：

$$应收账款机会成本 = 年赊销额 \div 360 \times 平均收现期 \times 变动成本率 \times 资本成本率$$

式中：平均收现期是指各种收现期的加权平均数；资本成本率为等风险投资所要求的必要收益率。

（二）应收账款的管理费用

应收账款的管理费用主要是指在进行应收账款管理时所增加的费用。主要包括调查顾客信用状况的费用、收集各种信息的费用、账簿的记录费用、收账费用、现金折扣成本等。

（三）应收账款的坏账成本

在赊销交易中，债务人由于种种原因无力偿还债务，债权人就有可能因无法收回应收账款而发生损失，这种损失就是坏账成本。可以说，企业发生坏账成本是不可避免的，此成本一般与应收账款发生的数量正相关。

三、应收账款的信用政策

（一）信用标准

信用标准是指顾客获得企业的交易信用所应具备的最低条件。如果顾客达不到信用标准，便不能享受企业的信用或只能享受较低的信用优惠。信用标准通常以预期的坏账损失率作为判别标准。如果企业的信用标准较严，只对信誉好、坏账损失率低的顾客给予赊销，则会减少坏账损失和应收账款的机会成本，但这可能不利于扩大销售量，甚至会使销售量减少；反之，如果信用标准较宽，虽然会增加销售，但会相应增加坏账损失和应收账款的机会成本，企业应根据具体情况权衡。

企业在设定某一顾客的信用标准时，首先，应评估他赖账的可能性。这可以通过“5C”系统来进行。所谓“5C”系统，是评估顾客信用品质的 5 个方面，即：品质（Character）、能力（Capacity）、资本（Capital）、抵押（Collateral）和条件（Conditions）。

1. 品质。品质指顾客的信誉，即履行偿债义务的可能性。企业必须设法了解顾客过去的付款记录，看是否有按期如数付款的一贯做法，及与其他供货企业的关系是否良好。这一点经常被视为评价顾客信用的首要因素。

2. 能力。能力指顾客的偿债能力，即其流动资产的数量、质量以及与流动负债的比例。顾客的流动资产越多，其转化为现金以支付款项的能力越强。同时，还应注意顾客流动资产的质量，看是否有存货过多、过时或质量下降，影响其变现能力和支付能力的情况。

3. 资本。资本指顾客的财务实力和财务状况。

4. 抵押。抵押指顾客拒付款项或无力支付款项时能被用作抵押的资产。这对于不知底细或信用状况有争议的顾客尤为重要。一旦收不到这些顾客的款项，便以抵押品抵补。如果这些顾客提供足够的抵押，就可以考虑向他们提供相应的信用。

5. 条件。条件指可能影响顾客付款能力的经济环境，比如，万一出现经济不景气，会对顾客的付款产生什么影响，顾客会如何做等，这需要了解顾客在过去困难时期的付款历史。

其次，考察该顾客（信用申请人）的一些财务指标，将这些指标和信用评级机构及其他协会发布的行业标准进行比较，可以观察顾客的信用状况。常用的财务指标有流动性和营运资金比率（流动比率、速动比率以及现金对负债总额比率）、债务管理和支付比例（利息保障倍数、长期债务对资本比率、带息债务对资产总额比率，以及资产负债率）和盈利能力指标（销售净利率、总资产净利率和净资产收益率）。

（二）信用条件

信用条件是指企业要求赊销客户支付货款的条件，包括信用期限、折扣期限和现金折扣率。例如，甲企业给某客户的信用条件是“2/10，n/30”，它规定，如果在发票开出后10天内付款，可享受2%的现金折扣率；如果不想取得折扣，这批货款必须在30天内付清。在这里30天为信用期限，10天为折扣期限，2%为现金折扣率。

信用期限是企业允许顾客从购货到付款之间的时间，或者说是企业给予顾客的付款期间。例如，若某企业允许顾客在购货后的30天内付款，则信用期为30天。信用期过短，不足以吸引顾客，在竞争中会使销售额下降；信用期过长，对销售额增加固然有利，但只顾销售增长而盲目放宽信用期，所得的收益有时会被增长的费用抵消，甚至造成利润减少。因此，企业必须慎重研究，确定出恰当的信用期。

信用期的确定，主要是分析改变现行信用期对收入和成本的影响。延长信用期，会使销售额增加，产生有利影响；与此同时，应收账款、收账费用和坏账损失增加，会产生不利影响。当前者大于后者时可以延长信用期，否则不宜延长，如果缩短信用期情况与此相反。

折扣期限是为顾客规定的可享受现金折扣的付款时间。

现金折扣率是企业对顾客在商品价格上所做的扣减。向顾客提供这种价格上的优惠，主要目的在于吸引顾客为享受优惠而提前付款，缩短企业的平均收款期。另外，现金折扣也能招揽一些视折扣为减价出售的顾客前来购货，借此扩大销售量。

提供比较优惠的信用条件，能增加销售量，给企业带来收益，但也会带来额外的负担，会增加应收账款机会成本、坏账成本和现金折扣成本等。因此，企业必须慎重研究，确定恰当的信用条件。

（三）收账政策

收账政策是指当客户违反信用条件，拖欠甚至拒付账款时企业所采取的收账策略与措施。实际上，各个客户拖欠或拒付账款的原因是不尽相同的，为此，企业可以采用不同的催收方式。比如，对过期较短的顾客，不过多地打扰，以免将来失去这一市场；对过期稍长的顾客，可以措辞婉转写信催款；对过期较长的顾客，应频繁信件催款并电话催询；对过期很长的顾客，可在催款时措辞严厉，必要时提请有关部门仲裁或提起诉讼等等。

企业对拖欠的应收账款，无论采用何种方式进行催收，都需要付出一定的代价，即收账费用。一般来说，收账的费用越大，收账措施越有力，可收回的账款越多，坏账损失也就越小。因此制定收账政策时，需要在增加的收账费用和所减少的坏账损失以及减少的机会成本之间做出权衡。制定有效、得当的收账政策很大程度上靠有关人员的经验，从财务管理的角度讲，也有一些数量化的方法可以参照。对收账政策优劣的判断基于应收账款总成本最小化的原理，可以通过比较方案成本的大小对其加以选择。

四、应收账款信用政策决策模型

应收账款信用政策的改变会对下列七个事项产生影响：销售额、应收账款的应计利息、存货占用资金的应计利息、应付账款的应计利息、现金折扣金额、坏账损失与收账费用。

应收账款信用政策决策的本质是：收益与成本的博弈。即：通过计算改变信用政策后的净损益，判断哪种方案更划算，选择应收账款信用政策。需要注意的是：分析应收账款信用政策的影响时，所有的收益和损失都按税前口径来计算。

（一）应收账款信用政策对销售增长的影响

应收账款信用政策对销售增长的影响用增加的边际贡献来衡量。其计算公式为：

增加的边际贡献 = 增加的销售数量 × 单位边际贡献

= 增加的销售金额 × 边际贡献率

增加的边际贡献是收益，用正数表示。

（二）应收账款信用政策对应收账款应计利息的影响

应收账款信用政策的改变会使应收账款的机会成本增加，应收账款的机会成本就是应收账款占用资金的应计利息。其计算公式为：

应收账款机会成本 = 年赊销额 ÷ 360 × 平均收现期 × 变动成本率 × 资本成本率

式中平均收现期确定有三种情况：

第一，只有信用期，没有折扣期，没有逾期客户：

平均收现期 = 信用期

第二，既有信用期，又有折扣期，没有逾期客户：

平均收现期 = 折扣期 × 享受折扣客户比率 + 信用期 × 放弃折扣客户比率

第三，既有信用期，又有折扣期、有逾期客户：

平均收现期 = 折扣期 × 享受折扣客户比率 + 信用期 × 放弃折扣但未逾期客户比率 + 逾期付款期 × 逾期客户比率

增加的应收账款应计利息是成本，用负数表示。

（三）应收账款信用政策对存货占用资金应计利息的影响

应收账款信用政策的改变会使存货占用资金的应计利息增加，其计算公式为：

存货的应计利息 = 存货占用资金 × 资本成本

= 存货平均数量 × 单位变动成本 × 资本成本

增加的存货应计利息是成本，计算时用负数表示。

（四）应收账款信用政策对应付账款应计利息的影响

应付账款是企业因购买原材料、商品或接受劳务供应等应支付的款项。应付账款是企业占用供应商的资金，是企业的负债。应收账款信用政策的改变会使应付账款占用资金的应计利息增加，其计算公式为：

应付账款应计利息 = 应付账款占用资金 × 资本成本

= 应付账款平均余额 × 资本成本

增加的应付账款应计利息是收益，计算时用正数表示。

（五）应收账款信用政策对现金折扣金额的影响

应收账款信用政策的改变会使企业提供给客户的现金折扣金额增加。其计算公式为：

现金折扣 = 销售额 × 现金折扣率 × 享受现金折扣的客户比率

增加的现金折扣是成本，计算时用负数表示。

（六）应收账款信用政策对坏账损失的影响

应收账款信用政策的改变会影响企业的坏账损失。增加的坏账损失，用负数表示；减少的坏账损失，用正数表示。

（七）应收账款信用政策对收账费用的影响

应收账款信用政策的改变会影响企业的收账费用。增加的收账费用，用负数表示；减少的收账费用，用正数表示。

【例 5-3】某公司目前采用 30 天按发票金额（即无现金折扣）付款的信用政策，拟将信用期间放宽至 60 天，同时提供“0.8/30，n/60”的现金折扣条件，预计 50% 的客户将享受现金折扣。相关数据如表 5-2 所示，假设等风险投资的报酬率为 15%。请建立应收账款信用政策决策模型，计算信用政策改变带来的损益，判断是否应该改变信用政策。信用政策基本模型，如图 5-4 所示，分析结果，如图 5-5 所示。

表 5-2　　信用政策

项目	旧方案（信用期间 30 天）	新方案（信用期间 60 天）
全年销售量（件）	100 000	120 000
全年销售额（单价 5 元）	500 000	600 000
变动成本（每件 4 元）	400 000	480 000
固定成本（元）	50 000	50 000
毛利（元）	50 000	70 000
存货平均水平（件）	9 000	20 000
应付账款余额（元）	90 000	110 000

	A	B	C
1	项目	旧方案	新方案
2	信用期间(天)	30	60
3	全年销售量（件）	100,000	120,000
4	单价(元)	5	5
5	单位变动成本(元)	4	4
6	全年销售额（元）	500,000	600,000
7	变动成本（元）	400,000	480,000
8	固定成本(元)	50,000	50,000
9	毛利(元)	50,000	70,000
10	存货平均水平（件）	9,000	20,000
11	应付账款余额（元）	90,000	110,000
12	投资报酬率	15%	

图 5-4　信用政策基本模型

	E	F	G	H
1	事项	旧方案	新方案	差额=新-旧
2	边际贡献率	20%	20%	
3	变动成本率	80%	80%	
4	平均收现期(天)	30	45	
5	增加的边际贡献(元)	100,000	120,000	20,000
6	应收账款应计利息的增加额(元)	-5,000	-9,000	-4,000
7	存货应计利息的增加额(元)	-5,400	-12,000	-6,600
8	应付账款应计利息的增加额(元)	13,500	16,500	3,000
9	现金折扣成本的增加额(元)	0	-2,400	-2,400
10	改变信用政策后的净损益(元)	10,000		
11	信用政策决策	新方案，改变信用政策		

图 5-5　应收账款信用政策决策模型

（1）边际贡献率 F2 = G2 = （B4 − B5）/B4 = 20%。

（2）变动成本率 F3 = G3 = 1 − F2 = 80%。

（3）平均收现期。旧方案平均收现期 F4 = B2 = 30 天；新方案平均收现期 G4 = 30 × 50% + 60 × 50% = 45 天。

（4）旧方案边际贡献 F5 = B6 × F2 = 100 000 元。新方案边际贡献 G5 = C6 × G2 = 120 000 元；边际贡献增加额 H5 = G5 − F5 = 20 000 元。

（5）旧方案应收账款应计利息 F6 = −(B6/360 × F4 × F3 × $B$12) = −5 000 元。

新方案应收账款应计利息 G6 = −(C6/360 × G4 × G3 × $B$12) = −9 000 元。

应收账款应计利息的增加额 H6 = G6 − F6 = −4 000 元。

（6）旧方案存货应计利息 F7 = −(B10 × B5 × $B$12) = −5 400 元。

新方案存货应计利息 G7 = −(C10 × C5 × $B$12) = −12 000 元。

存货应计利息的增加额 H7 = G7 − F7 = −6 600 元。

（7）旧方案应付账款应计利息 F8 = B11 × $B$12 = 13 500 元。

新方案应付账款应计利息 G8 = C11 × $B$12 = 16 500 元。

应付账款应计利息的增加额 H8 = G8 − F8 = 3 000 元。

（8）旧方案现金折扣成本 F9 = 0。

新方案现金折扣成本 G9 = −(C6 × 0.8% × 50%) = −2 400 元。

现金折扣成本的增加额 H9 = G9 − F9 = −2 400 元。

（9）改变信用政策后的净损益 F10 = SUM（H5:H9） = 10 000 元。

（10）信用政策决策 F11 = IF（F10 > 0，“新方案，改变信用政策”，“旧方案，不改变信用政策”）

= 新方案，改变信用政策

有了图 5−4 所示的信用政策基本模型和图 5−5 所示的应收账款信用政策决策模型，企业财务管理人员只需改变信用政策基本模型中相关信用条件，应收账款信用政策决策模型就会计算改变信用政策后的净损益，帮助企业财务管理人员快速做出应收账款信用政策决策。

五、应收账款的日常管理

对于已经发生的应收账款，企业还应进一步强化日常管理工作，采取有力的措施进行分析控制，及时发现问题，提前采取对策，这些措施有很多，这里主要介绍应收账款的账龄分析和对客户的信用分析评价。

（一）应收账款的账龄分析

企业已经发生的应收账款，时间有长有短，有的尚未超过收款期，有的则超过了收款期。一般来讲，拖欠时间越长，款项收回的可能性越小，形成坏账的可能性越大。对此，企业应实施严密的监督，随时掌握回收情况。实施对应收账款回收情况的监督，可以通过编制账龄分析表进行。

账龄分析表将应收账款划分为未到信用期的应收账款和以 30 天为间隔的逾期应收账款，这是衡量应收账款管理状况的一种方法。账龄分析法可以确定逾期应收账款，随着逾期时间的增加，应收账款收回的可能性变小。

（二）对客户的信用分析评价

1. 调查客户信用。信用调查是指收集和整理反映客户信用状况有关资料的工作。是企业应收账款日常管理的基础，是正确评价客户信用的前提条件。分为直接调查和间接调查。

（1）直接调查。调查人员通过与被调查单位进行直接接触，通过当面采访、询问、观看等方式获取信用资料的一种方法。

（2）间接调查。以被调查单位以及其他单位保存的有关原始记录和核算资料为基础，通过加工整理获得被调查单位信用资料的一种方法。

2. 评估客户信用。搜集好信用资料以后，就需要对这些资料进行分析、评价。企业一般采用“5C”系统来评价，并对客户信用进行等级划分。在信用等级方面，目前主要有两种：一种是三类九等，即：将企业的信用状况分为 AAA、AA、A；BBB、BB、B；CCC、CC、C 九等，其中 AAA 为信用最优等级，C 为信用最低等级。另一种是三级制，即：AAA、AA、A 三个信用等级。

第四节　存货管理与经济订货批量模型

一、存货管理的目标

存货，是指企业在日常活动中持有以备出售的产成品或商品、处于生产过程中的在产品、在生产过程或提供劳务过程中耗用的材料或物料等，包括原材料、燃料、低值易耗品、在产品、半成品、产成品、协作件、外购商品等。

如果工业企业能在生产投料时随时购入所需的原材料，或者商业企业能在销售时随时购入该项商品，就不需要存货。但实际上，企业总有储存存货的需要，并因此占用或多或少的资金。这种存货的需要出自以下原因：

（1）保证生产正常进行。生产过程中需要的原材料和在产品，是生产的物质保证，为保障生产的正常进行，必须储备一定量的原材料，否则可能会造成生产中断，停工待料现象。

（2）有利于销售。一定数量的存货储备，能够增加企业在生产和销售方面的机动性和适应市场变化的能力。当企业市场需求量增加时，若产品储备不足，就有可能失去销售良机，所以，保持一定量的存货是有利于市场销售的。

（3）便于维持均衡生产，降低产品成本。有些企业产品属于季节性产品或者需求波动较大的产品，此时，若根据需求状况组织生产，可能有时生产能力得不到充分利用，有时又超负荷生产，这会造成产品成本的上升。

（4）降低存货取得成本。一般情况下，当企业进行采购时，进货总成本与采购物资的单价和采购次数有密切关系。而许多供应商为鼓励客户多购买其产品，往往在客户采购量达到一定数量时，给予价格折扣，所以企业通过大批量集中进货，既可以享受价格折扣，降低购置成本；或因订货次数减少降低订货成本，使总的进货成本降低。

（5）防止意外事故的发生。企业在采购、运输、生产和销售过程当中，都可能发生意料之外的事故，保持必要的存货保险储备，可以避免和减少意外事件的损失。

存货管理水平的高低直接影响着企业的生产经营能否顺利进行，并最终影响企业的收益、风险等状况。因此，存货管理是财务管理的一项重要内容。

存货管理的目标，就是要尽力在各种存货成本与存货效益之间做出权衡，充分发挥功能的基础上，降低存货成本，实现两者的最佳结合。

二、存货管理的成本

与持有存货有关的成本，包括以下三种：

（一）取得成本

取得成本，只为取得某种存货而支出的成本，通常用 TC 来表示，其又分为订货成本和购置成本。

1. 订货成本。订货成本是指取得订单的成本，办公费、差旅费，邮资电报、电话费，运输费等支出。订货成本中有一部分与订货次数无关，如常设机构的基本开支等，称为固定的订货成本，用 F1 表示；另一部分与订货次数有关，如差旅费、邮资等，称为变动的订货成本，每次订货的变动成本用 K 表示。若存货年需要量确定，则订货次数等于存货年需要量 D 与每次进货量 Q 之商。订货成本的计算公式为：

$$订货成本 = F_1 + D \div Q \times K$$

2. 购置成本。购置成本指为购买存货本身所支出的成本，即存货本身的价值，经常用数量与单价的乘积来确定。年需要量用 D 表示，单价用 U 表示，购置成本的计算公式为：

$$购置成本 = D \times U$$

订货成本加上购置成本，就等于存货的取得成本，其公式可表达为：

$$\begin{aligned}取得成本 &= 订货成本 + 购置成本\\&= 订货固定成本 + 订货变动成本 + 购置成本\\&= F_1 + D \div Q \times K + DU\end{aligned}$$

（二）储存成本

储存成本是指为保持存货而发生的成本，包括存货占用资金所应计的利息，仓库费用、保险费用、存货破损和变质损失等等。

储存成本也分为固定成本和变动成本，固定成本与存货数量的多少无关，如仓库折旧、仓库职工的固定工资等，常用 F2 表示；变动成本与存货的数量有关，如存货资金的应计利息、存货的破损和变质损失、存货的保险费用等，单位成本用 K_c 来表示，平均储存量用 E 表示，用公式表达的储存成本为：

$$\begin{aligned}储存成本 &= 储存固定成本 + 储存变动成本\\&= F_2 + K_c \times E\end{aligned}$$

（三）缺货成本

缺货成本是指由于存货供应中断而造成的损失，包括材料供应中断造成的停工损失、产成品库存缺货造成的拖欠发货损失、丧失销售机会的损失、造成商誉的损失等。如果生产企业以紧急采购代替材料解决库存材料中断之急，那么，缺货成本表现为紧急额外购入成本。

企业存货的最优化，就是使企业存货相关总成本最小。

三、经济订货批量模型

存货的决策涉及四项内容：决定进货项目、选择供应单位、决定进货时间和决定进货批量。决定进货项目和选择供应单位是销售部门、采购部门和生产部门的职责。财务部门决定进货时间和进货批量。按照存货管理的目的，需要通过合理的进货批量和进货时间，使存货的总成本最低。这个进货批量叫作经济订货批量或经济批量。有了经济订货批量，可以很容易地找出最适宜的进货时间。

影响存货总成本的因素很多，为了解决比较复杂的问题，有必要简化或舍弃一些变量，先研究解决简单的问题，然后再扩展到复杂的问题。这需要设立一些假设，在此基础上建立经济订货批量的基本模型。

（一）经济订货批量基本模型

1. 基本假设。构建经济订货量基本模型需要设立的假设条件有：企业能够及时补充存货，即需要订货时可立即取得存货；能集中到货，而不是陆续入库。即货物是一次性入库；存货的耗用或销售比较均衡；不允许缺货，即无缺货成本，这是因为良好的存货管理本来就不应该出现缺货成本；存货的年需求量稳定，并且能够预测，即 D 是已知常量；存货单价不变，即 U 为已知常量；订货提前期是常量；库存储存成本与库存水平呈线性关系；所需存货市场供应充足，不会因买不到存货而影响其他方面。

2. 与决策相关的成本。设立了上述假设后，与决策相关的成本有变动订货成本和变动储存成本，而固定订货成本、固定储存成本和缺货成本属于与决策无关成本。因此，在这种模型下，经济订货批量就是变动订货成本和变动储存成本之和最小时的订货批量。

存货相关总成本与变动订货成本、变动储存成本之间的关系，如图 5－6 所示。

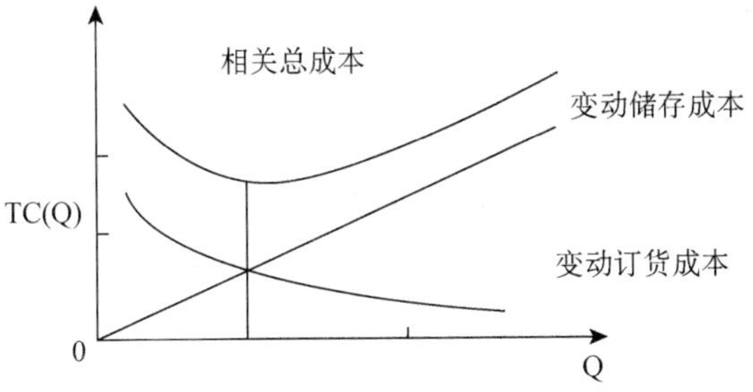

图 5－6　存货相关总成本与订货批量的关系

3. 经济订货量基本模型下相关指标的计算。

$$存货相关总成本\ TC = 变动订货成本 + 变动储存成本 = \frac{D}{Q} \times K + \frac{Q}{2} \times K_C$$

$$存货货相关总成本\ TC = \sqrt{2 \times K \times D \times K_C}$$

为了求出存货相关总成本的最小值，需要对其求一阶导数，可以得出以下结论：变动订货成本与变动储存成本相等时，存货管理的相关总成本最低，此时的订货批量为经济订货批量 Q。

$$经济订货批量\ Q = \sqrt{\frac{2KD}{K_C}}$$

最佳订货次数 $N = D \div Q$

最佳订货天数 $= 360 \div$ 最佳订货次数

经济订货量占用资金 = Q ÷ 2 × U

【例 5 - 4】某企业使用经济订货批量模型确定经济订货批量。该企业每年耗用某材料 360 000 千克，单位储存成本为 2 元，一次订货成本 100 元，单价 10 元/千克。请建立经济订货批量分析模型进行相关指标的分析。分析结果，如图 5 - 7 所示。

	A	B
1	年需求总量(千克)	360,000
2	单位储存成本(元)	2
3	订货成本(元/次)	100
4	单价(元/千克)	10
5	经济订货批量(千克)	6,000
6	经济订货量占用资金(元)	30,000
7	最佳订货次数(次)	60
8	最佳订货天数(天)	6
9	变动订货成本(元)	6,000
10	变动储存成本(元)	6,000
11	存货相关总成本(元)	12,000

图 5 - 7　经济订货批量分析模型

（1）在 Excel 中建立经济订货批量分析模型，输入已知参数。

（2）经济订货批量 B5 = SQRT （（2 × B1 × B3）/B2） = 6 000 千克

（3）经济订货量占用资金 B6 = B5/2 × B4 = 30 000 元

（4）最佳订货次数 B7 = B1/B5 = 60 次

（5）最佳订货天数 B8 = 360/B7 = 6 天

（6）变动订货成本 B9 = B7 × B3 = 6 000 元

（7）变动储存成本 B10 = B5/2 × B2 = 6 000 元

（8）存货相关总成本 B11 = SQRT （2 × B1 × B3 × B2） = 12 000 元

或存货相关总成本 B11 = SUM （B9:B10） = 12 000 元

有了图 5 - 7 所示的经济订货批量分析模型，企业财务管理人员只需改变经济订货批量分析模型中的已知参数，经济订货批量分析模型就会自动计算相关指标，帮助企业财务管理人员做出存货经济订货量的决策。

（二）经济订货批量基本模型的拓展

经济订货批量的基本模型是在前述各假设条件下建立的，但现实生活中能够满足这些假设条件的情况十分罕见。为使模型更接近于实际情况，具有较高的可用性，需逐一放宽假设，同时改进模型。

1. 订货提前期。一般情况下，企业的存货不能做到随用随时补充，因此，不能等存货用光再去订货，而需要在没有用完时提前订货。在提前订货的情况下，企业再次发出订单时，尚有存货的库存量，称为再订货点，用 R 表示。它的数量等于平均交货时间（L）和每日平均需用量（d）的乘积。计算公式为：

$$R = L \times d$$

续【例 5 - 4】资料，企业订货日期至到货日期的时间为 10 天，每日存货需要量为 10 千克，那么再订货点：R = L × d = 10 × 10 = 100 千克。

即企业在尚存 100 千克库存时，就应当再次订货，等到下批订货到达时（再次发出订货单 10 天后），原库存刚好用完。此时，有关存货的每次订货批量、订货次数、订货间隔时间等并无变化，与瞬时补充相同。这就是说，订货提前期对经济订货量并无影响，可仍以原来瞬时补充情况下的 6 000 千克为经济订货批量，只不过在达到再订货点（库存 100 千克）时即发出订货单罢了。

2. 存货陆续供应和使用。在建立存货模型时，是假设存货一次全部入库，故存货增加时存量变化为一条垂直线。事实上，各批存货可能陆续入库，使存量陆续增加。尤其是产成品入库和在产品转移，几乎总是陆续供应和陆续耗用的。在这种情况下，需要对基本模型做一些修改。

设每批订货数量为 Q，每日送货量为 P，每日耗用量为 d，单价为 U，变动订货成本 K，变动储存成本为 K_C，则存货陆续供应和使用拓展模型下相关指标的计算如下：

该批货物全部送达所需日数（送货期）$=Q\div P$

送货期内的全部耗用量 $=Q\div P\times d$

每批送完时最高库存量 $=Q-Q\div P\times d$

平均库存量 $=(Q-Q\div P\times d)\div 2$

与经济批量相关的总成本 = 变动订货成本 + 变动储存成本

$$TC(Q)=\frac{D}{Q}\times K+\frac{1}{2}\times\left(Q-\frac{Q}{P}\times d\right)\times K_C$$

$$=\frac{D}{Q}\times K+\frac{Q}{2}\times\left(1-\frac{d}{P}\right)\times K_C$$

$$TC(Q)=\sqrt{2\times K\times D\times K_C\times\left(1-\frac{d}{P}\right)}$$

变动订货成本等于变动储存成本时，相关的总成本最小，故存货陆续供应和使用经济订货批量的计算公式为：

变动订货成本 = 变动储存成本

$$\frac{D}{Q}\times K=\frac{Q}{2}\times\left(1-\frac{d}{P}\right)\times K_C$$

$$Q^*=\sqrt{\frac{2KD}{K_C}\times\frac{P}{P-d}}$$

【例 5－5】某零件年需用量为 7 200 件，每日送货量为 30 件，每日耗用量为 10 件，单价为 10 元，一次订货成本 24 元，单位储存成本为 4 元。请建立存货陆续供应和使用模型进行相关指标的分析。分析结果，如图 5－8 所示。

（1）在 Excel 中建立存货陆续供应和使用分析模型，输入已知参数。

（2）存货陆续供应和使用的经济订货批量 E7 = SQRT（（2 × E3 × E1）/E2 × E5/（E5 − E6））= 360 千克

（3）经济订货批量占用资金 E8 = E7/2 ×（1 − E6/E5）× E4 = 1200 元

（4）变动订货成本 E9 = E1/E7 × E3 = 480 元

（5）变动储存成本 E10 = E7/2 ×（1 − E6/E5）× E2 = 480 元

（6）存货陆续供应和使用的相关总成本 E11 = SQRT（2 × E3 × E1 × E2 ×（1 − E6/E5））= 960 元

	D	E
1	年需用量(件)	7,200
2	单位储存成本(元)	4
3	订货成本(元/次)	24
4	单价(元/千克)	10
5	每日送货量(件)	30
6	每日耗用量(件)	10
7	存货陆续供应和使用的经济订货批量(千克)	360
8	经济订货量占用资金(元)	1,200
9	变动订货成本(元)	480
10	变动储存成本(元)	480
11	存货陆续供应和使用的相关总成本(元)	960

图 5-8 存货陆续供应和使用分析模型

或 E11 = SUM (E9:E10) = 960 元

3. 保险储备。以前讨论假定存货的供需稳定且确知，即每日需求量不变，交货时间也固定不变。实际上，每日需求量可能变化，交货时间也可能变化。按照某一订货批量（如经济订货批量）和再订货点发出订单后，如果需求增大或送货延迟，就会发生缺货或供货中断。为防止由此造成的损失，就需要多储备一些存货以备应急之需，这称为保险储备(安全存量)。这些存货在正常情况下不动用，只有当存货过量使用或送货延迟时才动用。考虑了保险储备后，再订货点的计算公式为：

再订货点 = 平均交货时间 × 平均日需求量 + 保险储备

企业应保持多少保险储备才合适？这取决于存货中断的概率和存货中断的损失。建立保险储备，固然可以使企业避免缺货或供应中断造成的损失，但存货平均储备量加大却会使储备成本升高。因此，最佳的保险储备应该是缺货或供应中断损失和保险储备的储备成本之和达到最低。方法上可以先计算出各不同保险储备量的总成本，然后再对总成本进行比较，选定其中最低的。

如果假设与此有关的相关总成本为 TC，单位缺货成本为 K_U，一次订货缺货量的期望值为 S，年最佳订货次数为 N，保险储备量为 B，单位变动储存成本为 K_C，则：

TC = 缺货成本 + 保险储备的储存成本

= 年最佳订货次数 × 一次订货缺货量的期望值 × 单位缺货成本 + 保险储备量 × 单位变动储存成本

$= N \times S \times K_U + B \times K_C$

现实中，缺货量 S 具有概率性，其概率可根据历史经验估计得出；保险储备量 B 可选择而定。

【例 5-6】假定某存货的年需要量 D = 7 200 件，单位变动成本 K_C = 2 元，单位缺货成本 K_U = 4 元，交货时间 L = 10 天；已经计算出经济订货量 Q = 600 件，每年订货次数 N = 12 次，已知参数如图 5-9 所示，交货期内的存货需要量及其概率分布，如图 5-10 所示。请建立考虑保险储备的分析模型，计算保险储备量分别为 0 件、20 件、40 件、60 件时的总成本，确定最佳保险储备量。分析结果，如图 5-11 所示。

	A	B
1	年需用量(件)	7,200
2	单位储存成本(元)	2
3	单位缺货成本(元)	4
4	交货时间(天)	10
5	经济订货批量(件)	600
6	每年订货次数(次)	12

图 5-9　存货已知参数图

	D	E
1	需要量(10×d)	概率(P_i)
2	140	0.01
3	160	0.04
4	180	0.2
5	200	0.5
6	220	0.2
7	240	0.04
8	260	0.01

图 5-10　交货期内的存货需要量及其概率分布

	G	H	I	J	K
1	保险储备量(件)	0	20	40	60
2	再订货点(件)	200	220	240	260
3	缺货量期望值(件)	6.2	1.2	0.2	0
4	相关总成本(元)	297.6	97.6	89.6	120

图 5-11　最佳保险储备量及再订货点分析模型

（1）在 Excel 中建立最佳保险储备量及再订货点分析模型，在 H1:K1 中输入已知参数—保险储备量。

（2）计算不同保险储备量下的再订货点：

考虑保险储备的再订货点 = 交货时间 × 平均日需求量 + 保险储备

保险储备量 = 0 时，再订货点 H2 = $B$4 ×（$B$1/360）+ H1 = 200 件

保险储备量 = 20 时，再订货点 I2 = $B$4 ×（$B$1/360）+ I1 = 220 件

保险储备量 = 40 时，再订货点 J2 = $B$4 ×（$B$1/360）+ J1 = 240 件

保险储备量 = 60 时，再订货点 K2 = $B$4 ×（$B$1/360）+ K1 = 260 件

（3）计算不同保险储备量与再订货点下的缺货量期望值：

保险储备量 = 0，再订货点 = 200 时，需求量为 200 件及以下时不会发生缺货，其概率为 0.75（0.01 + 0.04 + 0.2 + 0.5）；当需求量为 220 件时，缺货 20 件（220 - 200），其概率为 0.2；当需求量为 240 件时，缺货 40 件（240 - 200），其概率为 0.04；当需求量为 260 件时，缺货 60 件（260 - 200），其概率为 0.01。因此，保险储备量 = 0，再订货点 = 200 时的缺货量期望值为：缺货数量与其概率之积的和，即：20 × 0.2 + 40 × 0.04 + 60 × 0.01 = 6.2 件

缺货量期望值 H3 = SUMPRODUCT（D6:D8 - $H$2，E6:E8）= 6.2 件

保险储备量 = 20，再订货点 = 220 时，计算原理同上。缺货量期望值计算如下：

I3 = SUMPRODUCT（D7:D8 - $I$2，E7:E8）= 1.2 件

保险储备量 =40，再订货点 =240 时，计算原理同上。缺货量期望值计算如下：

J3 = SUMPRODUCT（D8 - J2，E8） =0.2 件

保险储备量 =60，再订货点 =260 时，计算原理同上。缺货量期望值 K3 =0 件

（4）计算不同保险储备量与再订货点下的相关总成本：

相关总成本 = 缺货成本 + 保险储备的储存成本

= 年最佳订货次数 × 一次订货缺货量期望值 × 单位缺货成本 + 保险储备量 × 单位变动储存成本

保险储备量 =0，再订货点 =200 时，相关总成本 H4 = \$B\$6 × H3 × \$B\$3 + H1 × \$B\$2 = 297.6 元

保险储备量 =20，再订货点 =220 时，相关总成本 I4 = \$B\$6 × I3 × \$B\$3 + I1 × \$B\$2 = 97.6 元

保险储备量 =40，再订货点 =240 时，相关总成本 J4 = \$B\$6 × J3 × \$B\$3 + J1 × \$B\$2 = 89.6 元

保险储备量 =60，再订货点 =260 时，相关总成本 K4 = \$B\$6 × K3 × \$B\$3 + K1 × \$B\$2 = 120 元

（5）最佳保险储备量及再订货点决策

当保险储备量 =40，再订货点 =240 时，相关总成本最低为 89.6 元。所以应确定保险储备量为 40 件，或者说应确定以 240 件为再订货点。

四、存货的日常管理

存货日常管理的目标是在保证企业生产经营正常进行的前提下，尽量减少库存，防止积压。实践中形成的行之有效的管理方法有多种，下面介绍两种方法。

（一）ABC 分类法

ABC 分类法就是把企业种类繁多的存货，依据其重要程度，价值大小，或者资金占用等标准分为三大类：A 类高价值库存，品种数量占整个库存的 10% ~15%，但价值占全部库存的 50% ~70%；B 类中等价值库存，品种数量占全部库存的 20% ~25%，价值占全部库存的 15% ~20%；C 类低价值库存，品种数量多，占整个库存的 60% ~70%，价值占全部库存的 10% ~35%。针对不同类别的库存，分别采用不同的管理方法，A 类库存应作为管理的重点，实行重点控制，严格管理，而对 B 类和 C 类库存的重视程度则可依次降低，采取一般管理。

（二）适时制库存控制系统

适时制库存控制系统在我国早就引进了，又称零库存管理或者看板管理系统。它最早是由丰田公司提出并将其应用于实践，是指制造企业事先和供应商客户协调好，只有当制造企业在生产过程中需要原料或零件时，供应商才会将原料和零件送来，而每当产品生产出来就被客户拉走，这样制造企业的库存持有水平就可以大大下降。显然，适时制库存控制系统需要的是稳定而标准的生产程序以及供应商的诚信。否则，任何一环出现差错将导致整个生产线停止。目前，已有越来越多的公司利用适时制库存控制系统减少甚至消除对库存的需求，即实行零库存管理。如沃尔玛、丰田、海尔等。适时制库存控制系统进一步的发展被应用于

企业生产管理过程中，集开发、生产、库存和分销于一体，大大提高了企业运营管理效率。

第五节　流动负债管理

流动负债所筹集资金的可使用时间较短，一般不超过一年。当企业因季节性或周期性的经营活动而出现资金需求时，流动负债筹资方式是较为恰当的途径。其具体形式主要有商业信用、短期借款、发行短期融资券及应收账款保理等，下面主要介绍短期借款和商业信用。

一、短期借款

企业的借款通常按其流动性或偿还时间的长短，划分为短期借款和长期借款。短期借款是指企业向银行或其他金融机构借入的期限在 1 年（含 1 年）以下的各种借款。

（一）短期借款的种类

我国目前的短期借款，按照目的和用途分为生产周转借款、临时借款、结算借款等等。按照国际通行做法，短期借款还可以依偿还方式的不同，分为一次性偿还借款和分期偿还借款；按照利息支付方法的不同，分为收款法借款、贴现法借款和加息法借款；按照有无担保分为抵押借款和信用借款等。

企业在申请借款时，应根据各种借款的条件和需要加以选择。

（二）短期借款的信用条件

按照国际通行做法，银行发放短期借款往往会带有一定的信用条件，主要有以下几种：

1. 信贷限额。信贷限额是银行对借款人规定的无担保贷款的最高限额。信贷限额的有效期限通常为 1 年，但根据情况也可延期 1 年。一般来讲，企业在批准的信贷额限额内，可随时使用银行借款。但是，银行并不承担必须提供全部信贷限额的义务。如果企业信誉恶化，即使银行曾同意按信贷限额提供贷款，企业也可能得不到借款。这时，银行不会承担法律责任。

2. 周转信贷协定。周转信贷协定是银行具有法律义务地承诺提供不超过某一最高限额的贷款协定。在协定有效期内，只要企业的借款总额未超过最高限额，银行必须满足企业任何时候提出的借款要求。企业享用周转信贷协定，通常要就贷款限额的未使用部分付给银行一笔承诺费。

例如，某周转信贷额为 5 000 万元承诺费率为 0.6%，借款企业年度内实际使用了 4 000 万元，余额 1 000 万元，借款企业该年度就要向银行支付承诺费 6 万元（1 000 ×0.6%），这是银行向企业提供此项贷款的一种附加条件。

信贷协定的有效期通常超过 1 年，但实际上贷款每几个月发放一次，所以这种信贷具有短期和长期借款的双重特点。

3. 补偿性余额。补偿性余额是银行要求借款企业在银行中保持按贷款限额或实际贷款额一定百分比（一般为 10% ~20%）的最低存款余额。从银行的角度讲，补偿性余额可降低贷款风险，补偿遭受的贷款损失；对于借款企业来讲，补偿性余额则提高了借款的实际利率，加重了企业的负担。

例如，某企业按年利率 8% 向银行借款 100 万元，银行要求维持贷款限额 20% 的补偿性余额，那么企业实际可用的借款只有 80 万元，该项借款的实际利率为：

$$实际利率 = \frac{100 \times 8\%}{100 \times (1 - 20\%)} = 10\%$$

4. 借款抵押。银行向风险较大的企业或对其信誉不甚有把握的企业发放贷款，有时需要有抵押品担保，以减少自己蒙受损失的风险。短期借款的抵押品经常是借款企业的应收账款、存货、股票、债券等。银行接受抵押品后，将根据抵押品的面值决定贷款金额，一般为抵押品面值的 30% ~90%。这一比例的高低，取决于抵押品的变现能力和银行的风险偏好。抵押借款的成本通常高于非抵押借款，这是因为银行主要向信誉好的客户提供非抵押贷款，而将抵押贷款看成是一种风险投资，故而收取较高的利率；同时银行管理抵押贷款要比管理非抵押贷款困难，为此往往另外收取手续费。企业向贷款人提供抵押品，会限制其财产的使用和将来的借款能力。

5. 偿还条件。贷款的偿还有到期一次偿还和在贷款期内定期（每月、季）等额偿还两种方式。一般来讲，企业不希望采用后一种偿还方式，因为这会提高借款的实际利率；而银行不希望采用前一种偿还方式，是因为这会加重企业的财务负担，增加企业的拒付风险，同时会降低实际贷款利率。

6. 其他承诺。银行有时还要求企业为取得贷款而做出其他承诺，如及时提供财务报表、保持适当的财务水平（如特定的流动比率）等。如企业违背所作出的承诺，银行可要求企业立即偿还全部贷款。

（三）短期借款利率及支付方式

1. 借款利率。借款利率分为以下三种：

（1）优惠利率。优惠利率是银行向财力雄厚，经营状况好的企业贷款时采用的利率，为贷款利率的最低限。

（2）浮动优惠利率。浮动优惠利率是一种随其他短期利率的变动而浮动的优惠利率，即随市场条件的变化而随时调整变化的优惠利率。

（3）非优惠利率。非优惠利率是银行贷款给一般企业时收取的高于优惠利率的利率。这种利率经常在优惠利率的基础上加一定的百分比。比如，银行按高于优惠利率 1% 的利率向某企业贷款，若当时的最优利率为 7%，该企业贷款收取的利率即为 8%；若当时的最优利率为 6.5%，向该企业贷款收取的利率即为 7.5%。非优惠利率与优惠利率之间差距的大小，由借款企业的信誉、与银行的往来关系及当时的信贷状况所决定。

2. 借款利息的支付方法。一般来讲，借款企业可以用三种方法支付银行贷款利息。

（1）收款法。收款法是在借款到期时向银行支付利息的方法。银行向工商企业发放贷款，大多采用这种方法收息。采用收款法，借款的实际利率等于借款的名义利率。

（2）贴现法。贴现法是银行向企业发放贷款时，先从本金中扣除利息部分，而到期时借款企业则要偿还贷款全部本金的一种计息方法。采用这种方法，企业可利用贷款额只有本金减去利息部分后的差额，因此，贷款的实际利率高于名义利率。

例如，某企业从银行取得借款 10 000 元，期限 1 年，年利率（即名义利率）为 9%，利息额 900 元；按照贴现法付息，企业实际可利用的贷款额为 9 100 元（10 000 - 900），该项贷款的实际利率为：

$$实际利率 = \frac{900}{9\ 100} \times 100\% = 9.89\%$$

（3）加息法，加息法是银行发放分期等额偿还贷款时采用的利息收取方法。在分期等额偿还贷款的情况下，银行要将根据名义利率计算的利息加到贷款本金上，计算出贷款的本息和，要求企业在贷款期内分期偿还本息之和的金额，由于贷款分期均衡偿还，借款企业实际上只大约平均使用了贷款本金的半数，却支付全额利息，这样，企业负担的实际利率高于名义利率大约一倍。

例如，某企业借入名义年利率为10%的贷款20 000元，分12个月等额偿还本息。该项借款的实际利率为：

$$实际利率 = \frac{20\ 000 \times 10\%}{20\ 000 \div 2} \times 100\% = 20\%$$

（四）短期借款筹资的优缺点

1. 短期借款筹资的优点。银行资金充足，实力雄厚，能随时为企业提供较多的短期借款；银行短期借款具有较好的弹性，可在资金需要增加时借入，在资金需要减少时还款。

2. 短期借款筹资的缺点。与其他筹资方式相比，短期投资风险大、限制较多。

二、商业信用

（一）商业信用的概念及形式

商业信用是指在商品交易中由于延期付款或预收货款所形成的企业间的借贷关系。商业信用产生于商品交换之中，是所谓的“自发性筹资”。虽然按照惯例，经常把它归入经营性流动负债，但严格说来它是企业主动选择的一种筹资行为，并非完全不可控的自发行为。商业信用运用广泛，在短期负债筹资中占有相当大的比重。

商业信用筹资的优越性：首先是容易取得，对于多数企业来说，商业信用是一种持续性的信贷形式，且无须办理正式筹资手续；其次，如果没有现金折扣或使用不带息票据，商业信用筹资不负担成本。商业信用筹资的缺陷是：如果有现金折扣，放弃现金折扣时所付出的成本较高。

商业信用的具体形式有应付账款、应付票据、预收账款等。

1. 应付账款。应付账款是企业购买货物暂未付款而欠对方的账款，即卖方允许买方在购货后一定时期内支付货款的一种形式。卖方利用这种方式促销，而对买方来说，延期付款则等于向卖方借用资金购进商品，可以满足短期的资金需要。

与应收账款相对应，应付账款也有付款期、折扣等信用条件。应付账款可以分为：免费信用，即买方企业在规定的折扣期内享受折扣而获得的信用；有代价信用，即买方企业放弃折扣付出代价而获得的信用；展期信用，即买方企业超过规定的信用期推迟付款而强制获得的信用。

2. 应付票据。应付票据是企业进行延期付款商品交易时开具的反映债权债务关系的票据。根据承兑人的不同，应付票据分为商业承兑汇票和银行承兑汇票两种。支付期最长不超过6个月。应付票据可以带息也可以不带息。应付票据的利率一般比银行借款的利率低，且不用保持相应的补偿余额和支付协议费，所以应付票据的筹资成本低于银行借款成本。但是，应付票据到期必须归还，如若延期便要交付罚金，因而风险较大。

3. 预收账款。预收账款是卖方企业在交付货物之前向买方预先收取部分或全部货款的信用形式。对于卖方来讲，预收账款相当于向买方借用资金后用货物抵偿。预收账款一般用于生产周期长、资金需要量大的货物销售。

此外，企业往往还存在一些在非商品交易中产生但亦为自发性筹资的应付费用，如应付职工薪酬、应交税费、其他应付款等。应付费用使企业受益在前、费用支付在后，相当于享用了收款方的借款，一定程度上缓解了企业的资金需要。应付费用的期限具有强制性，不能由企业自由斟酌使用，但通常不需花费代价。

（二）应付账款的成本

企业赊购商品时，销货方会在付款时间和现金折扣上对购货方作出具体规定，此规定即为信用条件。因此，购货方应选择对自己最有利的信用条件、付款时间和付款金额，为此需要进行决策，决策时需考虑应付账款的成本。

1. 如果销货方给购货方的信用条件是“延期付款、无折扣”。例如，某企业按“n/30”的条件赊购货物20万元。如果该企业在第30天付款20万元，相当于该企业向销货方借了20万元，使用了30天，没有向销货方支付利息及手续费，那么该企业利用应付账款筹资无成本。

2. 如果销货方给购货方的信用条件是“延期付款、有折扣”。购货方在规定的折扣期内享受折扣，企业利用应付账款筹资无成本。例如，某企业按“2/10，n/30”的条件赊购货物20万元。如果该企业享受折扣，就应该在第10天付款19.6万元，相当于该企业向销货方借了19.6万元，使用了10天，没有向销货方支付利息及手续费，那么该企业利用应付账款筹资无成本。因此，也可以将19.6万元作为“免费信用”。

购货方放弃折扣，则企业利用应付账款筹资有成本（机会成本）。例如，某企业按“2/10，n/30”的条件赊购货物20万元。如果该企业放弃折扣，就应该在第30天付款20万元。理论上讲，销货方给购货方折扣，购货方就应享受折扣（或免费信用），但购货方放弃了该折扣，相当于购货方在第10天向销货方借了19.6万元，使用了20天向销货方支付利息0.4万元，那么该企业（购货方）利用应付账款筹资有成本（机会成本）。该企业放弃折扣所负担的（年）机会成本率计算如下：

$$\text{机会成本率}=\frac{0.4}{19.6}\times\frac{360}{20}\times100\%=\frac{2\%}{1-2\%}\times\frac{360}{30-10}\times100\%=36.73\%$$

由此可知，放弃现金折扣的机会成本率的计算公式如下：

$$\frac{\text{折扣百分比}}{1-\text{折扣百分比}}\times\frac{360}{\text{信用期(或付款期)}-\text{折扣期}}\times100\%$$

公式表明，放弃现金折扣的机会成本率与折扣百分比的大小、折扣期的长短同方向变化，与信用期（或付款期）的长短反方向变化。

（三）利用应付账款成本的决策

一般来说，有以下几种情况：

第一，如果能以低于放弃现金折扣的机会成本的利率借入资金，便应在现金折扣期内用借入的资金支付货款，享受现金折扣。

第二，如果在折扣期内将应付账款用于短期投资，所得的投资收益率高于放弃折扣的机会成本率，则应放弃折扣而去追求更高的收益。

第三，如果企业因缺乏资金而欲展延付款期，即在信用期之后付款，则需在降低放弃折扣成本与展延付款带来的损失之间做出选择。展延付款带来的损失主要是指因企业信誉恶化而丧失供应商乃至其他贷款人的信用，或日后招致苛刻的信用条件。

第四，如果面对两家以上提供不同信用条件的卖方，应通过衡量放弃折扣机会成本率的大小，选择机会成本率最小（或所获利益最大）的一家。

（四）应付账款成本决策分析模型

【例5-7】某企业购买货物100 000元，甲供货商提出了“2/10，n/50”的信用条件，如果该企业放弃折扣在第30天付款，请建立应付账款成本的决策分析模型，计算放弃现金折扣的机会成本率；如果同期短期借款年利率为12%，请为购货企业做出享受折扣还是放弃折扣的决策。分析结果，如图5-12所示。

	A	B
1	项目	甲供货商
2	折扣期(天)	10
3	信用期(天)	50
4	付款期(天)	30
5	现金折扣百分比	2%
6	应付账款(元)	100,000
7	同期短期借款年利率	12%
8	放弃现金折扣的成本(%)	36.73%
9	利用现金折扣的决策	借入资金，享受折扣

图5-12　应付账款成本决策分析模型1

（1）在Excel中建立应付账款成本决策分析模型1，输入已知参数。

（2）放弃现金折扣的机会成本率B8 = B5/（1 - B5）×360/（B4 - B2）=36.73%

（3）利用现金折扣的决策原理：如果能以低于放弃现金折扣的机会成本的利率借入资金，便应在现金折扣期内用借入的资金支付货款，享受现金折扣。

B9 = IF（B8 > B7，“借入资金，享受折扣”，“放弃折扣”）=借入资金，享受折扣

【例5-8】某企业购买货物100 000元，乙供货商提出了“1/20，n/40”的信用条件，如果该企业放弃折扣在第40天付款，请计算放弃现金折扣的机会成本率，如果该企业延期至第50天付款，请建立应付账款成本决策分析模型，计算放弃现金折扣的机会成本率；如果同期短期投资年收益率为20%，请为购货企业做出享受折扣还是放弃折扣的决策。分析结果，如图5-13所示。

（1）在Excel中建立应付账款成本决策分析模型2，输入已知参数。

（2）在信用期付款，放弃现金折扣的机会成本率：E8 = $E$5/（1 - $E$5）×360/（E3 - $E$2）=18.18%

（3）在第50天付款，放弃现金折扣的机会成本率：

E9 = $E$5/（1 - $E$5）×360/（E4 - $E$2）=12.12%

买方企业在信用期之后付款，则需在降低了放弃折扣成本与展延付款带来的损失之间做出选择。

	D	E
1	项目	乙供货商
2	折扣期(天)	20
3	信用期(天)	40
4	付款期(天)	50
5	现金折扣百分比	1%
6	应付账款(元)	100,000
7	同期短期投资年收益率(%)	20%
8	在信用期付款，放弃现金折扣的成本(%)	18.18%
9	在第50天付款，放弃现金折扣的成本(%)	12.12%
10	利用现金折扣的决策	放弃折扣

图 5－13　应付账款成本决策分析模型 2

（4）利用现金折扣的决策原理：如果在折扣期内将应付账款用于短期投资，所得的投资收益率高于放弃折扣的机会成本率，则应放弃折扣而去追求更高的收益；反之，则应借入资金销售折扣。

E10 = IF（E8 > E7，“借入资金，享受折扣”，“放弃折扣”） = 放弃折扣

【例 5－9】某企业购买货物 100 000 元，甲供货商提出了“2/10，n/50”的信用条件，乙供货商提出了“1/20，n/40”的信用条件，请建立应付账款成本决策分析模型，计算该企业在不同信用条件下放弃现金折扣的机会成本率，为购货企业选择供货商。分析结果，如图 5－14 所示。

	G	H	I
1	项目	甲供货商	乙供货商
2	折扣期(天)	10	20
3	信用期(天)	50	40
4	现金折扣百分比	2%	1%
5	应付账款(元)	100,000	100,000
6	同期短期借款年利率/短期投资年收益率(%)	20%	20%
7	放弃现金折扣的成本(%)	18.37%	18.18%
8	利用现金折扣的决策	放弃折扣	放弃折扣
9	如果放弃折扣，供货商的选择	乙供货商	

图 5－14　应付账款成本决策分析模型 3

（1）在 Excel 中建立应付账款成本决策分析模型 3，输入已知参数。

（2）不同信用条件下放弃现金折扣的机会成本率：

H7 = H4/（1 － H4）×360/（H3 － H2）= 18.37%

I7 = I4/（1 － I4）×360/（I3 － I2）= 18.18%

（3）利用现金折扣的决策原理：第一，如果能以低于放弃现金折扣的机会成本的利率借入资金，使应在现金折扣期内用借入的资金支付货款，享受现金折扣；第二，如果在折扣期内将应付账款用于短期投资，所得的投资收益率高于放弃折扣的机会成本率，则应放弃折

扣而去追求更高的收益。

H8 = IF（H7 > H6，“借入资金，享受折扣”，“放弃折扣”）= 借入资金，享受折扣

I8 = IF（I7 > I6，“享受折扣”，“放弃折扣”）= 放弃折扣

（4）如果放弃折扣，供货商选择的决策原理：放弃折扣应选择机会成本率小的供货商

H9 = IF（H7 > I7，“乙供货商”，“甲供货商”）= 乙供货商

本章小结

本章首先介绍了营运资金管理概述；其次，介绍了现金管理及最佳现金持有量模型的设计方法；第三，介绍了应收账款管理及应收账款信用政策决策模型的设计方法；第四，介绍了存货管理及经济订货批量模型的设计方法；第五，介绍了流动负债管理及应付账款成本决策分析模型的设计方法。

一、本章关键词

营运资金　流动资产　流动负债　相关成本　最佳现金持有量　经济订货批量
信用政策　应收账款机会成本　商业信用　应付账款的成本

二、思考题

1. 简述营运资金的特点。
2. 简述企业持有现金的动机与现金管理的成本。
3. 在成本分析模式与存货模式下，确定最佳现金持有量时的相关成本分别是什么？
4. 简述企业持有应收账款的动机与应收账款管理的成本。
5. 如何制定应收账款的信用政策？
6. 简述企业持有存货的动机与存货管理的成本。

三、基础训练

1. 甲企业有四种现金持有方案，它们各自的平均持有量、管理成本、短缺成本，如表5－3所示。假设现金的机会成本率为12%。请使用成本分析模式，建立最佳现金持有量分析模型，确定现金最佳持有量。

表5－3　现金持有方案　　单位：元

方案项目	甲	乙	丙	丁
现金平均持有量	25 000	50 000	75 000	100 000
机会成本	3 000	6 000	9 000	12 000
管理成本	20 000	20 000	20 000	20 000
短缺成本	12 000	6 750	2 500	0
合计	35 000	32 750	31 500	32 000

2. 某公司使用存货模型确定最佳现金持有量。根据有关资料分析，2×21年该公司全年现金需求量为16 200万元，每次现金转换的成本为0.4万元，持有现金的机会成本率为10%。

请建立最佳现金持有量存货分析模型，确定该公司的最佳现金持有量、最佳交易次数、最佳交易天数、交易成本、机会成本及相关总成本。

3. 乙公司2×21年采用“n/30”的信用政策，全年销售额（全部为赊销）为10 000万元，平均收现期为40天。2×22年初，乙公司为了尽早收回货款，提出了“2/10，n/30”的信用政策。新的折扣条件对销售额没有影响，但坏账损失和收账费用共减少200万元。预计占销售额一半的客户将享受现金折扣优惠，享受现金折扣的客户均在第10天付款；不享受现金折扣的客户，平均付款期为40天。该公司的资本成本为15%，变动成本率为60%。假设一年按360天计算，不考虑增值税及其他因素的影响。请建立应收账款信用政策决策模型，计算信用政策改变带来的损益，判断是否应该改变信用政策。

4. 某企业使用经济订货批量模型确定经济订货批量。该企业每年耗用某材料720 000千克，单位储存成本为2元，一次订货成本200元，单价20元/千克。请建立经济订货批量分析模型，计算经济订货批量、经济订货量占用资金、最佳订货次数、最佳订货天数、变动订货成本、变动储存成本及存货相关总成本。

5. 某公司A零件年需用量为3 600件，每日送货量为30件，每日耗用量为10件，单价为10元，一次订货成本24元，单位储存成本为2元。请建立存货陆续供应和使用模型，计算存货陆续供应和使用的经济订货批量、经济订货量占用资金、变动订货成本、变动存储成本及存货陆续供应和使用的相关总成本。

6. 假定某存货的年需要量D=3 600件，一次订货成本K=25元，单位变动成本$K_C=2$元，单位缺货成本$K_U=4$元，交货时间L=10天；已经计算出经济订货量Q=600件，每年订货次数N=12次，已知参数如表5-4所示，交货期内的存货需要量及其概率分布如表5-5所示。请建立考虑保险储备的分析模型，计算保险储备量分别为0件、10件、20件、30件时的总成本，确定最佳保险储备量。

表5-4　　已知参数表

年需用量（件）	3 600
单位储存成本（元）	2
单位缺货成本（元）	4
交货时间（天）	10
经济订货批量（件）	600
每年订货次数（次）	12

表5-5　　某存货交货期内的存货需要量及其概率分布

需要量（10×d）	70	80	90	100	110	120	130
概率（P）	0.01	0.04	0.20	0.50	0.20	0.04	0.01

7. 某企业购买货物300 000元。

（1）甲供货商提出了“2/10，n/30”的信用条件，同期短期借款年利率为20%，请分析在甲供货企业的信用条件下，购货企业应享受折扣还是应该放弃折扣？

（2）乙供货商提出了“1/15，n/30”的信用条件，同期短期投资年收益率为20%，请分析在乙供货企业的信用条件下，购货企业应享受折扣还是应该放弃折扣？如果购货企业在第40天支付货款，请计算其放弃现金折扣的成本。

（3）请为购货企业选择供货商。

第六章　销售预测与利润管理模型

学习目标

知识目标： 通过本章学习，要求学生了解销售预测与利润管理模型的基本功能、意义；熟悉建立模型使用的主要工具与方法；熟悉本量利分析基本模型、基本的损益方程式、边际贡献方程式、保本分析与保利分析；掌握销售预测模型的设计；掌握销售预测函数——TREND( )函数、GROWTH( )函数、FORECAST( )函数的语法、功能及其在模型中的应用；掌握利润管理本量利分析模型的设计和应用；掌握目标利润敏感性分析模型的设计和应用；掌握单变量求解工具在目标利润敏感性分析模型中的应用。

能力目标： 熟练运用 TREND( )函数、GROWTH( )函数、FORECAST( )函数进行销售预测；可以设计销售预测模型；可以设计利润管理本量利分析模型与目标利润敏感性分析模型。

第一节　销售预测与利润管理模型概述

一、建立销售预测与利润管理模型的意义

在经济全球化的背景下，市场竞争日趋激烈。如何在不断变化的经营环境中保持竞争优势，是大多数企业需要解决的问题。企业必须形成以客户为中心的服务理念，销售管理在企业经济活动中的地位越来越重要。为了实现目标利润，不断提高利润水平，企业必须加强对利润的预测和管理。销售预测模型，以企业关注的销售经营情况为切入点进行分析，正确评价企业过去的经营业绩，全面反映企业销售业务现状，准确预测销售业务的发展潜力，为企业后续的财务预算提供数据支持；利润管理的本量利分析模型，可以通过改变影响企业利润的各种因素，分析影响企业利润的真正原因，为指导企业调整销售计划与销售策略，提高销售与利润的管理和控制水平服务；目标利润的敏感性分析模型，通过单变量求解工具的应用，帮助财务管理人员完成目标利润的敏感性分析工作，即：根据企业设定的目标利润，财务管理人员对影响利润的销售量、销售收入、成本等各种因素进行分析和合理的安排，以实现目标利润。

二、销售预测与利润管理模型的基本功能

（一）销售预测模型

销售预测模型主要利用销售预测函数与预测数据分析工具的应用，进行销售预测。销售预测函数包括 TREND( ) 函数、GROWTH( ) 函数、FORECAST( ) 函数。销售预测数据分析工具的应用，是通过建立反映销售变动情况的一元回归直线方程 y = a + bx 进行销售预测，或使用移动平均分析工具、指数平滑分析工具进行销售预测。

（二）利润管理模型

1. 本量利分析模型。本量利分析模型通过对销售量、价格、单位变动成本、固定成本与利润的分析，帮助企业财务人员确定盈亏临界点，即：企业收入和成本相等时的经营状态。通常用保本量或保本额来表示，即：利润（息税前利润）为零时的销售数量和销售额。

2. 目标利润的敏感性分析模型。目标利润的敏感性分析模型通过单变量求解工具的应用，帮助企业财务人员完成目标利润的敏感性分析工作，即：根据企业设定的目标利润，财务管理人员对影响利润的销售量、销售收入、成本等各种因素进行分析和合理的安排，以实现目标利润。

三、主要工具与方法

Excel2016 中的“移动平均分析”“指数平滑分析”“回归分析”“规划求解”等分析工具在进行复杂统计分析时可节省不少时间，只需为每一个分析工具提供必要的参数，就可以在表格中显示相应的结果。分析工具库是以插件形式加载的，是 Excel 的一个可选安装模块，在安装 Microsoft Excel 时，如果采用“典型安装”，则数据分析与规划求解工具没有被安装；只有在选择“完全/定制安装”时才可以选择安装这个模块，所以，在使用前要完成安装。

（一）加载数据分析与规划求解项

第一，打开一个 Excel 工作簿，单击【文件】按钮，如图 6－1 所示。

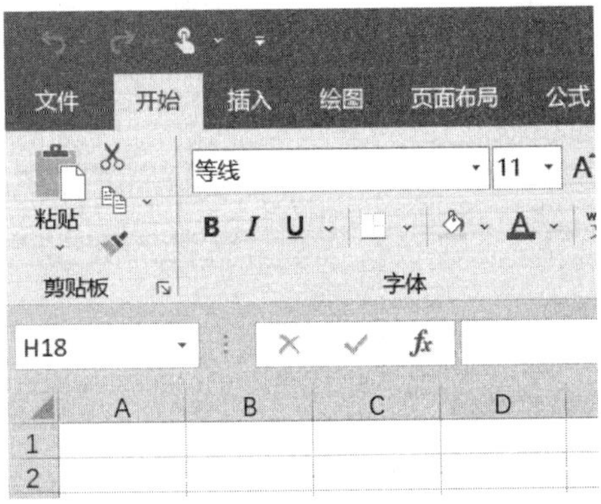

图 6－1　单击【文件】按钮

第二，在左侧单击【选项】命令，如图 6－2 所示。

图 6－2　单击【选项】命令

第三，弹出【Excel 选项】对话框，切换到【加载项】选项卡，在【管理】下拉列表中选择【Excel 加载项】选项，单击【转到】按钮，如图 6－3 所示。

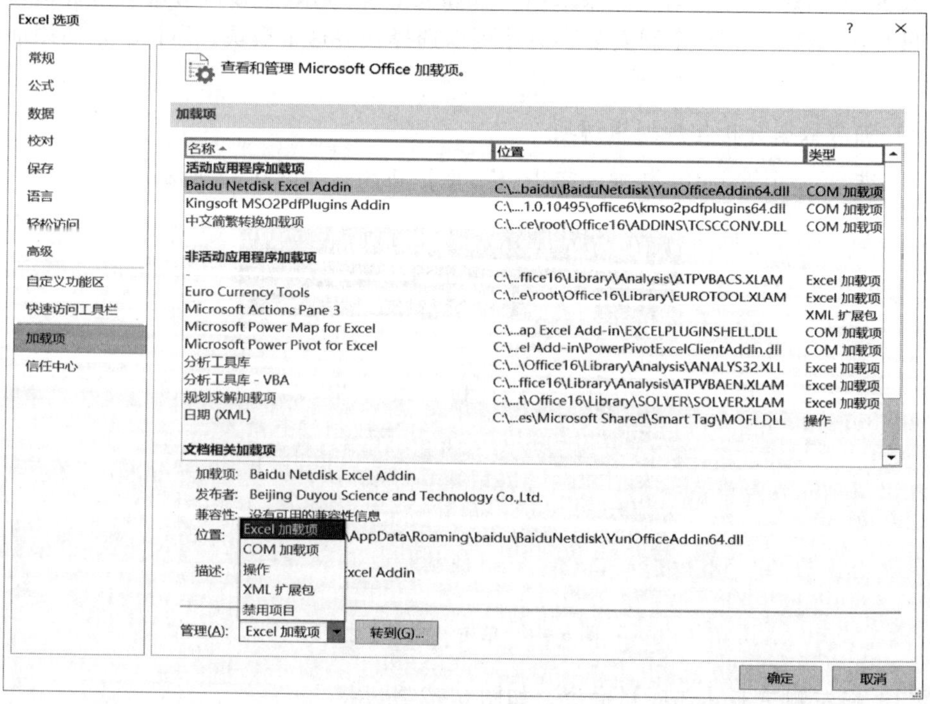

图 6－3　选择【Excel 加载项】选项并单击【转到】按钮

第四，弹出【加载宏】对话框，勾选【分析工具库】与【规划求解加载项】复选框，单击【确定】按钮，如图 6－4 所示。

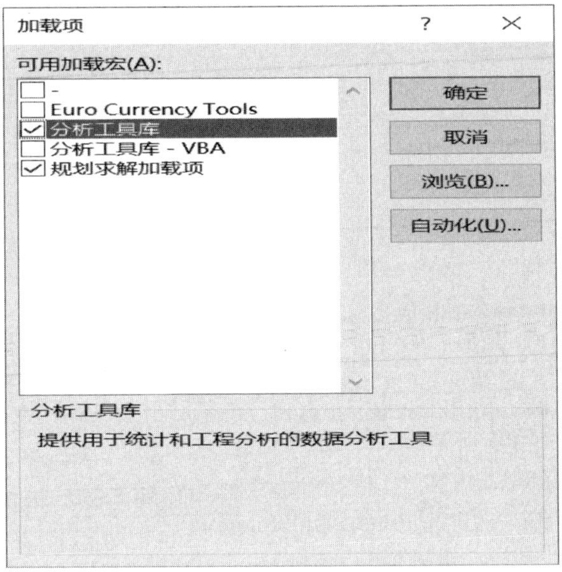

图 6－4　选择【分析工具库】与【规划求解加载项】

第五，通过以上操作后，【数据】选项卡中会显示出添加的【数据分析】与【规划求解】功能，如图 6－5 所示。

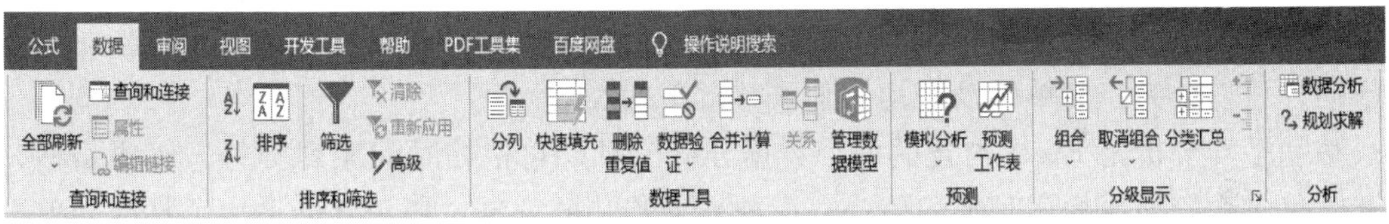

图 6－5　【数据分析】与【规划求解】功能

第六，单击【数据分析】按钮，会弹出工具库内的分析工具，选择性使用即可，如图 6－6 所示。同理，单击【规划求解命令】，可进行规划求解分析，如图 6－7 所示。

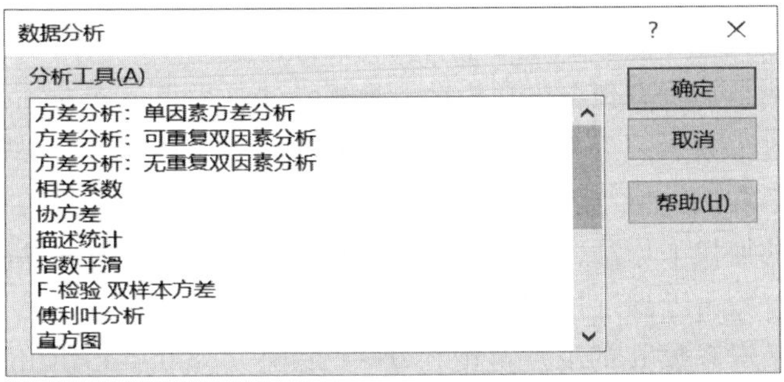

图 6－6　【数据分析】对话框

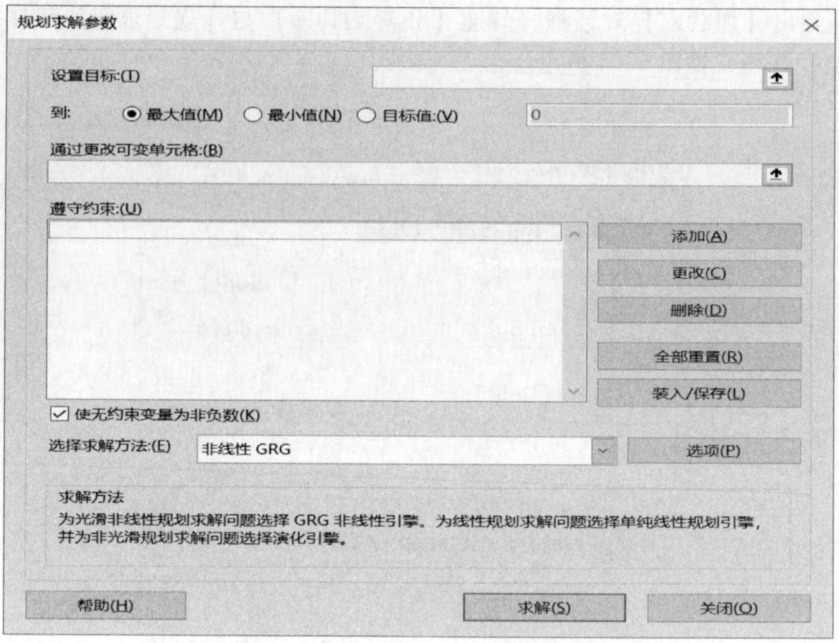

图 6-7　【规划求解参数】对话框

（二）移动平均分析工具

移动平均法是用一组最近的实际数据值来预测未来一期或几期内公司产品需求量、公司产能等的一种常用方法。当产品需求既不快速增长也不快速下降，且不存在季节性因素影响时，移动平均法能有效地消除预测中的随机波动。移动平均法根据预测时使用的各元素的权重不同，可以分为：简单移动平均和加权移动平均。

移动平均分析是 Excel 内置的一个数据分析工具，它根据时间序列资料、逐项推移，依次计算包含一定项数的序时平均值，以反映长期趋势的方法。使用移动平均工具可以预测销售量、库存、人力资源效益或其他趋势。

（三）指数平滑分析工具

指数平滑法根据本期实际值和预测值，借助平滑系数（α）进行加权平均计算，预测下一期的值。它是对时间序列数据给予加权平滑，从而获得其变化规律与趋势。

指数平滑法是一种特殊的加权移动平均法，是生产预测中常用的一种方法，也用于中短期经济发展趋势预测，在所有预测方法中，指数平滑法是用得最多的一种。简单的全期平均法是对时间数列的过去数据一个不漏地全部加以同等利用；移动平均法则不考虑较远期的数据，并在加权移动平均法中给予近期资料更大的权重；而指数平滑法是从移动平均法发展而来的，是一种改良的加权平均法，在不舍弃历史数据的前提下，对离预测期较近的历史数据给予较大的权数，权数由近到远按指数规律递减。

指数平滑法的平滑系数 α 的取值范围在 0～1 之间（即 $0<\alpha<1$）。当时间序列比较平稳，α 取值在 0.05～0.2；当时间序列有波动，呈一定的随机变化，α 取值在 0.1～0.4 之间；当时间序列波动大，数据的随机性较大，宜选择较大的 α 值，可在 0.6～0.8 之间选值，以使预测模型灵敏度更高，能迅速跟上数据的变化；当时间序列数据是上升（或下降）的

发展趋势类型，α 应取较大的值，在 0.6～1 之间。

Excel 中的指数平滑法需要使用阻尼系数（β），阻尼系数越小，近期实际值对预测结果的影响越大；反之，阻尼系数越大，近期实际值对预测结果的影响越小。阻尼系数 β 的取值范围为 $0 \leqslant \beta \leqslant 1$，且 $\beta = 1 - \alpha$。

（四）回归分析工具

回归分析法是确定两种或两种以上变量间相关关系的一种统计分析方法。通过数据间相关性分析的研究，进一步建立自变量与因变量之间的回归函数关系，即回归分析模型，从而预测数据的发展趋势。按照涉及变量的多少，分为一元回归和多元回归分析；按照因变量的多少，可分为简单回归分析和多重回归分析；按照自变量和因变量之间的关系类型，可分为线性回归分析和非线性回归分析。

Excel 中的回归分析工具可以用来分析单个因变量如何受一个或多个自变量影响。

（五）规划求解工具

【规划求解】是 Excel 加载项程序，可以用于模拟分析。使用【规划求解】工具，可以根据已知的约束条件求最优化结果，或者可以理解为通过更改变量单元格来确定目标单元格的最大值、最小值或者目标值。

第二节　销售预测

一、销售预测方法

销售预测是指企业在一定的市场环境和一定的营销规划下，对未来特定时间内，全部产品或特定产品在一定地域区域和一定时期内的销售量和销售额做出预测和估算。销售预测十分重要，它对于企业的利润预测、成本预测、资金预测，进行长短期决策，制定经营计划，组织生产等都起着重要的指导作用。

销售预测的方法很多，按其性质分有定性分析法和定量分析法两大类，其中定量分析法包括趋势预测分析法和因果预测分析法。

（一）定性分析法

定性分析法，即非数量分析法，是指由专业人员根据实际经验，对预测对象的未来情况及发展趋势作出预测的一种分析方法。它一般适用于预测对象的历史资料不完备或无法进行定量分析时，主要包括推销员判断法、专家判断法和产品寿命周期分析法。

（二）定量分析法

定量分析法，也称数量分析法，是指在预测对象资料完备的基础上，运用一定的数学方法，建立预测模型作出预测。它一般包括趋势预测分析法和因果预测分析法两大类。

1. 趋势预测分析法。趋势预测分析法主要包括算术平均法、加权平均法、移动平均法、指数平滑法等。

（1）算术平均法。算术平均法是指将若干历史时期的实际销售量或销售额作为样本值，求出其算术平均数，并将该平均数作为下期销售量的预测值。

（2）加权平均法。加权平均法是指将若干历史时期的实际销售量或销售额作为样本值，将各个样本值按照一定的权数计算得出加权平均数，并将该平均数作为下期销售量的预测值。一般地，由于市场变化较大，离预测期越近的样本值对其影响越大，而离预测期越远的则影响越小，所以权数的选取应遵循“近大远小”的原则。

（3）移动平均法。移动平均法是指从 n 期的时间数列销售量中选取 m 期（m 数值固定，且 $m < n/2$）数据作为样本值，求其 m 期的算术平均数，并不断向后移动计算观测其平均值，以最后一个 m 期的平均数作为未来第 $n+1$ 期销售预测值的一种方法。这种方法假设预测值主要受最近 m 期销售量的影响。

（4）指数平滑法。指数平滑法实质上是一种加权平均法，是以事先确定的平滑指数 α 及（$1-\alpha$）作为权数进行加权计算，预测销售量的一种方法。

2. 因果预测分析法。因果预测分析法是指通过影响产品销售量（因变量）的相关因素（自变量）以及它们之间的函数关系，进行产品销售预测的方法。因果预测分析法最常用的是回归分析法，本章主要介绍回归直线法。

回归直线法，也称一元回归分析法。它假定影响预测对象销售量的因素只有一个，根据直线方程式 $y=a+bx$，按照最小二乘法原理，来确定一条误差最小的、能正确反映自变量 x 和因变量 y 之间关系的直线，求出 a、b 的值后，代入 $y=a+bx$，结合自变量 x 的取值，即可求得预测对象 y 的预测销售量或销售额。

二、销售预测函数在模型中的应用

（一）TREND( )函数

1. 语法：TREND（known_y's，[known_x's]，[new_x's]，[const]）。

2. 功能：返回一条线性回归拟合线的值。即：找到适合已知数组 known_y's 和 known_x's 的直线（用最小二乘法），并返回指定数组 new_x's 在直线上对应的 y 值。拟合直线公式为：$y=mx+b$。其中：x 为独立变量，y 为因变量，b 为常数，m 为斜率。

3. 参数说明。

（1）Known_y's（必需），是关系表达式 $y=mx+b$ 中已知的 y 值集合。

如果数组 known_y's 在单独一列中，则 known_x's 的每一列被视为一个独立的变量。如果数组 known_y's 在单独一行中，则 known_x's 的每一行被视为一个独立的变量。

（2）Known_x's（可选），是关系表达式 $y=mx+b$ 中已知的可选 x 值集合。数组 known_x's 可以包含一组或多组变量。

如果仅使用一个变量，那么只要 known_x's 和 known_y's 具有相同的维数，则它们可以是任何形状的区域。

如果用到多个变量，则 known_y's 必须为向量（即必须为一行或一列）。

如果省略 known_x's，则假设该数组为 {1，2，3，…}，其大小与 known_y's 相同。

（3）new_x's（可选），希望 TREND( )函数返回对应 y 值的新 x 值，new_x's 与 known_x's 一样，对每个自变量必须包括单独的一列（或一行）。因此，如果 known_y's 是单列的，known_x's 和 new_x's 应该有同样的列数。如果 known_y's 是单行的，known_x's 和 new_x's 应该有同样的行数。如果省略 new_x's，将假设它和 known_x's 一样。如果 known_x's 和 new_x's 都省略，将假设它们为数组 {1，2，3，…}，大小与 known_y's 相同。

(4) Const（可选），是一个逻辑值，用于指定是否将常量 b 强制设为 0。

如果 const 为 TRUE 或省略，b 将按正常计算；如果 const 为 FALSE，b 将被设为 0，m 将被调整以使 y = mx。

4. 注意事项：可以使用 TREND( ) 函数计算同一变量的不同乘方的回归值来拟合多项式曲线。例如，假设 A 列包含 y 值，B 列含有 x 值。可以在 C 列中输入 x^2，在 D 列中输入 x^3，等等，然后根据 A 列，对 B 列到 D 列进行回归计算。

如需返回多个 y 值，函数需以数组形式输入，即：同时按下 Ctrl + Shift + Enter 键。

当为参数（如 known_x's）输入数组常量时，应当使用【逗号】分隔同一行中的数据，用【分号】分隔不同行中的数据。

可能出现的错误：

#REF! 提供的已知两组数据组为空或具有不同的长度。

#VALUE! 提供的参数 known_y's，[known_x's] 或者 [new_x's] 数组里的元素不是数值类型。

【例 6－1】 某公司2×21年 1～6 月手机、平板电脑和笔记本的销售额，如表 6－1 所示。

(1) 请使用 SUM( ) 函数计算每月销售总额；

(2) 请使用 TREND( ) 函数，利用前 6 个月的销售额预测该公司未来 3 个月的销售额。

表 6－1　　某公司2×21年 1～6 月销售额统计表　　单位：元

月份	手机	平板电脑	笔记本
1	64 589.00	68 764.00	41 496.00
2	70 125.00	62 358.00	39 785.00
3	57 421.00	65 352.00	54 374.00
4	80 111.00	55 789.00	61 363.00
5	66 601.00	78 256.00	58 552.00
6	59 614.00	60 234.00	48 912.00

(1) 使用 SUM( ) 函数计算每月销售总额。

首先，选择 E4 单元格，输入公式：= SUM（B4:D4）；

然后，将 E4 单元格向下拖动复制，将公式复制到 E5:E9 单元格区域，完成 1～6 月销售额的汇总计算。

(2) 使用 TREND( ) 函数，预测该公司未来 3 个月的销售额。

首先，选择 B10:B12 单元格区域，输入公式：= TREND（B4:B9，$A$4：$A$9，$A$10：$A$12，TRUE），完成 7～9 月手机销售额的预测。参数输入如图 6－8 所示。

【注意】 由于返回 7～9 月预测的销售额，TREND( ) 函数需以数组形式输入，即：确定时同时按下 Ctrl + Shift + Enter 键。

然后，再次选择 B10:B12 单元格区域，向右拖动复制，将公式复制到 C10:E12 单元格区域，完成 7～9 月平板电脑销售额、笔记本销售额及三种商品销售总额的预测，如图6－9 所示。

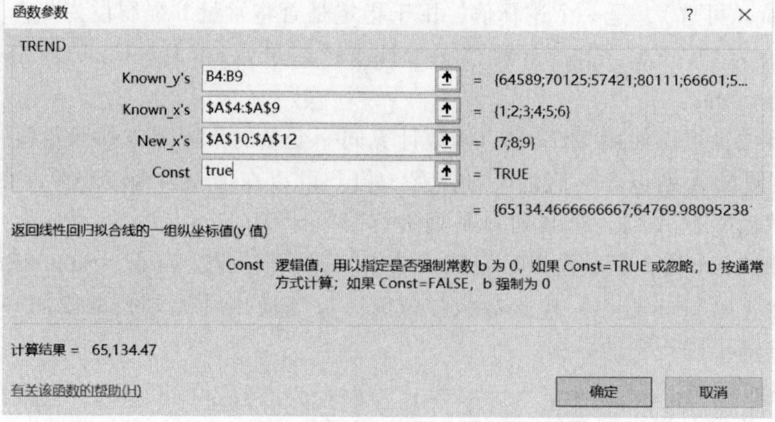

图 6－8　TREND( )函数各参数的输入

	A	B	C	D	E
3	月份	手机	平板电脑	笔记本	销售总额
4	1	64, 589. 00	68, 764. 00	41, 496. 00	174, 849. 00
5	2	70, 125. 00	62, 358. 00	39, 785. 00	172, 268. 00
6	3	57, 421. 00	65, 352. 00	54, 374. 00	177, 147. 00
7	4	80, 111. 00	55, 789. 00	61, 363. 00	197, 263. 00
8	5	66, 601. 00	78, 256. 00	58, 552. 00	203, 409. 00
9	6	59, 614. 00	60, 234. 00	48, 912. 00	168, 760. 00
10	7	65, 134. 47	64, 673. 60	60, 784. 00	190, 592. 07
11	8	64, 769. 98	64, 544. 49	63, 651. 71	192, 966. 18
12	9	64, 405. 50	64, 415. 37	66, 519. 43	195, 340. 30

图 6－9　TREND( )函数预测某公司2×21年 7～9 月销售额

（二）GROWTH( )函数

1. 语法：GROWTH（known_y's，[known_x's]，[new_x's]，[const]）。

2. 功能：GROWTH( )函数使用指数曲线拟合方法，根据已有的数据预测未来值。指数增长曲线公式为：y = mx + b，其中：x 为独立变量，y 为因变量，b 为常数，m 为指数基数。

3. 参数说明：(1) Known_y's（必需），已有的 y 值集合。

(2) Known_x's（可选），已有的 x 值集合。

如果省略 known_x's，则假设该数组为 {1，2，3，…}，其大小与 known_y's 相同。

(3) New_x's（可选），需要返回对应 y 值的新 x 值。

如果省略 new_x's，则假设它和 known_x's 相同；如果 known_x's 与 new_x's 都被省略，则假设它们为数组 {1，2，3，…}，其大小与 known_y's 相同。

(4) Const（可选），一个逻辑值，用于指定是否将常量 b 强制设为 1。

如果为 TRUE 或省略，b 将按正常计算；如果为 FALSE，b 将设为 1，m 值将被调整以满足 y = m^x。

4. 注意事项：如果需要返回多个 y 值，函数需以数组形式输入，即：同时按下 Ctrl + Shift + Enter 键。

可能出现的错误：

#REF！已有的 x 集合与已有的 y 集合具有不同长度。

#NUM！已有的 y 集合里有≤0 的值。

#VALUE！提供的 x、y 集合里有非数值类型值。

【例 6－2】 某公司 2×14 年～2×20 年的销售额和利润如表 6－2 所示，若该公司2×21年的销售额为 865 035 元，请使用 GROWTH( )函数预测该公司2×21年的利润。

表 6－2　某公司 2×14 年～2×20 年销售额与利润表　单位：元

年度	销售额（元）	利润（元）
2×14	636 589.00	23 000.00
2×15	485 205.00	43 500.00
2×16	452 526.00	26 000.00
2×17	876 366.00	63 400.00
2×18	563 657.00	42 000.00
2×19	145 456.00	11 000.00
2×20	645 367.00	42 900.00
预测值		
2×21	865 035.00	

选择 C12 单元格，输入公式：＝GROWTH（C4：C10，B4：B10，B12），完成该公司2×21年利润的预测。即：当2×21年的销售额为 865 035 元时，利润为 64 266.15 元。参数输入见图 6－10，预测结果见图 6－11。

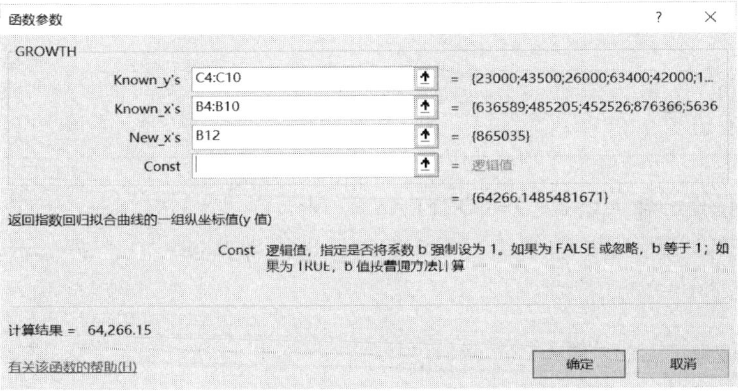

图 6－10　GROWTH( )函数各参数的输入

	A	B	C
3	年度	销售额(元)	利润(元)
4	2×14	636, 589. 00	23, 000. 00
5	2×15	485, 205. 00	43, 500. 00
6	2×16	452, 526. 00	26, 000. 00
7	2×17	876, 366. 00	63, 400. 00
8	2×18	563, 657. 00	42, 000. 00
9	2×19	145, 456. 00	11, 000. 00
10	2×20	645, 367. 00	42, 900. 00
11	预测值		
12	2×21	865, 035. 00	64, 266. 15

图 6－11　GROWTH( )函数预测某公司2×21年的利润

（三）FORECAST( )函数

1. 语法：FORECAST（x，known_y's，known_x's）。

2. 功能：根据已有的数值计算或预测未来值。此预测值为基于给定的 x 值推导出的 y 值。已知的数值为已有的 x 值和 y 值，再利用线性回归对新值进行预测。可以使用该函数对未来销售额、库存需求或消费趋势进行预测。

3. 参数说明：X（必需），需要进行值预测的数据点。

Known_y's（必需），相关数组或数据区域。

Known_x's（必需），独立数组或数据区域。

4. 注意事项：可能出现的错误：

#VALUE！x 为非数值型。

#N/Aknown_y's 和 known_x's 为空或含有不同个数的数据点。

#DIV/0！known_x's 的方差为零。

【例 6-3】 某公司2×21年 1~5 月的广告费用和销售量如表 6-3 所示，若该公司2×21年 6 月投入的广告费用为 430 万元，请使用 FORECAST( ) 函数预测该公司2×21年 6 月的销售量。

表 6-3　　某公司2×21年 1~5 月的广告费用与销售量表

月份	广告费用（万元）	销售量（万件）
1	180	600
2	200	610
3	300	815
4	375	895
5	400	925
6	430	

选择 C9 单元格，输入公式：=FORECAST（B9，C4:C8，B4:B8），完成该公司2×21年 6 月销售量的预测，即：当广告费用为 430 万时，销售量为 983.81 万件。参数输入见图 6-12，预测结果见图 6-13。

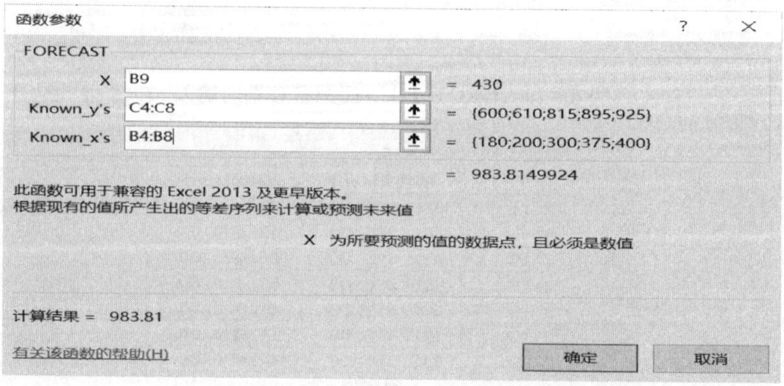

图 6-12　FORECAST( ) 函数参数输入

	A	B	C
3	月份	广告费用（万元）	销售量（万件）
4	1	180	600
5	2	200	610
6	3	300	815
7	4	375	895
8	5	400	925
9	6	430	983.81

图 6-13 FORECAST( )函数预测某公司2×21年 6 月的销售量

三、销售预测分析工具在模型中的应用

（一）移动平均分析工具的应用

1. 计算原理：通过时间的推进，依次计算一定期数内（跨度内）的平均值，形成平均值时间序列，反映发展趋势，实现未来预测。

2. 分析思路：第一步，设置间隔数计算平均值；

第二步，确定最佳间隔数。观察图表中实际值与预测值，或标准误差值，选择误差小的间隔数；

第三步，计算预测值。确定了间隔数后，利用移动平均值数据之和除以间隔数。即：若间隔数为 2，预测值 = 前 2 个时段的移动平均值相加除以 2；若间隔数为 3，预测值 = 前 3 个时段的移动平均值相加除以 3；若间隔数为 n，预测值 = 前 n 个时段的移动平均值相加除以 n。可通过 AVERAGE( )函数实现预测值的计算。

【例 6-4】 某公司2×21年 1～12 月的销售量如表 6-4 所示，若移动间隔期分别为 3 期、5 期时，请使用移动平均分析工具，选择最佳移动间隔期，预测该公司 2×22 年 1 月的销售量。

表 6-4　　某公司2×21年 1～12 月销售量表　　单位：件

月份	销售数量（件）
1	1 000
2	1 031
3	980
4	1 022
5	1 109
6	998
7	1 020
8	1 210
9	1 150
10	1 300
11	1 321
12	1 409

（1）点击【数据】选项卡，选择【数据分析】命令，选择【移动平均】功能，如图 6-14 所示。

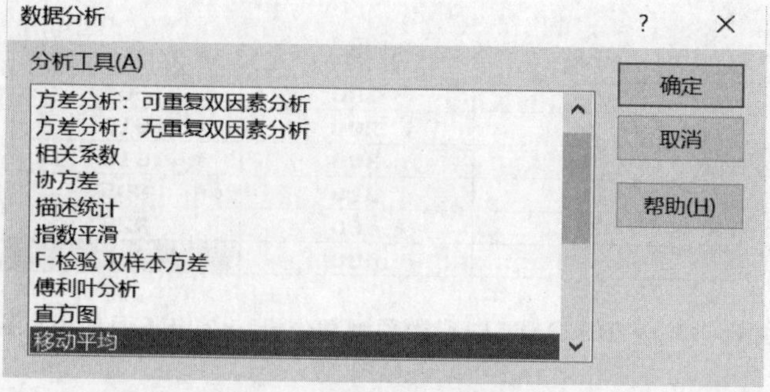

图 6－14　移动平均功能

（2）在【移动平均】功能对话框中输入相关参数。以间隔数＝3 为例。如图 6－15、图 6－16所示。间隔数＝5 的操作方式相同。

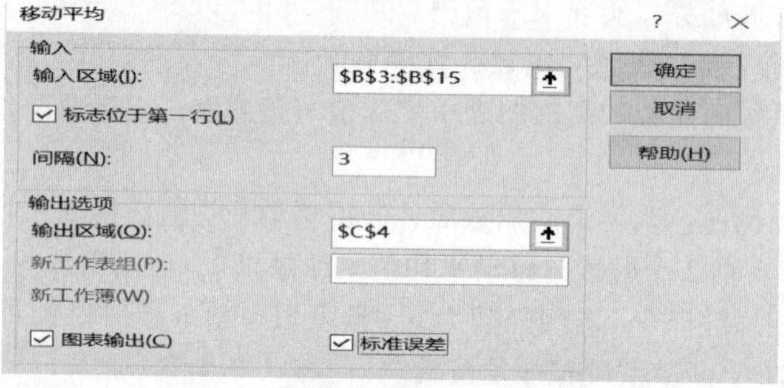

图 6－15　移动平均相关参数的输入

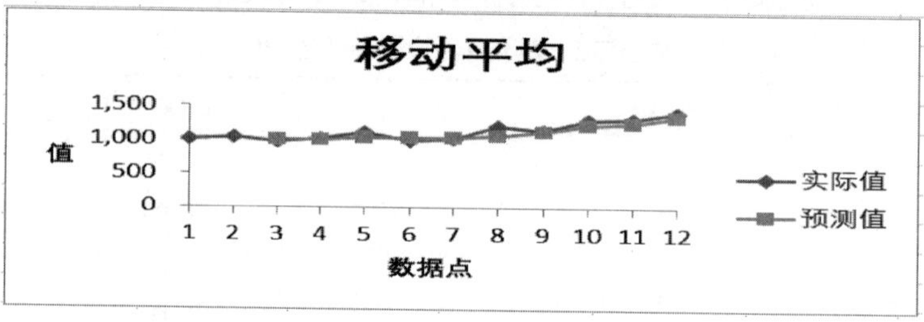

图 6－16　间隔期＝3 的移动平均预测图

（3）选择标准误差小的间隔方式，即：间隔数为 3，预测 2×22 年 1 月的销售量。预测结果如图 6－17 所示。

间隔数为 3 时，选择 C17 单元格，输入公式＝AVERAGE（C13:C15），2×22 年 1 月的销售量为 1 273 件；间隔数为 5 时，选择 C18 单元格，输入公式＝AVERAGE（E11:E15），2×22年 1 月的销售量为 1 157 件。表中的“#N/A”表示在函数或公式中没有可用数值。

	A	B	C	D	E	F
3	月份	销售数量(件)	n=3	标准误差	n=5	标准误差
4	1	1,000	#N/A	#N/A	#N/A	#N/A
5	2	1,031	#N/A	#N/A	#N/A	#N/A
6	3	980	1,004	#N/A	#N/A	#N/A
7	4	1,022	1,011	#N/A	#N/A	#N/A
8	5	1,109	1,037	44.2158	1,028	#N/A
9	6	998	1,043	49.43009	1,028	#N/A
10	7	1,020	1,042	50.68786	1,026	#N/A
11	8	1,210	1,076	82.6232	1,072	#N/A
12	9	1,150	1,127	79.58061	1,097	76.54541
13	10	1,300	1,220	91.10515	1,136	99.82685
14	11	1,321	1,257	60.66422	1,200	112.7117
15	12	1,409	1,343	70.25694	1,278	127.0016
16	预测值					
17	2*22年1月	n=3	1,273			
18	2*22年1月	n=5	1,157			

图 6－17　移动平均预测 2×22 年 1 月销售量

（二）指数平滑分析工具的应用

1. 计算原理：任一期的指数平滑值都是本期实际观察值与前一期指数平滑值的加权平均，指数平滑是对过去值和当前值进行加权平均、以及对当前的权数进行调整来抵消统计数值的随机摇摆影响，得到平滑的时间序列。常用于产量预测、销售预测和利润预测。

2. 分析思路：

第一步，确定平滑系数 α 值的范围；

第二步，使用指数平滑工具，计算选择不同的平滑系数 α 值的预测数据；

第三步，计算不同的平滑系数 α 值下的均方误差。选择均方误差值小的 α 值；

第四步，计算出预测值。

【例 6－5】 某公司 2×06 年～2×21年的销售收入，如表 6－5 所示。若平滑系数 $\alpha=0.9$，请使用指数平滑分析工具，预测该公司 2×22 年的销售收入。

表 6－5　　某公司 2×06 年～2×21年销售收入表　　单位：万元

年份	销售收入（万元）
2×06	189
2×07	233
2×08	213
2×09	230
2×10	223
2×11	240
2×12	208
2×13	209
2×14	208
2×15	198
2×16	223
2×17	195
2×18	202
2×19	227
2×20	254
2×21	222

（1）点击【数据】选项卡，选择【数据分析】命令，选择【指数平滑】功能。如图6－18所示。

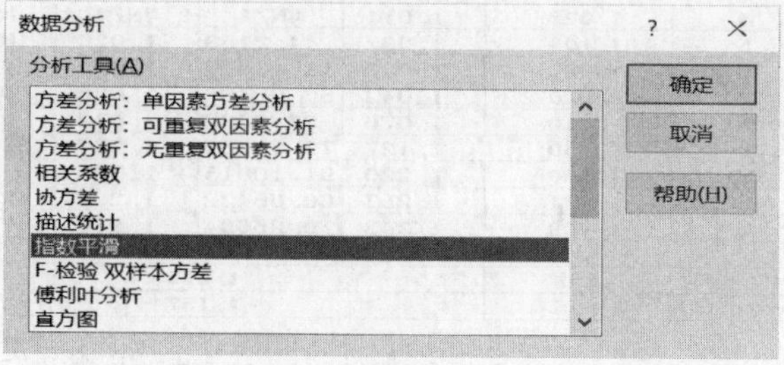

图6－18　指数平滑功能

（2）在【指数平滑】功能对话框中输入相关参数。以阻尼系数＝0.1、阻尼系数＝0.9为例。因为阻尼系数＋平滑系数＝1，所以，当阻尼系数＝0.1时，平滑系数α＝0.9；当阻尼系数＝0.9时，平滑系数α＝0.1。参数输入如图6－19、图6－20所示。

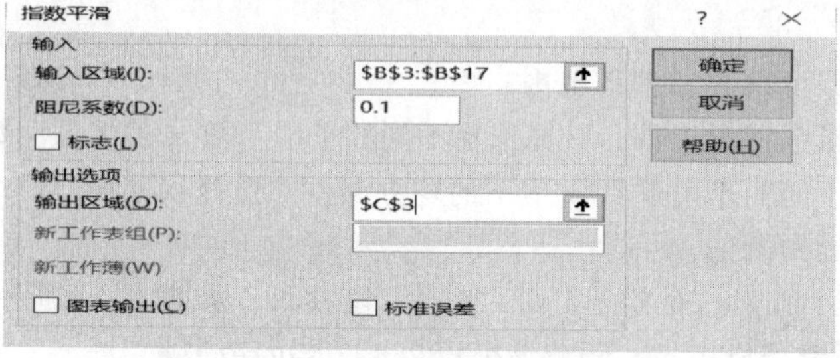

图6－19　指数平滑相关参数的输入（1）

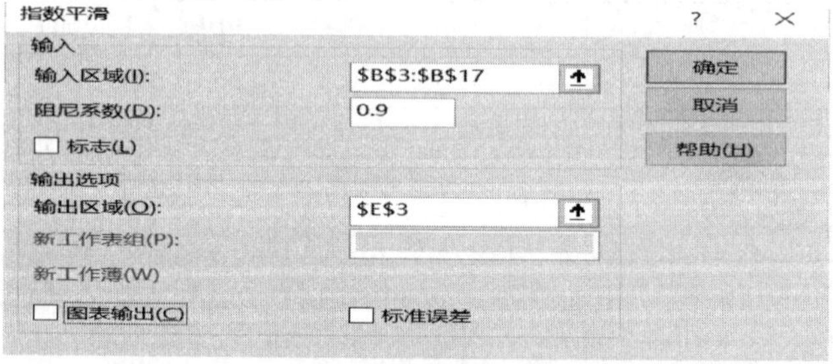

图6－20　指数平滑相关参数的输入（2）

（3）计算均方误差。选择最佳的α值，预测2×22年的销售收入。预测结果如图6－21所示。

第一，计算均方误差。均方误差（Mean Squared Error），是各数据偏离真实值差值的平方和的平均数，也就是误差平方和的平均数。

计算α＝0.9时的均方误差。选择D18单元格，输入公式：

D18＝AVERAGE（POWER（B4:B18－C4:C18，2））＝490.8100

计算α＝0.1时的均方误差。选择F18单元格，输入公式：F18＝AVERAGE（POWER（B4:B18－E4:E18，2））＝592.7525

	A	B	C	D	E	F
2	年份	销售收入(万元)	α=0.9	均方误差	α=0.1	均方误差
3	2×06	189	#N/A		#N/A	
4	2×07	233	189		189	
5	2×08	213	228.6		193.4	
6	2×09	230	214.56		195.36	
7	2×10	223	228.456		198.824	
8	2×11	240	223.5456		201.2416	
9	2×12	208	238.3546		205.1174	
10	2×13	209	211.0355		205.4057	
11	2×14	208	209.2035		205.7651	
12	2×15	198	208.1204		205.9886	
13	2×16	223	199.012		205.1898	
14	2×17	195	220.6012		206.9708	
15	2×18	202	197.5601		205.7737	
16	2×19	227	201.556		205.3963	
17	2×20	254	224.4556		207.5567	
18	2×21	222	251.0456	490.8100	212.201	592.7525
19	2×22	224.904556		213.1809242		

图 6－21 指数平滑预测 2×22 年销售收入

第二，选择最佳的 α 值。因为 α＝0.9 时的均方误差＜α＝0.1 时的均方误差，所以，选择 α＝0.9 进行 2×22 年销售收入的预测。

第三，预测 2×22 年的销售收入。

选择 α＝0.9 进行 2×22 年销售收入的预测。点击 C18 单元格，向下拖动复制，预测 2×22年销售收入为 224.904556 万元。

若选择 α＝0.1 进行 2×22 年销售收入的预测。点击 E18 单元格，向下拖动复制，预测 2×22 年销售收入为 213.1809242 万元。

（三）回归分析工具的应用

1. 计算原理：利用数据统计原理，对大量统计数据进行数学处理，并确定因变量与某些自变量的相关关系，建立一个相关性较好的回归方程（函数表达式），并加以外推，用于预测因变量变化的分析方法。本章以一元线性回归分析为例。

2. 分析思路。

第一步，分析已知数据，确定自变量 x 和因变量 y，建立回归分析基础数据；

第二步，使用回归分析工具进行分析；

第三步，利用回归分析数据建立预测模型；

第四步，利用预测模型计算预测值。

【例 6－6】 某公司 2×13 年～2×21年的广告支出（X）与销售数量（Y）的相关数据，如表 6－6 所示。

（1）请使用回归分析工具，建立一元线性回归预测模型。

（2）若 2×22 年的广告支出为 490 000 元，请利用一元线性回归预测模型预测 2×22 年的销售数量。

表 6-6　　某公司 2×13 年 ~2×21年的广告支出与销售数量数据表

年份	X	Y
	广告支出（元）	销售数量（件）
2×13	90 000	3 000
2×14	130 000	3 600
2×15	160 000	4 000
2×16	200 000	4 400
2×17	150 000	3 900
2×18	230 000	4 700
2×19	280 000	5 200
2×20	360 000	5 900
2×21	420 000	6 400

（1）分析表6-6某公司2×13 年 ~2×21年的广告支出与销售数量数据表，确定广告支出为自变量 X，销售数量为因变量 Y，在工作表中建立回归分析基础数据。如图 6-22 所示。

	A	B	C
2	年份	X	Y
3		广告支出(元)	销售数量(件)
4	2×13	90,000	3,000
5	2×14	130,000	3,600
6	2×15	160,000	4,000
7	2×16	200,000	4,400
8	2×17	150,000	3,900
9	2×18	230,000	4,700
10	2×19	280,000	5,200
11	2×20	360,000	5,900
12	2×21	420,000	6,400
13	2×22	490,000	

图 6-22　回归分析基础数据

（2）点击【数据】选项卡，选择【数据分析】命令，选择【回归】功能，如图 6-23 所示。

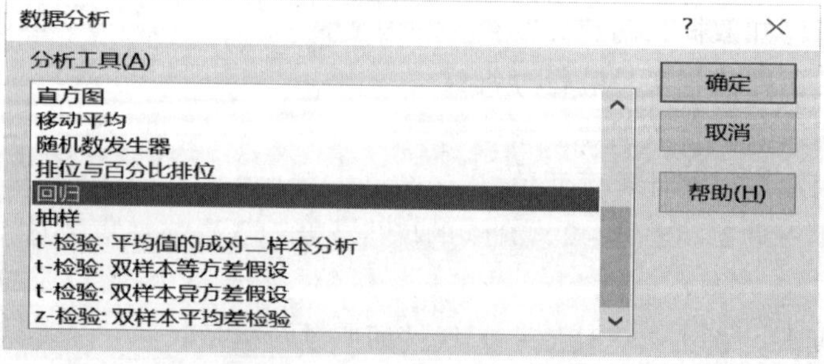

图 6-23　回归分析功能

（3）在【回归】功能对话框中输入相关参数。参数输入如图 6-24 所示。

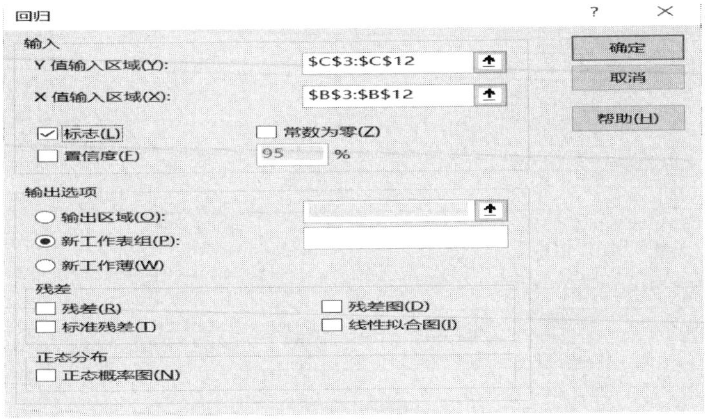

图 6－24　回归分析相关参数的输入

（4）在新工作表中输出回归分析结果。如图 6－25 所示。回归分析数据由三部分组成。

第一部分为回归统计。

Multiple R：x 和 y 的相关系数 r，一般在－1～1 之间，绝对值越靠近 1 则相关性越强，越靠近 0 则相关性越弱。

R square：x 和 y 的相关系数 r 的平方，表达自变量 x 解释因变量 y 变差的程度，以测定因变量 y 的拟合效果。

Adjusted R Square：调整后的 R square。

标准误差：用来衡量拟合程度的大小，也用于计算与回归相关的其他统计量，此值越小，说明拟合程度越好。

观察值：用于回归方程样本数据的数量。

第二部分为方差分析。通过 F 检验来判定回归模型的回归效果。主要关注回归分析行的 Significance F（F 显著性统计量）的 P 值，以统计常用的 0.05 显著水平为例，这里的 2.72374E－08 明显小于 P＝0.05，则 F 检验通过，整体回归方程显著有效。

第三部分为回归参数。

Coefficients（回归系数）：intercept 对应截距项，x 变量为广告支出的系数。

标准误差：误差值越小，表明参数的精确度越高。

t stat：T 检验中统计量 t 值，用于对模型参数的检验，需要查表才能决定。t 值是回归系数与其标准误差的比值。

P－value：T 检验对应的 P 值。

Lower 95%、Upper 95%、下限 95.0%、上限 95.0%：95% 置信区间的上下限值。

（5）根据回归分析数据，建立预测模型。选择单元格 E21，输入预测模型：Y＝2328.905176＋0.009970224X，0.009970224X 表示当广告支出增加 1 元时，销售量增加 0.009970224 件。

（6）利用预测模型，预测 2×22 年的销售数量。当 2×22 年广告支出＝490 000 元时，预测 2×22 年的销售数量，选择单元格 F21、C13，输入公式：＝$F$17＋$F$18×B13＝7 214 件，如图 6－26 所示。

	E	F	G	H	I	J	K	L	M
2									
3	回归统计								
4	Multiple R	0.995087031							
5	R Square	0.990198199							
6	Adjusted R Square	0.988797942							
7	标准误差	116.7840115							
8	观测值	9							
9									
10	方差分析								
11		df	SS	MS	F	Significance F			
12	回归分析	1	9644530.463	9644530	707.1545031	2.72374E-08			
13	残差	7	95469.53733	13638.51					
14	总计	8	9740000						
15									
16		Coefficients	标准误差	t Stat	P-value	Lower 95%	Upper 95%	下限 95.0%	上限 95.0%
17	Intercept	2328.905176	92.71835932	25.11806	4.04541E-08	2109.661095	2548.149257	2109.661095	2548.149257
18	广告支出(元)	0.009970224	0.000374928	26.59238	2.72374E-08	0.009083661	0.010856788	0.009083661	0.010856788
19									
20	预测模型	预测值							
21	Y=2328.905176+0.009970224X	7214.315163							

图 6－25　回归分析结果

	A	B	C
2	年份	X	Y
3		广告支出(元)	销售数量(件)
4	2×13	90,000	3,000
5	2×14	130,000	3,600
6	2×15	160,000	4,000
7	2×16	200,000	4,400
8	2×17	150,000	3,900
9	2×18	230,000	4,700
10	2×19	280,000	5,200
11	2×20	360,000	5,900
12	2×21	420,000	6,400
13	2×22	490,000	7,214

图 6－26　回归分析预测销售数量

第三节　利润管理

一、利润管理概述

本量利分析是对成本、业务量、利润之间相互关系进行分析的一种系统方法。这种分析方法是在成本性态分析的基础上，运用数学模型以及图表形式，对成本、业务量、利润与单价等因素之间的依存关系进行具体的分析，为企业经营决策和目标控制提供有用信息，广泛应用于企业的预测、决策、计划和控制等活动中。

（一）本量利分析基本模型的相关假设

1. 相关范围假设。本量利分析是建立在成本按性态划分基础上的一种分析方法，所以成本按性态划分的基本假设也就构成了本量利分析的基本假设。区分一项成本是变动成本还是固定成本时，均限定在一定的相关范围内，这个相关范围就是成本按性态划分的基本假设，同时它也构成本量利分析的基本假设之一。

（1）期间假设。无论是固定成本还是变动成本，其固定性与变动性均体现在特定的期间内，其金额的大小也是在特定的期间内加以计量而得到的，随着时间的推移，固定成本的总额及其内容会发生变化，单位变动成本的数额及内容也会发生变化。所以对成本性态的划分应该限定在一定期间内。

（2）业务量假设。同样，对成本按性态进行划分而得到的固定成本和变动成本，是在一定业务量范围内分析和计量的结果，业务量发生变化，特别是变化较大时，成本性态有可能变化，就需要重新加以计量，这就构成了新的业务量假设。

期间假设与业务量假设之间是一种相互依存的关系。这种依存性表现为一定期间内业务量往往不变或者变化不大，而一定的业务量又是从属于特定期间的。换句话说，不同期间的业务量往往发生了较大变化，特别是不同期间相距较远时更是如此，而当业务量发生很大变化时，出于成本形态分析的需要，不同的期间也就由此划分了。

2. 模型线性假设。企业的总成本按性态可以或者可以近似地描述为 $y = a + bx$。站在本量利分析的立场上，由于利润只是收入与成本之间的一个差量，所以本假设只涉及成本与业务量两个方面，具体来说，模型线性假设包括以下几个方面：

（1）固定成本不变假设。在企业经营能力的相关范围内，固定成本是不变的，用模型来表示就是 $y = a + bx$ 中的 a，表示在平面直角坐标图中，就是一条与横轴平行的直线。

（2）变动成本与业务量呈完全线性关系假设。在相关范围内，变动成本与业务量呈完全线性关系，用模型来表示是 $y = a + bx$ 中的 bx，b 是单位变动成本，在坐标图中是一条过原点的直线，斜率就是单位变动成本。

（3）销售收入与销售数量呈完全线性关系。在本量利分析中，通常假设销售价格为一个常数，因此，销售收入与数量之间就呈现完全线性关系，用数学模型表示就是 $s = px$（s 为销售收入，p 为销售单价，x 为销售数量）。表示在坐标图中是一条过原点的直线，斜率就是销售单价。

3. 产销平衡假设。本量利分析中的“量”指的是销售数量而非生产数量，在销售价格不变的条件下，这个量有时是指销售收入。本量利分析的核心是分析收入与成本之间的对比关系。产量的变动对固定成本和变动成本都可能产生影响，这种影响也会影响到收入与成本之间的对比关系，所以，站在销售数量的角度进行本量利分析时，就必须假设产销关系是平衡的。

4. 品种结构不变假设。本假设是指在一个多品种生产和销售的企业中，各种产品的销售收入，在总收入中所占的比重不会发生变化。由于多品种条件下各种产品的获利能力一般会有所不同，有时差异较大，如企业产销的品种结构发生较大变动，势必会导致预计利润与实际利润之间出现较大的出入。

上述假设之间的关系是：相关范围假设是最基本的假设，是本量利分析的出发点；模型线性假设由相关范围假设派生而来，是相关范围假设的延伸和具体化；产销平衡假设与品种结构不变假设是对模型线性假设的进一步补充；同时品种结构不变假设又是多品种条件下产销平衡假设的前提条件。

上述诸条件假设的背后都有一条共同的假设，即企业的全部成本可以合理地或者比较准确地分解为固定成本与变动成本。

（二）本量利分析基本模型

促使人们研究成本、数量和利润之间关系的动因，是传统的成本分类不能满足企业决策、计划和控制的要求。企业的这些内部经营管理工作，通常以数量为起点，以利润为目标。企业管理人员在决定生产和销售数量时，需要认知对企业利润的影响，这又需要确定收入和成本。对于收入，很容易根据数量和单价来估计，而成本则不然。无论是总成本还是单位成本都难以把握。不能简单直接地按产品单位成本乘以产销数量来估计总成本，因为数量变化之后，单位成本也会发生变化。管理人员需要一个数学模型，这个模型应当除业务量和利润之外都是常数，使业务量和利润之间建立起直接的函数关系。这样，他们可以利用这个模型在业务量变动时估计其对利润的影响，或者在目标利润变动时计算出完成目标所需要的业务量水平。建立这样一个模型的主要障碍是成本与业务量之间的数量关系不清楚。为此，人们首先研究成本和业务量之间的关系，并确定了成本按性态分类，然后在此基础上明确成本、数量和利润之间的相互关系。

在把成本分解成固定成本和变动成本两部分之后，再把收入和利润加进来，成本、销量和利润的关系就可以统一于一个数学模型。

（三）损益方程式

1. 基本的损益方程式。企业通常运用损益法来计算利润，即首先确定一定期间的收入，然后计算与收入相配比的成本，两者之差为期间利润。基本的损益方程式推演如下（式中，“单位售价”简写为“单价”。下同）：

息税前利润 = 销售收入 - 总成本

总成本 = 变动成本 + 固定成本 = 单位变动成本 × 销量 + 固定成本

销售收入 = 单价 × 销量

息税前利润 = 单价 × 销量 - 单位变动成本 × 销量 - 固定成本

这个方程式是明确表达本量利之间数量关系的基本方程式，它含有 5 个相互联系的变量，给定其中 4 个，便可以求出第 5 个变量的值。

在规划期间利润时，通常把单价、单位变动成本和固定成本视为稳定的常量，只有销量和利润两个自由变量。给定销量时，可利用方程式直接计算出预期利润；给定目标利润时，可直接计算出应达到的销售量。

2. 包含期间成本的损益方程式。为符合多步式利润表的结构，不但要分解产品的生产成本，而且要分解销售费用、管理费用等期间成本。把它们分解以后，方程式为：

税前利润 = 销售收入 - （变动生产成本 + 固定生产成本） - （变动销售和管理费用 + 固定销售和管理费用）

= 单价 × 销量 - （单位变动生产成本 + 单位变动销售和管理费用） × 销量 - （固定生产成本 + 固定销售和管理费用）

3. 计算税后利润的损益方程式。企业所得税费用是基于企业利润总额和适用的企业所得税税率计算的，并从利润总额中减除，既不是变动成本也不是固定成本。计算税后利润的损益方程式如下：

税后利润 = 利润总额 - 所得税费用 = 利润总额 × （1 - 所得税率）

将损益方程式代入上式的“利润总额”：

税后利润 = （单价 × 销量 - 单位变动成本 × 产量 - 固定成本） × （1 - 所得税率）

此方程式经常被用来计算实现目标利润所需的销量，为此，常用下式表达：

$$销量 = \frac{固定成本 + \dfrac{税后利润}{1 - 所得税税率}}{单价 - 单位变动成本}$$

（四）边际贡献方程式

1. 边际贡献。边际贡献是指销售收入减去变动成本后的差额。其基本表达式为：

边际贡献 = 销售收入 - 变动成本

计算单位边际贡献的表达式如下：

单位边际贡献 = 单价 - 单位变动成本

边际贡献是产品扣除自身变动成本后给企业所做的贡献。它首先用于补偿企业的固定成本，如果还有剩余才形成利润，如果不足以补偿固定成本则产生亏损。

2. 边际贡献率。边际贡献率，是指边际贡献在销售收入中所占的百分率。可以理解为每一元销售收入中边际贡献所占的比重，它反映产品给企业作出贡献的能力，其表达式为：

$$边际贡献率 = \frac{边际贡献}{销售收入} \times 100\% = \frac{单位边际贡献 \times 销量}{单价 \times 销量} \times 100\% = \frac{单位边际贡献}{单价} \times 100\%$$

与边际贡献率相对应的概念是“变动成本率”，即变动成本在销售收入中所占的百分率。

$$变动成本率 = \frac{变动成本}{销售收入} \times 100\% = \frac{单位变动成本 \times 销量}{单价 \times 销量} \times 100\% = \frac{单位变动成本}{单价} \times 100\%$$

由于销售收入被分为变动成本和边际贡献两部分，前者是产品自身的消费，后者是给企业作的贡献，两者百分率之和应等于1。

变动成本率 + 边际贡献率 = 1

3. 边际贡献方程式。

息税前利润 = 销售收入 - 变动成本 - 固定成本 = 边际贡献 - 固定成本

息税前利润 = 销量 × 单位边际贡献 - 固定成本

这个方程式，可以明确表达本量利之间的数量关系。

4. 边际贡献率方程式。上述边际贡献方程式，还可以利用“边际贡献率”改写成下列形式：

$$边际贡献率 = \frac{边际贡献}{销售收入} \times 100\%$$

边际贡献 = 销售收入 × 边际贡献率

息税前利润 = 边际贡献 - 固定成本

息税前利润 = 销售收入 × 边际贡献率 - 固定成本

（五）保本分析

保本分析是基于本量利基本关系原理进行的损益平衡分析或盈亏临界分析。它主要研究如何确定保本点，以及有关因素变动的影响，为决策提供超过哪个业务量企业会有盈利，或者低于哪个业务量企业会亏损等信息。

保本点，亦称盈亏临界点，是指企业收入和成本相等的经营状态，即边际贡献等于固定成本时企业所处的既不盈利又不亏损的状态。通常用以一定的业务量（保本量或保本额）来表示。

1. 保本量分析。由于计算利润的公式为：

息税前利润 = 单价 × 销量 - 单位变动成本 × 销量 - 固定成本

令息税前利润 = 0，此时的销售量即为保本量：

$$0 = 单价 \times 保本量 - 单位变动成本 \times 保本量 - 固定成本$$

$$保本量 = \frac{固定成本}{单价 - 单位变动成本}$$

又由于：单价 - 单位变动成本 = 单位边际贡献

所以，上式又可写成：

$$保本量 = \frac{固定成本}{单位边际贡献}$$

2. 保本额分析。由于息税前利润的计算公式为：

$$息税前利润 = 销售收入 \times 边际贡献率 - 固定成本$$

令息税前利润 =0，此时的销售额即为保本额：

$$0 = 保本额 \times 边际贡献率 - 固定成本$$

$$保本额 = \frac{固定成本}{边际贡献率}$$

（六）保利分析

保利分析需确定的保利点，是在单价和成本水平一定的情况下，为确保预先制定的目标利润可以实现，而必须达到的销售量或销售额。

1. 保利量分析。保利量就是使企业实现目标利润所需完成的业务量。

假设在没有企业所得税的情况下，

$$目标利润 = 单价 \times 销量 - 单位变动成本 \times 销量 - 固定成本$$

$$保利量 = \frac{固定成本 + 目标利润}{单位边际贡献}$$

假设存在企业所得税，

$$税后利润 = (单价 \times 销量 - 单位变动成本 \times 销量 - 固定成本) \times (1 - 企业所得税税率)$$

$$保利量 = \frac{固定成本 + \dfrac{税后目标利润}{1 - 企业所得税税率}}{单位边际贡献}$$

2. 保利额分析。保利额是企业为实现既定的目标利润所需要的业务额。保利额可在保利量计算公式的基础上乘以单价加以计算，在不存在企业所得税的情况下，公式为：

$$保利额 = \frac{固定成本 + 目标利润}{单位边际贡献} \times 单价 = \frac{固定成本 + 目标利润}{边际贡献率}$$

假设存在企业所得税，计算保利额的公式为：

$$保利额 = \frac{固定成本 + \dfrac{税后目标利润}{1 - 企业所得税税率}}{单位边际贡献} \times 单价 = \frac{固定成本 + \dfrac{税后目标利润}{1 - 企业所得税税率}}{边际贡献率}$$

二、建立利润管理的本量利分析模型

企业利润管理的目的是在有限的生产资源下获取最大的收益。因此，加强对利润的管理，对顺利实现财务管理目标，不断提高利润水平，具有十分重要的意义。利润管理通常进行两方面的分析：一是盈亏临界点（保本点）分析，研究当息税前利润等于零时的销售量和销售额（保本量和保本额）；二是各因素变动分析，研究当息税前利润不等于零时，在各种因素变动的情况下的销售量和销售额（保本量和保本额）。该部分内容着重讨论运用本量利分析的基本原理，建立计算机财务管理环境下利润管理本量利分析模型的基本方法，利润管理本量利分析模型，如图 6－27 所示。

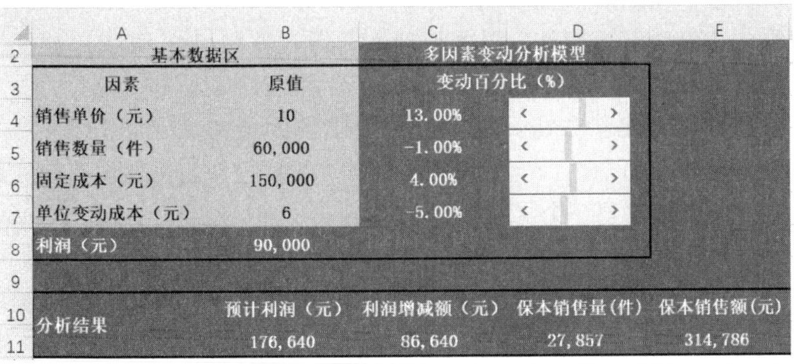

图 6－27　利润管理本量利分析模型

（一）建立本量利分析模型中的基本数据区

利用本量利分析模型进行盈亏临界点分析和多因素变动分析，应在模型中设置基本数据区，输入进行本量利分析的基础数据，如：单价、单位变动成本、销售数量、固定成本。财务管理人员可以根据实际情况进行基础数据的输入。

【例 6－7】 某公司生产和销售一种产品，其销售单价为 10 元，销售数量为 60 000 件，固定成本为 150 000 元，单位变动成本为 6 元，据此建立基本数据区。如图 6－27 基本数据区所示。

（二）建立本量利分析模型中的多因素变动分析区

多因素变动分析是指本量利分析模型中各因素发生变化时相互影响的定量分析，即：研究销售数量、成本、单价等单一因素发生变化对利润、保本销售量与保本销售额的影响；多个因素同时发生变化对利润、保本销售量与保本销售额的影响。

1. 建立多因素变动分析区。在 Excel 中，我们可以利用用户图形接口工具（滚动条、微调按钮等）建立利润管理本量利分析模型中的多因素变动分析区，它能方便地进行多因素变动分析。其建立步骤如下：

第一，激活窗体工具栏。打开【开发工具】选项卡，点击【插入】命令，选择【表单控件】，如图 6－28 所示。

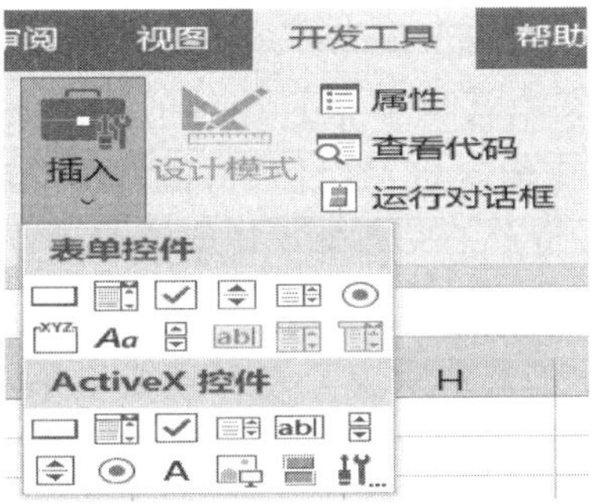

图 6－28　激活窗体工具栏

第二，为利润管理本量利分析模型中的每个因素建立一个【滚动条】控件。在多因素变动分析模型区中，为了方便财务管理人员实现盈亏临界点（保本点）分析、在各种因素变动情况下的销售量和销售额（保本量和保本额）分析；为使各因素在合理范围内变动，需要为各因素建立【滚动条】控件。财务管理人员通过使用【滚动条】控件，按一定的变动百分比在合理范围内改变各因素变动幅度，进行利润管理本量利分析。

2. 【滚动条】控件的建立方法。假设企业要求各因素的变动百分比为 -25% ~25%，增减变动幅度为1%。下面以建立销售单价的【滚动条】控件为例，说明建立的方法。

第一步，给销售单价建立一个【滚动条】控件。

打开【开发工具】中的【插入】命令，选择【表单控件】工具栏中的【滚动条】按钮。在多因素变动分析模型区，销售单价所在行的 D4 单元格内按住鼠标左键拖出一个矩形的【滚动条】控件。

第二步，给销售单价【滚动条】控件置参数。

将鼠标光标移到新建立的【滚动条】控件上，单击右键，出现快捷菜单，选择【设置控件格式】命令，出现【设置控件格式】对话框，选择【控制】选项卡，设置【滚动条】控件的控制值，如图 6-29 所示。

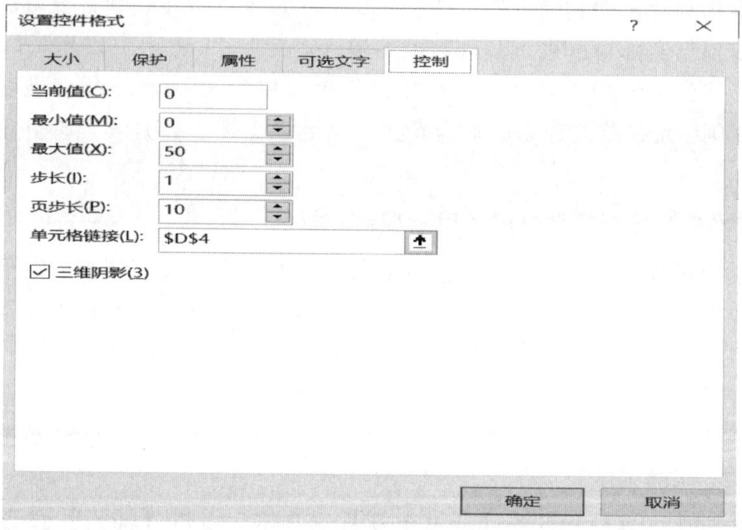

图 6-29 设置控件格式

在【控制】选项卡各选项框中输入数值，并将其值链接到 D4 单元格，其中：

【最小值】、【最大值】定义由【滚动条】控件的数值变动范围。本例中在【最大值】框中输入 50，在【最小值】框中输入 0，在【当前值】框中输入 0。

【步长】表示当财务管理人员点击滚动条一端箭头时滚动的单位数。本例中在【步长】框中输入 1。

【页步长】表示用户用鼠标在滚动条内空白处单击时滚动的单位数。本例中在【页步长】框中输入 10。

【单元格链接】框中输入 D4。

【滚动条】控件的【单元格链接】框应该输入 C4，即：应该链接到 C4 单元格（变动百分比单元格），但是【控制】选项卡各选项框中不能输入小数或百分比，如果链接到C4单元格，则不到所需的百分比。因此，先将【滚动条】控件的值存放到D4单元格，然后通过建立公式将其与C4单元格链接。

单击【确定】按钮完成“滚动条”按钮的建立。

第三步，建立变动百分比与【滚动条】控件的联系。

D4单元格存放【滚动条】控件的值（最大值 = 50，最小值 = 0）。为使C4单元格与【滚动条】按钮建立联系，并使其值从 -25% 变化到 +25%，点击C4单元格，输入公式：= D4/100 - 25%，这样，变动百分比与【滚动条】控件就建立了联系，并且其值的变化范围为 -25% ~25%。

第四步，使用检查【滚动条】控件。

每单击一次【滚动条】控件两端的箭头，变动百分比C4单元中的数值以1%变化。单击【滚动条】控件两端箭头之间的空白处，变动百分比C4单元格中的数值以【页步长】10%变化。

其他因素的【滚动条】控件也按此方法建立。

（三）在多因素变动分析模型中建立计算公式

1. 利润B8单元格公式的建立。息税前利润 = （单价 - 单位变动成本） × 销量 - 固定成本，点击B8单元格，输入公式：= （B4 - B7） × B5 - B6。

2. 考虑多因素变动影响，预计利润B11单元格公式的建立。点击B11单元格，输入公式：= ($B$4 × (1 + $C$4) - $B$7 × (1 + $C$7)) × $B$5 × (1 + $C$5) - $B$6 × (1 + $C$6)

3. 利润增减变动额C11单元格公式的建立。点击C11单元格，输入公式：= $B$11 - $B$8

4. 考虑多因素变动影响，盈亏平衡点销售量（保本销售量）D11单元格公式的建立。

保本销售量 = 固定成本/（单价 - 单位变动成本） = 固定成本/单位边际贡献。点击D11单元格，输入公式：= $B$6 × (1 + $C$6) / ($B$4 × (1 + $C$4) - $B$7 × (1 + $C$7))

5. 考虑多因素变动影响，盈亏平衡点销售额（保本销售额）E11单元格公式的建立。

保本销售额 = 固定成本/边际贡献率 = 保本销售量 × 单价。点击E11单元格，输入公式：= $B$6 × (1 + $C$6) / (($B$4 × (1 + $C$4) - $B$7 × (1 + $C$7)) / ($B$4 × (1 + $C$4)))

（四）多因素变动本量利分析模型的使用

1. 单一因素变动对利润的影响。当外部环境发生变化，或企业经营策略改变，会使销售数量、销售单价、成本等发生变化，对利润产生影响。分析单一因素变化对利润的影响，有利于财务管理人员进行决策。

以【例6 - 7】分析单一因素变动对利润的影响。因公司加大对员工职业技能培训的投入，生产效率不断提高，使单位变动成本降低3%，请利用多因素变动分析模型分析其对利润的影响。分析结果，如图6 - 30所示。

	A	B	C	D	E
2	基本数据区		多因素变动分析模型		
3	因素	原值	变动百分比（%）		
4	销售单价（元）	10	0.00%	< >	
5	销售数量（件）	60,000	0.00%	< >	
6	固定成本（元）	150,000	0.00%	< >	
7	单位变动成本（元）	6	-3.00%	< >	
8	利润（元）	90,000			
9					
10	分析结果	预计利润（元）	利润增减额（元）	保本销售量(件)	保本销售额(元)
11		100,800	10,800	35,885	358,852

图 6-30　单位变动成本对利润的影响

在多因素变动分析模型中，财务管理人员单击单位变动成本【滚动条】控件，将单位变动成本变动百分比的值设置为-3%，此时预计利润的值为100 800元，利润增加了10 800元，这是每年员工职业技能培训投入的上限。如果培训投入的开支不超过10 800元，则可以从当年新增利润中得到补偿，公司可从该项投资中长期受益；如果开支超过10 800元，则需要对这项投入和相应的产出进行评估。

2. 多因素变动对利润的影响。由于外界因素变化或企业拟采取某项行动，使模型中各因素相互影响，利用多因素变动分析模型分析多因素变化引起的利润变动，有利于财务管理人员选择决策方案。

以【例6-7】分析多因素变动对利润的影响。由于受到通货膨胀的影响，成本大幅上涨，导致该公司单位变动成本增加3%，固定成本增加2%，成本的变动会对利润产生影响。

为了减小成本变动对利润的影响，公司拟采取以下两种方案：

方案一：提高销售单价4%，提高销售单价使销售数量减少8%；

方案二：降低销售单价2%，降低销售单价可使销售数量增加15%。试分析哪种方案好。

（1）单位变动成本、固定成本变动对利润的影响。单击单位变动成本的【滚动条】控件，使其变动百分比为3%；单击固定成本的【滚动条】控件，使其变动百分比为2%。从多因素变动分析模型中可以观察到：成本增加使利润减少13 800元，如图6-31所示。

	A	B	C	D	E
2	基本数据区		多因素变动分析模型		
3	因素	原值	变动百分比（%）		
4	销售单价（元）	10	0.00%	< >	
5	销售数量（件）	60,000	0.00%	< >	
6	固定成本（元）	150,000	2.00%	< >	
7	单位变动成本（元）	6	3.00%	< >	
8	利润（元）	90,000			
9					
10	分析结果	预计利润（元）	利润增减额（元）	保本销售量(件)	保本销售额(元)
11		76,200	-13,800	40,052	400,524

图 6-31　成本变动对利润的影响

（2）实施方案一时，单位变动成本、固定成本、销售单价与销售数量四因素同时变动对利润的影响。单位变动成本的变动百分比为3%；固定成本的变动百分比为2%。单击销售单价的【滚动条】控件，使其变动百分比为4%；单击销售数量的【滚动条】控件，使其变动百分比为-8%。从多因素变动分析模型中可以观察到：实施方案一，上述四因素同时变动时利润减少10 056元，如图6-32所示。

	A	B	C	D	E
2	基本数据区		多因素变动分析模型		
3	因素	原值	变动百分比（%）		
4	销售单价（元）	10	4.00%	< >	
5	销售数量（件）	60,000	-8.00%	< >	
6	固定成本（元）	150,000	2.00%	< >	
7	单位变动成本（元）	6	3.00%	< >	
8	利润（元）	90,000			
9					
10	分析结果	预计利润（元）	利润增减额（元）	保本销售量(件)	保本销售额(元)
11		79,944	-10,056	36,256	377,062

图6-32　方案一多因素变动对利润的影响

（3）实施方案二时，单位变动成本、固定成本、销售单价与销售数量四因素同时变动对利润的影响。单位变动成本的变动百分比为3%；固定成本的变动百分比为2%。单击销售单价的【滚动条】控件，使其变动百分比为-2%；单击销售数量的【滚动条】控件，使其变动百分比为15%。从多因素变动分析模型中可以观察到：实施方案二，上述四因素同时变动时利润增加6 780元，如图6-33所示。

	A	B	C	D	E
2	基本数据区		多因素变动分析模型		
3	因素	原值	变动百分比（%）		
4	销售单价（元）	10	-2.00%	< >	
5	销售数量（件）	60,000	15.00%	< >	
6	固定成本（元）	150,000	2.00%	< >	
7	单位变动成本（元）	6	3.00%	< >	
8	利润（元）	90,000			
9					
10	分析结果	预计利润（元）	利润增减额（元）	保本销售量(件)	保本销售额(元)
11		96,780	6,780	42,265	414,199

图6-33　方案二多因素变动对利润的影响

通过对比分析可知，应该采用方案二。

三、利润的敏感性分析

（一）利润敏感性分析的含义

在保本分析和保利分析中，隐含着一个假设，即：除待求变量外的其他参数都是确定不变的。实际上，由于市场的变化（譬如供求数量、原材料价格、产品价格等的变动）和企业生产技术条件的变化（譬如原材料消耗、工时消耗水平等的变动），会引起模型中的参数发生变化，势必对原已计算的盈亏临界点、目标利润或目标销售量产生影响。经营者希望事先预知有关参数可能变化的影响程度，以便在变化发生时及时采取对策，调整企业计划，使生产经营活动始终控制在最有利的状态。敏感性分析是解决类似问题的一种可取的方法。

基于本量利关系的利润敏感性分析，主要研究分析有关参数发生多大变化会使盈利转为亏损，各参数变化对利润变化的影响程度，以及各因素变动时如何调整应对，以保证目标利润的实现。

（二）单变量求解工具

当公司下达目标利润，财务管理人员应对影响利润的销售数量、销售单价、销售收入、成本等各因素进行分析和合理的安排，以实现目标利润。Excel 提供单变量求解工具能够帮助财务管理人员完成目标利润的分析工作。接下来，我们介绍单变量求解工具以及运用单变量求解工具进行目标利润分析的方法。

单变量求解工具是根据结果倒推出原因，它具有根据结果分析原因的功能。单变量求解工具的使用，是通过【数据】菜单下【模拟分析】功能中【单变量求解】命令来实现的。

1. 单变量求解的步骤。第一步，选择包含公式的目标单元格；

第二步，选择【数据】菜单下【模拟分析】功能，点击【单变量求解】命令，出现【单变量求解】对话框，如图 6 - 34 所示。

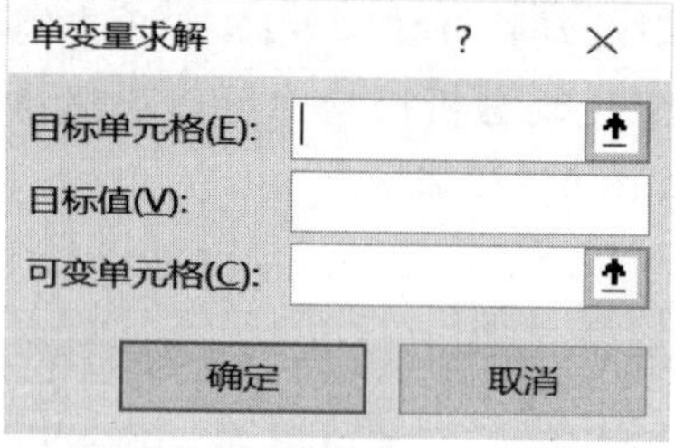

图 6 - 34　【单变量求解】对话框

第三步，填写【单变量求解】对话框的相关参数。

【目标单元格】：输入目标单元格的引用位置或名字，这个单元格包含求出特定解的公式。

【目标值】：希望目标单元格公式求出的数值。

【可变单元格】：将要被调整的单元引用位置或名字，可变单元格中的单元引用包含在目标单元格的公式中。

第四步，点击【确定】按钮，解出【目标单元格】在【目标值】下，【可变单元格】的值。

2. 单变量求解原则。(1) 可以在【可变单元格】或【目标单元格】中输入单元格的引用位置或名字；【可变单元格】中的单元引用必须包含在【目标单元格】内的公式中。可变单元不能包含公式。

(2) 在进行单变量求解时，屏幕上会出现【单变量求解状态】对话框。若要中断操作，选择【暂停】按钮。如果在选择【暂停】按钮之后，要单步执行，就选择【单步执行】按钮；如果选择【继续执行】按钮，就继续执行原来的操作。

（3）当单变量求解完成时，Excel 会把结果显示在工作表以及【单变量求解状态】对话框内。点击【确定】按钮，把解出的数值存入工作表，点击【取消】按钮，则恢复为初始值。

（三）单变量求解工具在利润敏感性分析中的应用

公司为了实现目标利润，可以提高单价、增加产销量、降低固定成本、降低变动成本等。当目标利润变动时，盈亏临界点的销售量和销售额（保本销售量和保本销售额）也会随之变动。下面以【例 6－8】说明运用单变量求解工具进行目标利润分析的方法。

【例 6－8】某公司生产和销售一种产品，其原定的目标利润为 420 000 元，在此目标下，销售单价为 20 元，销售数量为 90 000 件，固定成本为 300 000 元，单位变动成本为 12 元，保本销售量 37 500 件，保本销售额 750 000 元。如果公司希望目标利润增长 10%，即：目标利润为 462 000 元。为保证目标利润的实现，请分析销售单价、销售数量、固定成本、单位变动成本、保本销售量与保本销售额如何调整？基本数据，如图 6－35 所示。

	A	B
2	利润的敏感性分析	
3	基本数据区	
4	因素	原值
5	销售单价（元）	20
6	销售数量（件）	90,000
7	固定成本（元）	300,000
8	单位变动成本（元）	12
9	保本销售量(件)	37,500
10	保本销售额(元)	750,000
11	利润（元）	420,000

图 6－35　利润敏感性分析的基本数据

1. 提高单价。第一步，选择目标单元格，即利润所在单元格 B11；

第二步，选择【数据】菜单下的【模拟分析】命令，打开【单变量求解】对话框；

第三步，输入相关参数。在【目标单元格】中输入 $B$11，即：利润的单元格地址；在【目标值】中输入 462 000 元，即：新的目标利润；在【可变单元格】中输入销售单价的单元格地址 $B$5，如图 6－36 所示。

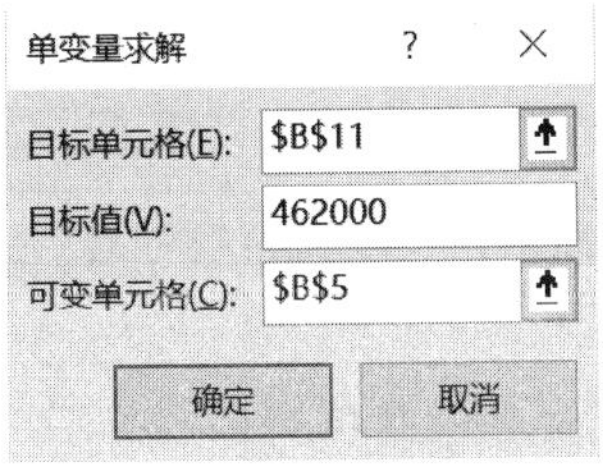

图 6－36　【单变量求解】对话框

第四步，点击【确定】，进行单变量求解，分析结果为：当利润为 462 000 元时，应将单价提高到 20.47 元。当销售单价提高后，保本销售量为 35 433 件，保本销售额为 725 197 元，如图 6－37 所示。

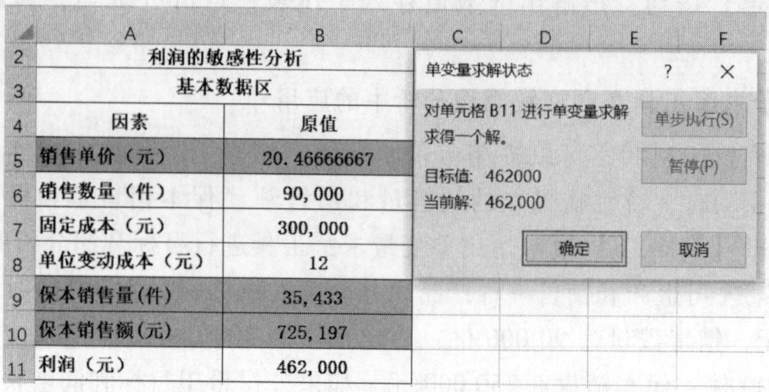

图 6－37　利润的敏感性分析——销售单价

2. 增加销售数量。第一步，选择目标单元格，即利润所在单元格 B11；

第二步，选择【数据】菜单下的【模拟分析】命令，打开【单变量求解】对话框；

第三步，输入相关参数。在【目标单元格】中输入 $B$11，即：利润的单元格地址；在【目标值】中输入 462 000 元，即：新的目标利润；在【可变单元格】中输入销售数量的单元格地址 $B$6，如图 6－38 所示。

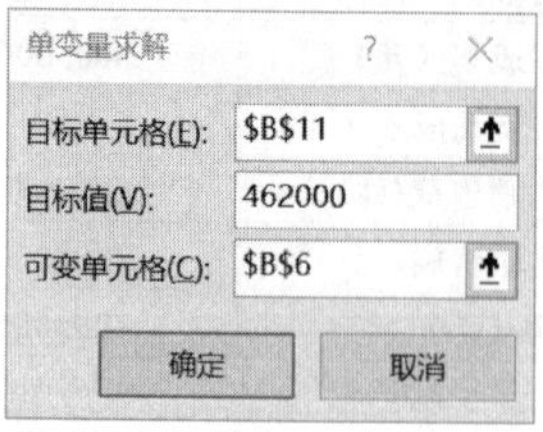

图 6－38　【单变量求解】对话框

第四步，点击【确定】，进行单变量求解，分析结果为：当利润为 462 000 元时，应将销售数量增加到 90 250 件。由于销售数量的变动不影响保本销售量和保本销售额，所以，其数量保持不变—保本销售量为 37 500 件，保本销售额为 750 000 元，如图 6－39 所示。

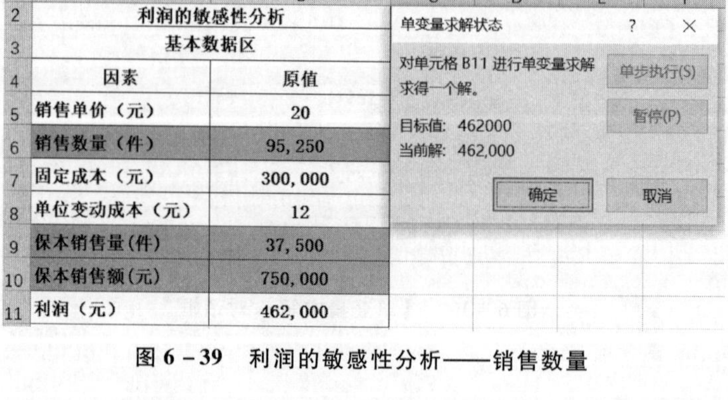

图 6－39　利润的敏感性分析——销售数量

3. 减少固定成本。第一步，选择目标单元格，即利润所在单元格 B11；

第二步，选择【数据】菜单下的【模拟分析】命令，打开【单变量求解】对话框；

第三步，输入相关参数。在【目标单元格】中输入 \$ B \$ 11，即：利润的单元格地址；在【目标值】中输入 462 000 元，即：新的目标利润；在【可变单元格】中输入固定成本的单元格地址 \$ B \$ 7，如图 6－40 所示。

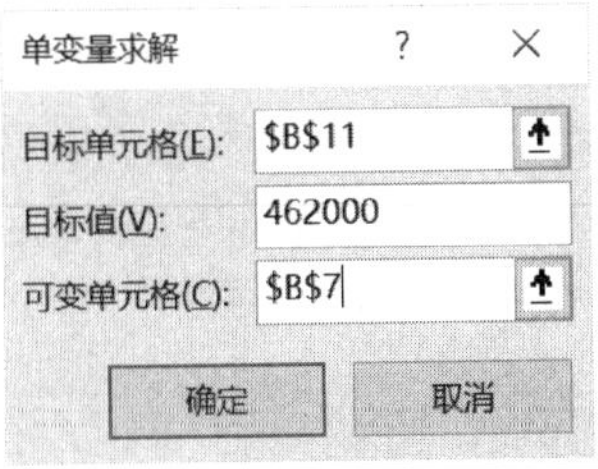

图 6－40 【单变量求解】对话框

第四步，点击【确定】，进行单变量求解。分析结果为：当利润为 462 000 元时，应将固定成本降低为 258 000 元。当固定成本降低后，保本销售量为 32 250 件，保本销售额为 645 000 元，如图 6－41 所示。

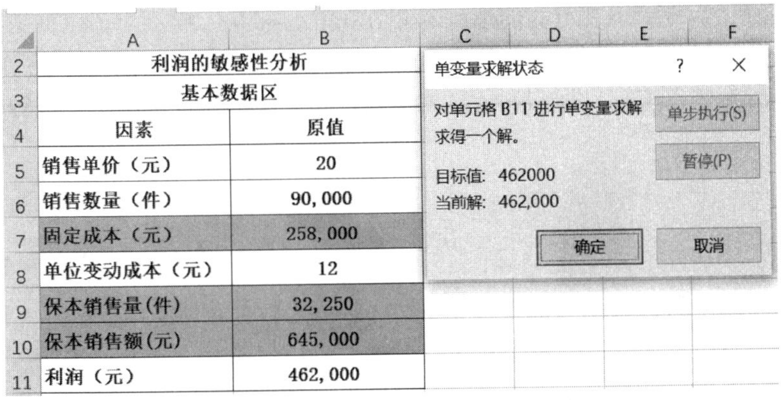

图 6－41 利润的敏感性分析——固定成本

4. 降低单位变动成本。第一步，选择目标单元格，即利润所在单元格 B11；

第二步，选择【数据】菜单下的【模拟分析】命令，打开【单变量求解】对话框；

第三步，输入相关参数。在【目标单元格】中输入 \$ B \$ 11，即：利润的单元格地址；在【目标值】中输入 462 000 元，即：新的目标利润；在【可变单元格】中输入单位变动成本的单元格地址 \$ B \$ 8，如图 6－42 所示。

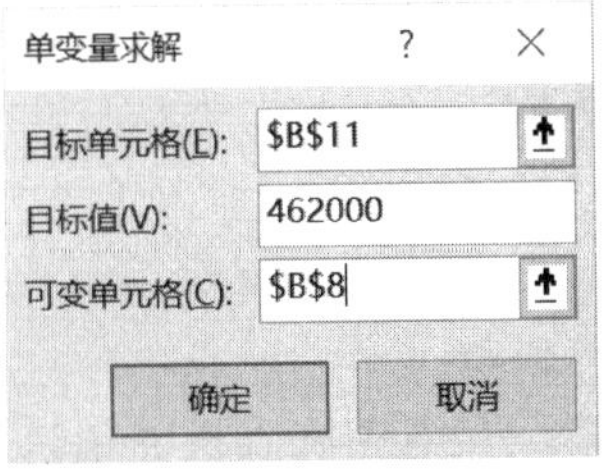

图 6－42 【单变量求解】对话框

第四步，点击【确定】，进行单变量求解。分析结果为：当利润为 462 000 元时，应将单位变动成本降低为 11.53 元。当单位变动成本降低后，保本销售量为 35 433 件，保本销售额为 708 661 元，如图 6－43 所示。

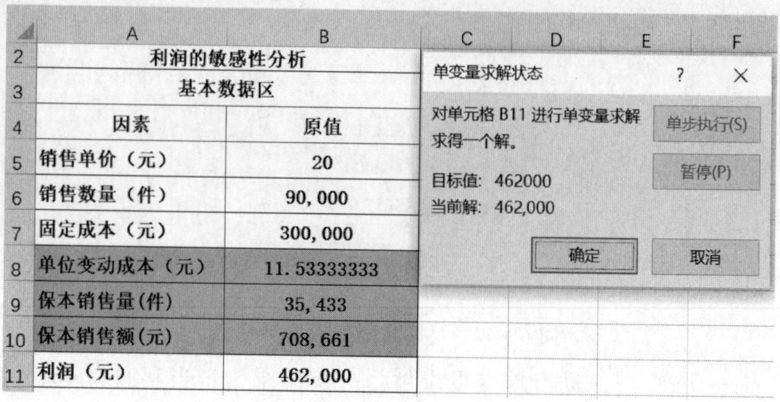

图 6－43　利润的敏感性分析——单位变动成本

在现实经济生活中，影响利润的诸因素相互关联、相互影响。为了增加销售数量，往往需要降低单价或增加广告费用等固定成本。因此，企业很少采取某一单项措施来提高利润，而大多采取综合策略以实现目标利润，这就需要反复运用单变量求解工具进行分析和平衡。

本章小结

本章首先介绍了销售预测与利润管理模型概述；其次，介绍了企业销售预测的主要方法、销售预测函数与销售预测分析工具在模型中的应用；最后，介绍了建立利润管理本量利分析模型的方法及单变量求解工具在目标利润敏感性分析中的应用。

一、本章关键词

移动平均法　　指数平滑法　　回归分析法　　本量利分析　　边际贡献
边际贡献率　　息税前利润　　保本销售量　　保本销售额

二、思考题

1. 简述本量利分析模型的定义。
2. 简述目标利润的敏感性分析的定义。
3. 简述单变量求解的定义。

三、基础训练

1. 某公司2×21年 1～6 月冰箱、彩电和洗衣机的销售额，如表 6－7 所示。

表 6-7　某公司2×21年1~6月销售额统计表　单位：万元

月份	冰箱	彩电	洗衣机
1	200.00	550.00	300.00
2	220.00	510.00	280.00
3	100.00	400.00	350.00
4	150.00	420.00	320.00
5	300.00	390.00	400.00
6	400.00	380.00	480.00

（1）请使用 SUM( )函数计算每月销售总额；

（2）请使用 TREND( )函数，利用前 6 个月的销售额预测该公司未来 3 个月的销售额。

2. 某公司 2×14 年~2×20 年的销售额和利润，如表 6-8 所示，若该公司2×21年的销售额为665 350 元，请使用 GROWTH( )函数预测该公司2×21年的利润。

表 6-8　某公司 2×14 年~2×20 年销售额与利润表　单位：元

年度	销售额	利润
2×14	537 289.00	44 000.00
2×15	375 106.00	30 500.00
2×16	332 526.00	26 000.00
2×17	667 366.00	52 400.00
2×18	453 557.00	42 000.00
2×19	134 345.00	11 000.00
2×20	545 367.00	42 900.00

3. 某公司2×21年1~5 月的投入的广告费用和销售量，如表6-9 所示，若该公司2×21年 6 月投入的广告费用为 720 万元。

（1）请使用 FORECAST( )函数预测该公司2×21年 6 月的销售量。

（2）请使用回归分析工具，建立一元线性回归预测模型。

（3）请利用一元线性回归预测模型预测2×21年 6 月的销售数量。

表 6-9　某公司2×21年1~5 月的广告费用与销售量表

月份	广告费用（万元）	销售量（万件）
1	400	600
2	450	610
3	500	815
4	575	895
5	600	925

4. 某公司 2×10 年~2×21 年的销售收入如表 6-10 所示，若移动间隔期分别为 2 期、3 期、4 期时，请使用移动平均分析工具，选择最佳移动间隔期，预测该公司 2×22 年的销

售收入。

表 6 – 10　某公司 2 × 10 年 ~ 2 × 21 年的销售收入　单位：万元

年份	销售额
2 × 10	680.93
2 × 11	750.32
2 × 12	798.57
2 × 13	866.06
2 × 14	969.30
2 × 15	897.97
2 × 16	1 191.32
2 × 17	1 592.54
2 × 18	1 833.17
2 × 19	1 300.00
2 × 20	1 190.66
2 × 21	1 409.00

5. 某公司 2 × 12 年 ~ 2 × 21年的销售收入如表 6 – 11 所示，若平滑系数 $\alpha = 0.4$、平滑系数 $\alpha = 0.3$ 时，请使用指数平滑分析工具，预测该公司 2 × 22 年的销售收入。

表 6 – 11　某公司 2 × 12 年 ~ 2 × 21年销售收入表　单位：万元

年份	销售收入
2 × 12	139
2 × 13	289
2 × 14	163
2 × 15	180
2 × 16	173
2 × 17	190
2 × 18	158
2 × 19	159
2 × 20	158
2 × 21	148

6. 某公司生产和销售一种产品，销售单价为 12.5 元，销售数量为 70 000 件，固定成本为 200 000 元，单位变动成本为 7.5 元。如果各因素变动百分比为 –25% ~ 25%。要求：

（1）建立利润管理本量利分析模型，计算公司盈亏临界点的销售数量和销售金额、预计利润；

（2）假设单位变动成本降低 10%，其他因素不变，计算此时的盈亏临界点；

（3）假设固定成本上升 15%，其他因素不变，计算此时的盈亏临界点；

（4）假设单位售价上升 18%，其他因素不变，计算此时的盈亏临界点；

（5）利用上述模型分析单位变动成本下降 10%，固定成本上升 15%，单位售价上升 18%时盈亏临界点的销售数量和销售金额。

7. 某公司生产和销售一种产品，其原定的目标利润为 366 000 元，在此目标下，销售单价为 17 元，销售数量为 90 000 件，固定成本为 300 000 元，单位变动成本为 9.6 元。现假定该公司将目标利润定为 380 000 元，请使用单变量求解模型分析：

（1）为实现目标利润，应该如何调整销售单价？计算保本销售量与保本销售额。

（2）为实现目标利润，应该如何调销售数量？计算保本销售量与保本销售额。

（3）为实现目标利润，应该如何调整固定成本？计算保本销售量与保本销售额。

（4）为实现目标利润，应该如何调整单位变动成本？计算保本销售量与保本销售额。

第七章　财务分析模型

学习目标

知识目标：财务分析是一种认识和评价企业过去、现在的财务状况、经营成果以及今后发展趋势的一种重要方法，对于各种信息使用者都非常重要。财务分析的依据是财务报表数据，也称为财务报表分析。运用案例教学、上机演示、小组讨论等方式，结合 PPT 多媒体课件等教学手段，使学生能够结合已经学过的理论知识，熟练掌握财务分析模型的设计方法，并据此分析企业的财务状况、经营成果等。本章内容在简要介绍财务报表分析的目的和方法等理论知识的基础上，着重讨论应用 Excel 建立财务报表结构分析模型、财务报表趋势分析模型、财务比率分析模型和综合分析模型的方法。

能力目标：学完本章后应该掌握：财务分析的目的和方法；资产负债表分析模型的设计方法；利润表分析模型的设计方法；现金流量表分析模型的设计方法；比率分析模型的设计方法；综合分析模型的设计方法。

第一节　财务分析概述

图 7－1 为某公司简易利润表趋势分析模型的截图。财务报表是企业财务会计系统的最终工作成果，其中包含着大量有关企业经营活动过程和结果的高度浓缩的会计信息。这些财务报表所提供的数据和有关指标，职能概括地反映企业的财务状况和经营成果。要想透彻地理解公司的财务状况、经营过程和经营成果，还必须对各项有关会计数据进行加工、联系和对比，并对此进行分析和评价。通过对财务报表进行分析，可以全面地了解和评价企业的偿债能力、盈利能力、营运能力等，为有关各方面做决策提供有用的依据。Excel 强大的计算分析功能可以为财务管理人员建立各种财务分析模型提供支持。

财务分析是以企业的财务报表等资料为依据，采用一系列专门的分析技术和方法，对企业等经济组织的过去和现在的财务活动的盈利能力、营运能力、偿债能力和增长能力状况进行分析和评价，为企业的投资者、债权人、经营者及其他信息使用者了解企业过去、评价企业现状、预测企业未来、做出正确决策与估价提供重要的财务信息。

一、财务分析的作用

财务分析的目的是其内在的本质要求，而财务分析的作用则是其目的的外在体现，是不同的财务信息使用者所赋予的。不同的信息使用者所关注的财务分析结论是不同的，因此，

利润表趋势分析模型				
2021年1月4日				
项目	2019年	2020年	增减额	增减率
销售收入	530000	532000	2000	0.38%
减：销售成本	340000	345000	5000	1.47%
销售毛利	190000	187000	-3000	-1.58%
减：管理费用	49000	49550	550	1.12%
营业利润	141000	137450	-3550	-2.52%
加：营业外收入	11	5	-6	-54.55%
减：利息支出	1250	1400	150	12.00%
利润总额	139761	136055	-3706	-2.65%
减：所得税	34940.25	34013.75	-927	-2.65%
净利润	104820.75	102041.25	-2780	-2.65%

图 7－1　简易利润表趋势分析模型截图

财务分析对于他们的作用也就不同。

1. 帮助投资者做出投资决策。一般来说，投资者最关注的是企业投资回报率水平和风险程度，他们希望了解企业的短期盈利能力和长期发展潜力。财务分析结论可以提供大量揭示企业财务目标是否实现的信息，为投资者做出继续投资、追加投资、转移投资或抽回投资的决策，提供了重要帮助。

2. 帮助债权人评估债权安全。债权人更多地关心企业的偿债能力，关心企业的资本结构及长短期负债比例。通常短期债权人更多地注重企业各项流动比率，而长期债权人更多地考虑企业的经营方针、发展方向、项目性质及潜在财务风险等。财务分析的全面性从不同侧面满足了长短期债权人对信息的要求。

3. 帮助经营者提升内部管理。财务分析信息对于提高企业内部经营管理水平、制定发展规划、做出有关决策等具有重要作用。企业外部的利益相关者对企业的影响是间接的，而管理当局利用财务信息做出的决策对企业的影响则是迅速而直接的。经营者对财务信息的要求也更加具体、详细、深入，故对财务分析的质量要求也更高。

4. 帮助政府监管企业经营活动。对企业有监管职能的比如工商、税务、审计等政府部门，他们主要是通过定期了解企业的财务信息，来把握和判断企业是否依法经营、依法纳税。同时，政府借助财务分析数据，可以判断企业的发展趋势，预测企业的经营前景，避免决策失误。

5. 帮助内部员工了解企业发展。企业员工不但关心企业目前的经营状况和盈利能力，而且也关心企业未来的发展前景，他们也需要通过财务分析结果来获取信息。此外，企业员工还会通过财务分析了解薪酬变动的原因和自己的职业保障程度等。

6. 帮助外部信息使用者掌握企业财务状况。企业财务信息的外部使用者包括会计师事务所等社会中介机构，以及供应商等有业务往来的企业。这些中介机构开展业务需要全面了解和掌握企业的财务状况，所需信息主要来自财务分析结论。往来企业需要通过财务分析提供的信息掌握企业的资金实力、付款能力和企业的长期信用状况等，进行信用政策的制定等相关决策。

二、财务分析的内容和方法

（一）财务分析的内容

财务分析，也称为财务报表分析，主要依据资产负债表、利润表和现金流量表所提供的资料，对企业的财务状况和发展前景等方面进行系统分析。财务分析主要包括企业财务状况（结构）分析、营运能力分析、偿债能力分析、盈利能力分析和财务综合分析等。

（二）财务分析的方法

1. 结构分析法。结构分析法是把常规的财务报表换算成结构百分比报表，然后将不同年度的报表逐项比较，查明某一特定项目在不同年份百分比的差额。结构分析法是通过分析指标结构来反映该项指标的特征和变化规律的一种分析方法。

2. 趋势分析法。趋势分析法是对不同时期财务指标进行对比以确定其增减差异和变动趋势的分析方法。趋势分析法的计算指标包括差异数、差异率和趋势比率。

3. 比率分析法。比率分析法是将财务报表中的两个相互联系的指标，以其中某项指标为基数，求得二者数值的比率，用来反映一定财务关系的分析方法。比率分析是财务分析的核心内容。

4. 综合分析法。综合分析法是将各种财务指标放在一起分析，以便了解企业财务状况全貌。综合分析方法主要有财务比率综合分析和杜邦分析。

三、财务分析模型

财务分析模型就是将计算机技术和财务分析方法相结合建立的用于提供财务决策相关信息的分析模型。财务分析模型包括结构分析、趋势分析、比率分析、综合分析等，能够帮助管理者在计算机环境中及时、准确地采集财务分析所需的数据并生成报表，据此对企业财务活动的过程进行研究和评价，分析企业在生产经营过程中的利弊得失、财务状况及发展趋势，为评价和改进财务管理工作提供帮助。

管理者进行财务分析时，就会运行财务分析模型。不同的财务分析者进行财务分析的目标、内容不同，财务分析模型的功能也不相同，不同的使用者可以设计不同的财务分析模型。

通常，财务分析模型的基本功能如下：

（1）结构分析。建立结构分析模型后，计算机将计算出财务报表中项目的结构百分比，显示财务报表的结构及其变化。

（2）趋势分析。建立趋势分析模型后，计算机将给出包含数字和图表的企业趋势分析结果。

（3）比率分析。建立比率分析模型后，计算机将财务报表中的有关项目进行对比，自动得出一系列财务比率，以此揭示企业财务状况。

（4）杜邦分析。建立杜邦分析模型后，计算机将给出利用杜邦分析方法得出的综合分析图。

（5）综合评价分析。建立综合评价分析模型后，计算机将给出综合评分标准表和企业财务情况评分表，以此揭示企业的整体财务情况。

四、财务分析的数据来源

财务分析模型，无论是结构分析、比率分析、趋势分析还是综合分析，要进行分析就需要基础数据，财务报表分析的数据主要是本单位会计核算资料包括资产负债表、利润表和现金流量表等。本单位财务报表可以从企业内部获取，比如企业的账簿资料或是管理信息系统。但有时财务分析也需要本单位之外的数据，就需要从企业外部获取，比如同行业财务报表等资料。

在手工环境下，财务分析的数据通过人工输入的方式获得，即将会计账簿上的数据输入财务分析模型。而在信息技术环境下，本企业的财务报表可以通过文本文件的形式存放在企业网络的目录中，也可以存放在数据库文件中；外部企业的财务信息存放在专业网站上，如上市公司网站或者相关的网站。这些财务分析所需要的数据可以通过 Excel 的【数据】选项卡下的【获取数据】菜单下【自网站】命令，快速准确地获取。也可以直接通过 Excel 的【数据】选项卡下的【自网站】按钮来获取，如图 7－2 所示。

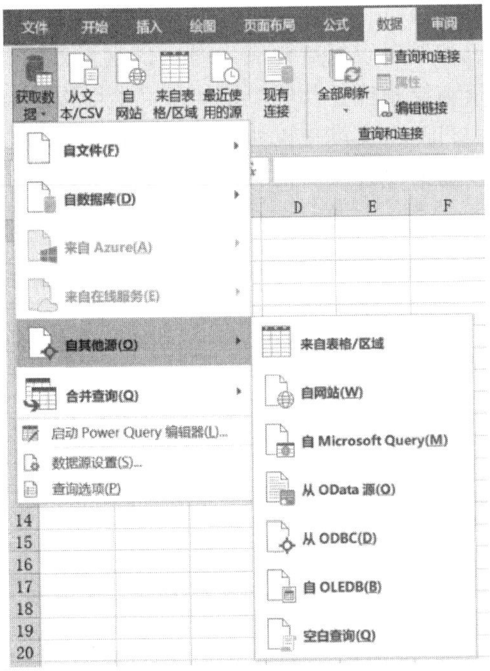

图 7－2　财务分析的数据获取

第二节　资产负债表分析模型

一、资产负债表分析的内涵

资产负债表是一种静态报表，反映企业某一特定日期财务状况的财务报表，即反映了企业在这一时点拥有了多少资产，承担了多少对债权人和股东的义务。

企业通过财务报告对外披露的财务数据与企业的原始经济业务数据是有区别的，财务报告是对原始经济业务进行会计确认与计量的结果。在会计确认和计量的过程中，会计人员运用职业判断对会计政策和方法进行了选择。财务分析人员需要对会计人员职业判断的合理性进行评估，也就是要评价企业会计政策和方法的选用是否恰当。

管理层有可能在非正当利益的驱使下，出于业绩考核、获取信贷资金、发行股票、上市资格维护和政治目的等动机，而有意粉饰财务报表。财务报表信息是各项财务能力分析的主要信息资料和重要依据，在这种情况下使用虚假信息进行财务分析，做出财务决策，结果将是非常严重的。

资产负债表分析就是对财务报表信息的质量进行评估，以确保财务能力分析的准确性和有效性。

二、资产负债表结构分析模型

（一）资产负债表结构分析的目的

资产负债表结构分析，是通过将资产负债表中各项目与总资产或总权益进行对比，分析企业的资产构成、负债构成和所有者权益构成，揭示企业资产结构和资本结构的合理程度，探索企业资产结构优化、资本结构优化及资产结构与资本结构适应程度优化的思路。

资产负债表结构分析的目的，具体来说如下：分析评价企业资产结构变动情况及原因；分析评价企业资本结构的变动情况及原因；分析评价企业资产结构与资本结构的适应程度。

（二）资产负债表结构分析的方法

资产负债表结构分析的依据是资产负债表，在信息技术环境下，企业的财务报表等资料都是信息系统自动生成，并存放于指定的目录或路径下。建立财务分析模型时只需要导入资产负债表即可。构建资产负债表结构分析模型，实质上就是采用垂直分析法，编制出资产负债表垂直分析表，以资产负债表中的资产总计为基准，将其他各项目的数据与资产总计对比，求出各个项目在总资产中所占的结构百分比以及变动情况。

图 7－3 是宇阳公司2×21年的资产负债表。

	A	B	C	D	E	F
1	资产负债表					
2	2×21年12月31日					
3						金额单位:元
4	资产	年初数	期末数	负债和所有者权益	年初数	期末数
5	流动资产:			流动负债:		
6	货币资金	622500	805800	短期借款	300000	200000
7	短期投资	800000	600000	交易性金融负债		
8	应收票据	260000	220000	应付票据	360000	402000
9	应收账款	758000	860000	应付账款	875900	892600
10	减;坏账准备	11370	12900	预收账款	0	0
11	应收账款净额	746630	847100	应付工资	496000	522600
12	预付账款	0	0	应交税金	65700	71200
13	其他应收款	86000	58000	应付利润	891000	900000
14	存货	2016870	2103200	其他应付款	23000	0
15	待摊费用	12800	6400	其他应交款	1000	2100
16	流动资产合计	4544800	4640500	预提费用	18000	21000
17	非流动资产:			流动负债合计	3030600	3011500
18	长期应付款			非流动负债:		
19	长期股权投资	0	0	长期借款	2000000	2050000
20	固定资产	5510000	5695000	递延所得税负债	119400	74200
21	在建工程	125000	0	非流动负债合计	2119400	2124200
22	工程物资			负债合计	5150000	5135700
23	无形资产	180000	150000	股东权益:		
24	商誉			股本	5000000	5000000
25	长期待摊费用			资本公积	17800	17800
26	递延所得税资产			盈余公积	180000	298000
27	其他非流动资产			未分配利润	12000	34000
28	非流动资产合计	5815000	5845000	股东权益合计	5209800	5349800
29	资产总计	10359800	10485500	负债及股东权益总计	10359800	10485500

图 7－3　宇阳公司资产负债表截图

【例7－1】宇阳公司2×21年资产负债表，如图7－3所示，请建立该企业的资产负债表结构分析模型。

建立模型的具体操作步骤如下所述：

第一，建立新的工作表“资产负债表结构分析模型”，资产负债表采用垂直结构，将资产负债表的各个项目的数据复制到该表中；

第二，在单元格D6处输入公式“＝B6/B$29”，求出得数；

第三，选择自动填充选项，按住鼠标左键由单元格D6拖动至D29处；

第四，在单元格E6处输入公式“＝C6/C$29”，求出得数；

第五，选择自动填充选项，按住鼠标左键由单元格E6拖动至E29处；

第六，在单元格F6处，输入公式“＝D6－E6”，求出得数；

第七，选择自动填充选项，按住鼠标左键由单元格F6拖动至F28处；

第八，在单元格D31处输入公式“＝B31/B$54”，求出得数；

第九，选择自动填充选项，按住鼠标左键由单元格D31拖动至D54处；

第十，在单元格E31处输入公式“＝C31/C$54”，求出得数；

第十一，选择自动填充选项，按住鼠标左键由单元格E31拖动至E54处；

第十二，在单元格F31处，输入公式“＝D31－E31”，求出得数；

第十三，选择自动填充选项，按住鼠标左键由单元格F31拖动至F53处；

第十四，选定D、E、F列数字部分区域，在【设置单元格格式】中选择【数字】为“百分比”，小数点后保留两位。

操作完成，即可得资产负债表结构分析模型，如图7－4（a）、图7－4（b）所示。

	A	B	C	D	E	F
1	资产负债表					
2	2×21年12月31日					
3						金额单位:元
4	资产、负债和股东权益	期末数	年初数	期末	期初	变动情况
5	流动资产:					
6	货币资金	805800	622500	7.68%	6.01%	1.68%
7	短期投资	600000	800000	5.72%	7.72%	-2.00%
8	应收票据	220000	260000	2.10%	2.51%	-0.41%
9	应收账款	860000	758000	8.20%	7.32%	0.89%
10	减;坏账准备	12900	11370	0.12%	0.11%	0.01%
11	应收账款净额	847100	746630	8.08%	7.21%	0.87%
12	预付账款	0	0	0.00%	0.00%	0.00%
13	其他应收款	58000	86000	0.55%	0.83%	-0.28%
14	存货	2103200	2016870	20.06%	19.47%	0.59%
15	待摊费用	6400	12800	0.06%	0.12%	-0.06%
16	流动资产合计	4640500	4544800	44.26%	43.87%	0.39%
17	非流动资产:			0.00%	0.00%	0.00%
18	长期应付款			0.00%	0.00%	0.00%
19	长期股权投资	0	0	0.00%	0.00%	0.00%
20	固定资产	5695000	5510000	54.31%	53.19%	1.13%
21	在建工程	0	125000	0.00%	1.21%	-1.21%
22	工程物资			0.00%	0.00%	0.00%
23	无形资产	150000	180000	1.43%	1.74%	-0.31%
24	商誉			0.00%	0.00%	0.00%
25	长期待摊费用			0.00%	0.00%	0.00%
26	递延所得税资产			0.00%	0.00%	0.00%
27	其他非流动资产			0.00%	0.00%	0.00%
28	非流动资产合计	5845000	5815000	55.74%	56.13%	-0.39%
29	资产总计	10485500	10359800	100.00%	100.00%	

图7－4(a)　资产负债表结构分析模型

	A	B	C	D	E	F
29	**资产总计**	10485500	10359800	100.00%	100.00%	
30	**流动负债:**					
31	短期借款	200000	300000	1.91%	2.90%	-0.99%
32	交易性金融负债			0.00%	0.00%	0.00%
33	应付票据	402000	360000	3.83%	3.47%	0.36%
34	应付账款	892600	875900	8.51%	8.45%	0.06%
35	预收账款	0	0	0.00%	0.00%	0.00%
36	应付工资	522600	496000	4.98%	4.79%	0.20%
37	应交税金	71200	65700	0.68%	0.63%	0.04%
38	应付利润	900000	891000	8.58%	8.60%	-0.02%
39	其他应付款	0	23000	0.00%	0.22%	-0.22%
40	其他应交款	2100	1000	0.02%	0.01%	0.01%
41	预提费用	21000	18000	0.20%	0.17%	0.03%
42	**流动负债合计**	3011500	3030600	28.72%	29.25%	-0.53%
43	**非流动负债:**			0.00%	0.00%	0.00%
44	长期借款	2050000	2000000	19.55%	19.31%	0.25%
45	递延所得税负债	74200	119400	0.71%	1.15%	-0.44%
46	**非流动负债合计**	2124200	2119400	20.26%	20.46%	-0.20%
47	**负债合计**	5135700	5150000	48.98%	49.71%	-0.73%
48	**股东权益:**			0.00%	0.00%	0.00%
49	股本	5000000	5000000	47.68%	48.26%	-0.58%
50	资本公积	17800	17800	0.17%	0.17%	0.00%
51	盈余公积	298000	180000	2.84%	1.74%	1.10%
52	未分配利润	34000	12000	0.32%	0.12%	0.21%
53	**股东权益合计**	5349800	5209800	51.02%	50.29%	0.73%
54	**负债及股东权益总计**	10485500	10359800	100.00%	100.00%	

图 7－4(b)　资产负债表结构分析模型

根据上面模型的计算结果，就可以对资产负债表的资产结构、资本结构等进行分析。

三、资产负债表趋势分析模型

（一）资产负债表趋势分析的目的

资产负债表趋势分析，就是通过对企业连续几期财务报表数据的比较，观察资产、负债和所有者权益的变化，揭示企业经营导致的财务状况变动及分析其变动的原因。

资产负债表趋势分析的目的，是要从总体上观察和了解资产、权益的变动情况，揭示出资产、负债和所有者权益变动的差异，并分析其差异产生的原因。

（二）资产负债表趋势分析的方法

资产负债表趋势分析，通常可以通过编制比较资产负债表来进行。在编制比较资产负债表时，为了全面反映财务指标的变动趋势，应该在使用报表数据的绝对数进行增减变动比较的同时，计算出增减变动的百分比，从相对意义上进行比较，使得分析更具有实际意义。同时，还应计算出该项目变动对总资产或权益总额的影响程度，以便确定影响总资产或权益总额的重点项目，为进一步分析指明方向。某项目变动对总资产或权益总额的影响程度可按下式计算：

$$\text{某项目变动对总资产（权益总额）的影响（\%）}=\frac{\text{某项目的变动额}}{\text{基期总资产（权益总额）}}\times 100\%$$

【例 7－2】 宇阳公司2×21年资产负债表，如图 7－3 所示，请建立该企业的资产负债表趋势分析模型。

建立模型的具体操作步骤如下所述：

第一，建立新的工作表“资产负债表趋势分析模型”，资产负债表采用垂直结构，将资产负债表的各个项目的数据复制到该表中；

第二，在单元格 D6 处输入公式“ = B6 - C6”，求出得数；

第三，选择自动填充选项，按住鼠标左键由单元格 D6 拖动至 D29 处；

第四，在单元格 E6 处输入公式“ = IF（C6 = 0，0，D6/C6）”，求出得数；

第五，选择自动填充选项，按住鼠标左键由单元格 E6 拖动至 E29 处；

第六，在单元格 F6 处，输入公式“ = D6/C $ 29”，求出得数；

第七，选择自动填充选项，按住鼠标左键由单元格 F6 拖动至 F29 处；

第八，在单元格 D31 处输入公式“ = B31 - C31”，求出得数；

第九，选择自动填充选项，按住鼠标左键由单元格 D31 拖动至 D54 处；

第十，在单元格 E31 处输入公式“ = IF（C31 = 0，0，D31/C31）”，求出得数；

第十一，选择自动填充选项，按住鼠标左键由单元格 E31 拖动至 E54 处；

第十二，在单元格 F31 处，输入公式“ = D31/C $ 54”，求出得数；

第十三，选择自动填充选项，按住鼠标左键由单元格 F31 拖动至 F54 处；

第十四，选定 E、F 列数字部分区域，在【设置单元格格式】中选择【数字】为“百分比”，小数点后保留两位。

操作完成，即可得资产负债表趋势分析模型，如图 7 - 5（a）、图 7 - 5（b）所示。

	A	B	C	D	E	F
1	资产负债表					
2	2×21年12月31日					
3						金额单位:元
4	产、负债和股东权	期末数	年初数	增减额	增减率（%）	对总资产（权益总额）的影响（%）
5	**流动资产:**					
6	货币资金	805800	622500	183300	29.45%	1.77%
7	短期投资	600000	800000	-200000	-25.00%	-1.93%
8	应收票据	220000	260000	-40000	-15.38%	-0.39%
9	应收账款	860000	758000	102000	13.46%	0.98%
10	减;坏账准备	12900	11370	1530	13.46%	0.01%
11	应收账款净额	847100	746630	100470	13.46%	0.97%
12	预付账款	0	0	0	0.00%	0.00%
13	其他应收款	58000	86000	-28000	-32.56%	-0.27%
14	存货	2103200	2016870	86330	4.28%	0.83%
15	待摊费用	6400	12800	-6400	-50.00%	-0.06%
16	**流动资产合计**	4640500	4544800	95700	2.11%	0.92%
17	**非流动资产:**			0	0.00%	0.00%
18	长期应付款			0	0.00%	0.00%
19	长期股权投资	0	0	0	0.00%	0.00%
20	固定资产	5695000	5510000	185000	3.36%	1.79%
21	在建工程	0	125000	-125000	-100.00%	-1.21%
22	工程物资			0	0.00%	0.00%
23	无形资产	150000	180000	-30000	-16.67%	-0.29%
24	商誉			0	0.00%	0.00%
25	长期待摊费用			0	0.00%	0.00%
26	递延所得税资产			0	0.00%	0.00%
27	其他非流动资产			0	0.00%	0.00%
28	**非流动资产合计**	5845000	5815000	30000	0.52%	0.29%
29	**资产总计**	10485500	10359800	125700	1.21%	1.21%

图 7 - 5(a)　资产负债表趋势分析模型

	A	B	C	D	E	F
28	**非流动资产合计**	5845000	5815000	30000	0.52%	0.29%
29	**资产总计**	10485500	10359800	125700	1.21%	1.21%
30	**流动负债：**					
31	短期借款	200000	300000	-100000	-33.33%	-0.97%
32	交易性金融负债			0	0.00%	0.00%
33	应付票据	402000	360000	42000	11.67%	0.41%
34	应付账款	892600	875900	16700	1.91%	0.16%
35	预收账款	0	0	0	0.00%	0.00%
36	应付工资	522600	496000	26600	5.36%	0.26%
37	应交税金	71200	65700	5500	8.37%	0.05%
38	应付利润	900000	891000	9000	1.01%	0.09%
39	其他应付款	0	23000	-23000	-100.00%	-0.22%
40	其他应交款	2100	1000	1100	110.00%	0.01%
41	预提费用	21000	18000	3000	16.67%	0.03%
42	**流动负债合计**	3011500	3030600	-19100	-0.63%	-0.18%
43	**非流动负债：**			0	0.00%	0.00%
44	长期借款	2050000	2000000	50000	2.50%	0.48%
45	递延所得税负债	74200	119400	-45200	-37.86%	-0.44%
46	**非流动负债合计**	2124200	2119400	4800	0.23%	0.05%
47	**负债合计**	5135700	5150000	-14300	-0.28%	-0.14%
48	**股东权益：**			0	0.00%	0.00%
49	股本	5000000	5000000	0	0.00%	0.00%
50	资本公积	17800	17800	0	0.00%	0.00%
51	盈余公积	298000	180000	118000	65.56%	1.14%
52	未分配利润	34000	12000	22000	183.33%	0.21%
53	**股东权益合计**	5349800	5209800	140000	2.69%	1.35%
54	**负债及股东权益总**	10485500	10359800	125700	1.21%	1.21%

图 7－5(b)　资产负债表趋势分析模型

根据资产负债表趋势分析模型的数据，就可以对企业财务状况的变动及其产生原因进行分析。

第三节　利润表分析模型

一、利润表分析的内涵

利润表是反映企业在一定会计期间经营成果的会计报表，它是一种动态报表。利润表是企业内外部相关利益者了解企业经营业绩的主要窗口，由于它在多种场合常常以业绩评价基准的身份出现，所以企业出于各种不同动机，费尽心机地粉饰利润表，其根本目的就是为了能够按照个人意愿操纵利润。因此，利润表往往是财务舞弊的“重灾区”。

对利润表进行分析是指以利润表为主要依据，对利润及其影响因素进行分析，以评价企业业绩、发现问题和向企业相关利益者提供真实业绩信息为目的的分析方法。通过进行利润表分析，可以正确评价企业各方面的经营业绩，可以及时准确地发现企业经营管理中存在的问题，可以为投资者、债权人的投资与信贷决策提供正确信息。

二、利润表结构分析模型

（一）利润表结构分析的目的

利润表结构分析是通过计算利润表中各项目占营业收入的比重或结构，反映利润表中的项目与营业收入关系情况及其变动情况，分析说明财务成果的结构及其增减变动的合理程度。通过各项目的比重，分析各项目在企业经营收入中的重要性。一般来说，项目比重越大，说明其重要程度越高，对总体的影响越大。将分析期各项目的比重与前期同项目的比重对比，能够研究各项目的比重变动情况及取得的业绩和存在的问题。

（二）利润表结构分析的方法

利润表结构分析的依据是利润表，通过垂直分析法，计算出利润表中各因素或各种财务成果在营业收入中所占的比重，并将这个比重的实际数和选定的标准进行比较，编制出利润表垂直分析表，在此基础上进行分析评价。

【例7－3】图7－6是宇阳公司2×21年度的利润表，请建立该企业利润表结构分析模型。

	A	B	C
1	利润表		
2	2×21年度		
3			单位：元
4	项目	本期金额	上期金额
5	一、营业收入	9600000	7000000
6	减：营业成本	5880000	3960000
7	税金及附加	424000	370000
8	销售费用	116640	112000
9	管理费用	358420	370000
10	财务费用	65200	67200
11	资产减值损失	0	0
12	加：公允价值变动收益	0	0
13	投资收益	-60000	6000
14	二、营业利润	3184560	2126800
15	加：营业外收入	118260	24600
16	减：营业外支出	11600	19620
17	三、利润总额	3291220	2131780
18	减：所得税	815380	509000
19	四、净利润	2475840	1622780
20	五、每股收益		
21	（一）基本每股收益		
22	（二）稀释每股收益		

图7－6　宇阳公司2×21年度利润表截图

建立模型的具体操作步骤如下所述：

第一，建立新的工作表“利润表结构分析模型”，将利润表各个项目的数据复制到该表中；

第二，选定D5单元格，输入“＝B5/B$5”；

第三，选择自动填充选项，按住鼠标左键由单元格D5拖动至D19处；

第四，选定E5单元格，输入“＝C5/C$5”；

第五，选择自动填充选项，按住鼠标左键由单元格E5拖动至E19处；

第六，选中D列和E列单元格中的数字区域部分，在【设置单元格格式】中选择【数字】为“百分比”，小数点后保留两位。

完成上述操作后，即可得到利润表结构分析模型，如图7－7所示。

	A	B	C	D	E
1	利润表结构分析模型				
2	2×21年度				
3					单位：元
4	项目	本期金额	上期金额	本期结构比	上期结构比
5	一、营业收入	9600000	7000000	100.00%	100.00%
6	减：营业成本	5880000	3960000	61.25%	56.57%
7	税金及附加	424000	370000	4.42%	5.29%
8	销售费用	116640	112000	1.22%	1.60%
9	管理费用	358420	370000	3.73%	5.29%
10	财务费用	65200	67200	0.68%	0.96%
11	资产减值损失	0	0	0.00%	0.00%
12	加：公允价值变动收益	0	0	0.00%	0.00%
13	投资收益	-60000	6000	-0.63%	0.09%
14	二、营业利润	3184560	2126800	33.17%	30.38%
15	加：营业外收入	118260	24600	1.23%	0.35%
16	减：营业外支出	11600	19620	0.12%	0.28%
17	三、利润总额	3291220	2131780	34.28%	30.45%
18	减：所得税	815380	509000	8.49%	7.27%
19	四、净利润	2475840	1622780	25.79%	23.18%
20	五、每股收益				
21	（一）基本每股收益				
22	（二）稀释每股收益				

图 7－7　利润表结构分析模型

通过利润表结构分析模型，企业各相关信息使用者可以分析企业各项财务成果的构成情况，追寻各项财务成果变动的原因。

三、利润表趋势分析模型

（一）利润表趋势分析的目的

利润表趋势分析是指通过将企业报告期的利润表数据与基期对比，揭示各方面存在的问题，为全面深入分析企业的利润情况奠定基础。进行趋势分析，可以了解项目增减变动额度和幅度情况，从而发现可疑点。变动额度多少为异常应视企业收入基础而确定，一般而言，变动幅度如果超过 20% 则视为异常，当然还必须结合项目是否重要做出结论。

（二）利润表趋势分析的方法

利润表趋势分析的依据是利润表，通过将利润表各个项目的实际数和选定的标准进行比较，编制出比较利润表，在此基础上进行分析评价。

【例 7－4】 图 7－6 是宇阳公司2×21 年度的利润表，请建立该企业利润表趋势分析模型。

建立模型的具体操作步骤如下所述：

第一，建立新的工作表“利润表趋势分析模型”，将利润表各个项目的数据复制到该表中；

第二，选定 D5 单元格，输入“＝B5－C5”；

第三，选择自动填充选项，按住鼠标左键由单元格 D5 拖动至 D19 处；

第四，选定 E5 单元格，输入“＝D5/C5”；

第五，选择自动填充选项，按住鼠标左键由单元格 E5 拖动至 E19 处；

第六，选中 E 列单元格中的数字区域部分，在【设置单元格格式】中选择【数字】为“百分比”，小数点后保留两位。

完成上述操作后，即可得到利润表趋势分析模型，如图 7－8 所示。

	A	B	C	D	E
1	利润表趋势分析模型				
2	2×21年度				
3					单位：元
4	项目	本期金额	上期金额	增减额	增减率
5	一、营业收入	9600000	7000000	2600000	37.14%
6	减：营业成本	5880000	3960000	1920000	48.48%
7	税金及附加	424000	370000	54000	14.59%
8	销售费用	116640	112000	4640	4.14%
9	管理费用	358420	370000	-11580	-3.13%
10	财务费用	65200	67200	-2000	-2.98%
11	资产减值损失	0	0	0	0.00%
12	加：公允价值变动收益	0	0	0	0.00%
13	投资收益	-60000	6000	-66000	-1100.00%
14	二、营业利润	3184560	2126800	1057760	49.73%
15	加：营业外收入	118260	24600	93660	380.73%
16	减：营业外支出	11600	19620	-8020	-40.88%
17	三、利润总额	3291220	2131780	1159440	54.39%
18	减：所得税	815380	509000	306380	60.19%
19	四、净利润	2475840	1622780	853060	52.57%
20	五、每股收益				
21	（一）基本每股收益				
22	（二）稀释每股收益				

图 7－8　利润表趋势分析模型

通过利润表趋势分析模型，可以对净利润、利润总额、营业利润额的变动额与变动幅度进行分析，并追寻这些利润变动的原因。

第四节　现金流量表分析模型

一、现金流量表分析的内涵

现金流量表是以收付实现制为基础编制的，反映企业一定会计期间内现金及现金等价物流入和流出信息的一张动态报表。现金流量表如同公司现金开支账户的扩展形式，它把企业发生的与现金流量有关的交易进行分类，使之能够反映企业经营活动、投资活动和筹资活动等方面的具体的现金流入和流出的信息。

对现金流量表进行分析，通常包括结构分析和趋势分析。通过对现金流量表的分析，可以揭示企业现金流入流出的来龙去脉，评价公司的支付能力、偿债能力和周转能力，可以评价企业利润的质量和经营绩效，能够预测和规划企业未来的现金流量和财务前景。

二、现金流量表的结构分析模型

（一）现金流量表结构分析的目的

现金流量表的结构分析是指在现金流量表有关数据基础上，分析现金流入、现金流出的构成及现金余额的形成原因。通过对现金流入的结构分析，可以了解企业现金流入的构成比例及其来源。通过对现金流出的结构分析，可以了解企业的各项业务活动现金流出的比重，以及各项业务活动现金流出具体项目的构成情况，以明确企业的现金用在哪些方面。

（二）现金流量表结构分析的方法

1. 现金流入结构分析

从现金流量表内容分类中可得出以下三类现金流入结构分析模式。

$$\frac{\text{经营活动产生的现金流入}}{\text{现金流入总计}}\times 100\%$$

$$\frac{\text{投资活动产生的现金流入}}{\text{现金流入总计}}\times 100\%$$

$$\frac{\text{筹资活动产生的现金流入}}{\text{现金流入总计}}\times 100\%$$

这三类模式是以“现金流入总计”为关键项目，将现金流量表三大类现金流入量分别以这个关键项目的百分率形式表示和纵向排列。同时，在每大类中可进一步以每类现金流入量，即分别以经营活动产生的现金流入量、投资活动产生的现金流入量、筹资活动产生的现金流入量为关键项目，并以此项目的数据作为基数，然后各类中的现金收入项目都以这个关键项目的百分率形式表示和纵向排列。

【例 7-5】 表 7-1 是宇阳公司的2×21年现金流量表,请建立宇阳公司现金流入结构分析模型。

表 7-1　　宇阳公司 2×20 年～2×21年的现金流量表　　单位：元

项目	2×21年	2×20 年
一、经营活动产生的现金流入		
销售商品，提供劳务收到的现金	992 567 958	867 541 673
收到的税费返还	4 918 226	4 185 998
经营活动现金流入小计	997 486 184	871 727 671
购买商品接收劳务支付的现金	832 624 736	712 343 181
支付给职工以及为职工支付的现金	45 990 448	39 028 992
支付的各项税款	53 018 080	50 203 686
支付的其他与经营活动有关的现金	23 449 492	52 501 068
经营活动现金流出小计	955 082 756	854 076 927
经营活动产生的现金流量净额	42 403 428	17 650 744
二、投资活动产生的现金流量		
收回投资所收到的现金	52 863 410	42 641 504
分得股利或利润所收到的现金	935 227	8 340 725
取得债券利息收入所收到的现金	6 821 821	7 499 271
处置固定资产、无形资产和其他长期资产收回的现金净额	4 756 846	2 983 671
投资活动现金流入小计	65 377 304	61 465 171
购建固定资产，无形资产和其他长期资产所支付的现金	21 807 188	10 162 812
权益性投资所支付的现金	5 400 000	52 948 500
支付的其他与投资活动有关的现金	152 360	214 830
投资活动现金流出小计	27 359 548	63 326 142
投资活动产生的现金流量净额	38 017 756	-1 860 972
三、筹资活动产生的现金流量		
吸收投资所收到的现金	10 000 000	5 000 000
取得借款所收到的现金	863 000 000	865 000 000
筹资活动现金流入小计	873 000 000	870 000 000
偿还债务所支付的现金	657 300 000	494 000 000
分配股利、利润或偿付利息所支付的现金	33 096 036	84 342 904
筹资活动现金流出小计	690 396 036	578 342 904
筹资活动产生的现金流量净额	182 603 964	291 657 096
四、汇率变动对现金的影响	-27 342	4 883
五、现金及现金等价物净增加额	263 025 148	307 446 869

建立现金流入结构分析模型的具体操作步骤如下所述：

第一，建立新的工作表“现金流入结构分析模型”，将现金流量表中现金流入项目的数据复制到该表中；

第二，选定 C5 单元格，输入“ = B5/B $ 7”；

第三，选择自动填充选项，按住鼠标左键由单元格 C5 拖动至 C7 处；

第四，选定 C9 单元格，输入“ = B9/B $ 13”；

第五，选择自动填充选项，按住鼠标左键由单元格 C9 拖动至 C13 处；

第六，选定 C15 单元格，输入“ = B15/B $ 17”；

第七，选择自动填充选项，按住鼠标左键由单元格 C15 拖动至 C17 处；

第八，选定 D5 单元格，输入“ = B5/B $ 18”；

第九，选择自动填充选项，按住鼠标左键由单元格 D5 拖动至 D18 处；

第十，选中 C、D 两列单元格中的数字区域部分，在【设置单元格格式】中选择【数字】为“百分比”，小数点后保留两位。

完成上述操作后，即可得到现金流入结构分析模型，如图 7 – 9 所示。

	A	B	C	D
1	宇阳公司2×20~2×21年的现金流量表			单位：元
2	项目	2×21年	结构百分比	
3			以现金流入小计为合计数	以现金总流入为合计数
4	一、经营活动产生的现金流入			
5	销售商品,提供劳务收到的现金	992567958	99.51%	51.27%
6	收到的税费返还	4918226	0.49%	0.25%
7	经营活动现金流入小计	997486184	100.00%	51.53%
8	二、投资活动产生的现金流量			
9	收回投资所收到的现金	52863410	80.86%	2.73%
10	分得股利或利润所收到的现金	935227	1.43%	0.05%
11	取得债券利息收入所收到的现金	6821821	10.43%	0.35%
12	处置固定资产、无形资产和其他长期资产收回的现金净额	4756846	7.28%	0.25%
13	投资活动现金流入小计	65377304	100.00%	3.38%
14	三、筹资活动产生的现金流量			
15	吸收投资所收到的现金	10000000	1.15%	0.52%
16	取得借款所收到的现金	863000000	98.85%	44.58%
17	筹资活动现金流入小计	873000000	100.00%	45.10%
18	四、现金流入合计	1935863488		100.00%

图 7 – 9　现金流入结构分析模型

从图 7 – 9 中可以看出，2 × 21年度宇阳公司的主要现金流量来自经营活动和筹资活动，分别占比 51.53% 和 45.10%，根据此模型还可以进一步分析现金流入各项目的构成及质量。

2. 现金流出结构分析。

从现金流量表内容分类中可得出以下三类现金流出结构分析模式。

$$\frac{经营活动产生的现金流出}{现金流出总计}\times 100\%$$

$$\frac{投资活动产生的现金流出}{现金流出总计}\times 100\%$$

$$\frac{筹资活动产生的现金流出}{现金流出总计}\times 100\%$$

这三类模式是以“现金流出总计”为关键项目，将现金流量表三大类现金流出量分别以这个关键项目的百分率形式表示和纵向排列。同时，在每大类中可进一步以每类现金流出量，即分别以经营活动产生的现金流出量、投资活动产生的现金流出量、筹资活动产生的现金流出量为关键项目，并以此项目的数据作为基数，然后各类中的现金收出项目都以这个关键项目的百分率形式表示和纵向排列。

【例 7-6】请根据表 7-1 宇阳公司的2×21年现金流量表，建立宇阳公司现金流出结构分析模型。

建立现金流出结构分析模型的具体步骤如下：

第一，建立新的工作表“现金流出结构分析模型”，将现金流量表中现金流出项目的数据复制到该表中；

第二，选定 C5 单元格，输入“=B5/B $9”；

第三，选择自动填充选项，按住鼠标左键由单元格 C5 拖动至 C9 处；

第四，选定 C11 格，输入“=B11/B $14”；

第五，选择自动填充选项，按住鼠标左键由单元格 C11 拖动至 C14 处；

第六，选定 C16 单元格，输入“=B16/B $18”；

第七，选择自动填充选项，按住鼠标左键由单元格 C16 拖动至 C18 处；

第八，选定 D5 单元格，输入“=B5/B $19”；

第九，选择自动填充选项，按住鼠标左键由单元格 D5 拖动至 D19 处；

第十，选中 C、D 两列单元格中的数字区域部分，在【设置单元格格式】中选择【数字】为“百分比”，小数点后保留两位。

完成上述操作后，即可得到现金流出结构分析模型，如图 7-10 所示。

	A	B	C	D
1	宇阳公司2×20~2×21年的现金流量表		单位：元	
2	项目	2×21年	结构百分比	
3			以现金流出小计为合计数	以现金总流出为合计数
4	一、经营活动产生的现金流出			
5	购买商品接收劳务支付的现金	832624736	87.18%	49.77%
6	支付给职工以及为职工支付的现金	45990448	4.82%	2.75%
7	支付的各项税款	53018080	5.55%	3.17%
8	支付的其他与经营活动有关的现金	23449492	2.46%	1.40%
9	经营活动现金流出小计	955082756	100.00%	57.09%
10	二、投资活动产生的现金流出			
11	购建固定资产，无形资产和其他长期资产所支付的现金	21807188	79.71%	1.30%
12	权益性投资所支付的现金	5400000	19.74%	0.32%
13	支付的其他与投资活动有关的现金	152360	0.56%	0.01%
14	投资活动现金流出小计	27359548	100.00%	1.64%
15	三、筹资活动产生的现金流出			
16	偿还债务所支付的现金	657300000	95.21%	39.29%
17	分配股利、利润或偿付利息所支付的现金	33096036	4.79%	1.98%
18	筹资活动现金流出小计	690396036	100.00%	41.27%
19	四、现金流出合计	1672838340		100.00%

图 7-10　现金流出结构分析模型

与现金流入相对应，2×21年度宇阳公司现金流出中经营活动和筹资活动的现金流出分别占比 57.09% 和 41.27%，根据现金流出结构分析模型，还可以进一步分析现金流入各项目的构成及原因。

三、现金流量表的趋势分析模型

（一）现金流量表趋势分析的目的

现金流量是企业的命脉，是企业正常运营、提高竞争力的根本保障。现金流量表的结构分析是指通过对现金流量表的每个项目前后期的增减变动，观察企业现金流的变化情况，并对其异常变动的原因和后果进行分析。现金流量表趋势分析有助于企业预测和规划未来的现金流量，有助于企业更好地进行下一个循环的经营决策。

（二）现金流量表趋势分析的方法

现金流量表趋势分析是通过将现金流量表各项目的本期数和上期数或者连续几期进行比较，编制出现金流量表趋势分析表，在此基础上进行分析评价。

【例 7－7】 请根据表 7－1 宇阳公司的 2×20～2×21年现金流量表，建立宇阳公司现金流量表趋势分析模型。

建立现金流量表趋势分析模型的具体操作步骤如下：

第一，建立新的工作表“现金流量表趋势分析模型”，将现金流量表中各项目的数据复制到该表中；

第二，选定 D4 单元格，输入“＝B4－C4”；

第三，选择自动填充选项，按住鼠标左键由单元格 D4 拖动至 D33 处；

第四，选定 E4 格，输入“＝D4/C4”；

第五，选择自动填充选项，按住鼠标左键由单元格 E4 拖动至 E33 处；

第六，选中 E 列单元格中的数字区域部分，在【设置单元格格式】中选择【数字】为“百分比”，小数点后保留两位。

完成上述操作后，即可得到现金流量表趋势分析模型，如图 7－11（a）、图 7－11（b）所示。

	A	B	C	D	E
1	宇阳公司现金流量表趋势分析表			单位：元	
2	项目	2×21年	2×20年	差额	变动幅度
3	一、经营活动产生的现金流入				
4	销售商品，提供劳务收到的现金	992567958	867541673	125026285	14.41%
5	收到的税费返还	4918226	4185998	732228	17.49%
6	经营活动现金流入小计	997486184	871727671	125758513	14.43%
7	购买商品接收劳务支付的现金	832624736	712343181	120281555	16.89%
8	支付给职工以及为职工支付的现金	45990448	39028992	6961456	17.84%
9	支付的各项税款	53018080	50203686	2814394	5.61%
10	支付的其他与经营活动有关的现金	23449492	52501068	-29051576	-55.34%
11	经营活动现金流出小计	955082756	854076927	101005829	11.83%
12	经营活动产生的现金流量净额	42403428	17650744	24752684	140.24%
13	二、投资活动产生的现金流量				
14	收回投资所收到的现金	52863410	42641504	10221906	23.97%
15	分得股利或利润所收到的现金	935227	8340725	-7405498	-88.79%
16	取得债券利息收入所收到的现金	6821821	7499271	-677450	-9.03%
17	处置固定资产、无形资产和其他长期资产收回的现金净额	4756846	2983671	1773175	59.43%
18	投资活动现金流入小计	65377304	61465171	3912134	6.36%
19	购建固定资产，无形资产和其他长期资产所支付的现金	21807188	10162812	11644376	114.58%
20	权益性投资所支付的现金	5400000	52948500	-47548500	-89.80%
21	支付的其他与投资活动有关的现金	152360	214830	-62470	-29.08%
22	投资活动现金流出小计	27359548	63326142	-35966594	-56.80%
23	投资活动产生的现金流量净额	38017756	-1860972	39878728	-2142.90%

图 7－11(a)　现金流量表趋势分析模型

	A	B	C	D	E
24	**三、筹资活动产生的现金流量**				
25	吸收投资所收到的现金	10000000	5000000	5000000	100.00%
26	取得借款所收到的现金	863000000	865000000	-2000000	-0.23%
27	筹资活动现金流入小计	873000000	870000000	3000000	0.34%
28	偿还债务所支付的现金	657300000	494000000	163300000	33.06%
29	分配股利、利润或偿付利息所支付的现金	33096036	84342904	-51246868	-60.76%
30	筹资活动现金流出小计	690396036	578342904	112053132	19.37%
31	**筹资活动产生的现金流量净额**	182603964	291657096	-109053132	-37.39%
32	**四、汇率变动对现金的影响**	-27342	4883	-32225	-659.92%
33	**五、现金及现金等价物净增加额**	263025148	307446869	-44421720	-14.45%

图 7-11(b)　现金流量表趋势分析模型

第五节　财务比率分析模型

财务比率分析是指把财务报表中的有关项目进行对比，得出一系列财务比率，以此揭示企业财务状况的一种分析方法。比率分析也是财务分析的核心。不同的企业，其经验管理所需的比率分析指标不尽相同。因此，在讨论比率分析模型的设计方法之前，我们先讨论企业在进行比率分析时常用的指标，企业财务经理可以根据自己的需要，从中选择所需的比率指标，建立比率分析模型。

一、比率分析模型的基本分析指标

财务报表中有大量的数据可以根据需要计算出很多有意义的比率。这些比率涉及企业经营管理的各个方面，分为以下几类。

（一）短期偿债能力比率

短期偿债能力比率，也称为变现能力比率，是企业产生现金的能力，它取决于可以在近期转变为现金的流动资产的多少。反映变现能力的财务比率主要有流动比率、速动比率。

1. 流动比率是流动资产除以流动负债的比值。计算公式为：

$$流动比率=\frac{流动资产}{流动负债}$$

流动比率是用来衡量企业短期偿债能力的一个重要的财务指标。流动比率过低，表明企业偿债能力不足；相反，则表明企业现金、存货等有可能闲置。

2. 速动比率是从流动资产中减去存货等变现能力弱的资产，再除以流动负债的比率。计算公式为：

$$速动比率=\frac{流动资产-存货}{流动负债}$$

一般来说，速动比率比流动比率更能表明企业的偿债能力。

（二）长期偿债能力比率

长期偿债能力体现在资产与负债的对比关系上，长期偿债能力比率反映负债和资产、净资产的关系。它通过财务报表中的有关数据来分析权益与资产之间的关系，分析不同权益之间的内在关系，以及权益与负债之间的关系，计算出一系列比率，评价企业的长期偿债能力。长期偿债能力比率主要包括资产负债率、产权比率、有形净值债务率、利息保障倍数等。

1. 资产负债率是负债总额与资产总额的比率。计算公式为：

$$资产负债率=\frac{负债总额}{资产总额}$$

资产负债率反映总资产中有多大比例是通过借债筹集的，也可以衡量企业在清算时保护债权人利益的程度。这一比率太大，则说明企业举债过多，风险较大。

2. 股东权益比率是所有者权益同资产总额的比率，反映企业全部资产中有多少是投资人投资所形成的。计算公式为：

$$股东权益比率=\frac{股东权益}{资产总额}$$

$$=1-资产负债率$$

股东权益比率是长期偿债能力保证程度的重要指标，该指标越高，说明企业资产中由投资人投资所形成的资产越多，偿还债务的保证越大。

3. 产权比率反映债权人所提供的资金与股东所提供的资金的对比关系。它是负债总额与所有者权益总额的比率，也称负债股权比率。计算公式为：

$$产权比率=\frac{负债总额}{所有者权益}$$

产权比率和资产负债率、股东权益比率具有相同的经济意义，但该指标更直观地表示出负债受到股东权益的保护程度。

4. 利息保障倍数反映企业的经营所得支付债务利息的能力。它是税前利润加利息费用之和与利息费用的比率。计算公式为：

$$利息保障倍数=\frac{税前利润+利息费用}{利息费用}$$

该指标是反映企业偿付债务利息的保障程度指标，该指标越高，说明企业支付利息的能力越强，债权人按期取得利息越有保障。

（三）营运能力比率

营运能力比率是用来衡量企业在资产管理方面的效率的财务比率。营运能力比率主要包括存货周转率、应收账款周转率、流动资产周转率、总资产周转率等。

1. 存货周转率是营业成本除以平均存货的比率。用时间表示的存货周转率就是存货周转天数。计算公式为：

$$存货周转率=\frac{营业成本}{平均存货}$$

$$存货周转天数=\frac{360}{存货周转率}$$

公式中营业成本的数据来自利润表，平均存货是资产负债表中的期初存货与期末存货的平均数。

存货周转率是用来衡量和评价企业购入存货、投入生产、销售等各环节的管理效率的综合性指标。

2. 应收账款周转率是企业赊销收入净额与应收账款平均额的比率。用时间表示的应收账款周转率就是应收账款周转天数。计算公式为：

$$应收账款周转率=\frac{赊销业务收入}{平均应收账款}$$

$$应收账款周转天数=\frac{360}{应收账款周转率}$$

公式中赊销业务收入的数据来自利润表，平均应收账款是资产负债表中的期初应收账款余额与期末应收账款余额的平均数。

应收账款周转率是评价应收账款流动性大小的一个重要指标，它可以用来分析企业应收账款的变现速度和管理效率。

3. 流动资产周转率是分析流动资产周转速度的一个综合性指标。它是营业收入与全部流动资产的平均余额的比值。计算公式为：

$$流动资产周转率=\frac{营业收入}{平均流动资产}$$

公式中的平均流动资产是资产负债表中的期初流动资产余额与期末流动资产余额的平均数。

4. 总资产周转率是分析企业全部资产的使用效率的一个重要指标。它是营业收入与平均资产总额的比值。计算公式为：

$$总资产周转率=\frac{营业收入}{平均资产总额}$$

公式中的平均资产总额是资产负债表中的期初资产总额与期末资产总额的平均数。

（四）盈利能力比率

盈利能力反映企业获取利润的能力。无论是投资人、债权人还是企业经营人员，都日益重视和关心企业的盈利能力。评价企业盈利能力的财务比率主要有营业收入利润率、成本费用利润率、总资产报酬率、净资产收益率等。

1. 营业收入利润率反映收入与利润之间的比率关系，是指营业利润与营业收入之间的比率。计算公式为：

$$营业收入利润率=\frac{营业利润}{营业收入}$$

2. 成本费用利润率反映利润与成本费用之间的比率关系，是指利润总额与营业成本与营业费用之和的比率。计算公式为：

$$成本费用利润率=\frac{利润总额}{营业成本+营业费用}$$

3. 总资产报酬率是反映企业资产经营盈利能力的指标，是指息税前利润与平均总资产之间的比率。计算公式为：

$$总资产报酬率=\frac{利润总额+利息支出}{平均总资产}$$

4. 净资产收益率是反映资本经营盈利能力的基本指标，是指企业本期净利润与净资产的比率。计算公式为：

$$净资产收益率=\frac{净利润}{平均净资产}$$

（五）市价比率

市价比率是指普通股每股市价和每股盈余、每股账面价值的比率。它是前四项指标的综合反映，管理者可据此了解投资人对公司的评价。这类指标主要有每股盈余、市盈率、每股股利、股利支付率。

1. 每股盈余是净利润与流通股数的比值。计算公式为：

$$每股盈余 = \frac{净利润 - 优先股股利}{流通股股数}$$

每股盈余是衡量股份制企业盈利能力的指标之一，反映每一股普通股的获利水平。指标越高，每一股普通股可得的利润越多，股东的投资效益越好，反之则越差。

2. 市盈率是每股市价与每股盈余的比率。计算公式为：

$$市盈率 = \frac{每股市价}{每股盈余}$$

市盈率是衡量股份制企业盈利能力的指标之一，反映投资者对每一元利润愿意支付的价格。一般来说，指标越高，说明公众对该股票的评价越高。

3. 每股股利是股利总额与流通股数的比率。计算公式为：

$$每股股利 = \frac{股利总额}{流通股股数}$$

每股股利反映每股普通股获得现金股利的情况。

4. 股利支付率是普通股每股股利与每股盈余的比率。计算公式为：

$$股利支付率 = \frac{每股股利}{每股盈余}$$

股利支付率反映净利润中股利发放的程度，即普通股股东从每股的全部获利中能分到手部分的百分比。

二、比率分析模型的构建

企业财务报表反映过去的经营成果和财务状况，对于企业相关信息使用者来讲，这只是财务报表最基本的职能。财务报表真正的价值，在于利用报表中的大量数据，可以计算出很多有意义的比率，通过这些比率可以预测未来、帮助公司管理者规划未来、帮助投资者进行决策。比率分析模型就是以财务报表中的数据为依据，建立一系列比率分析公式，得出一系列财务比率，以此揭示企业财务状况、发现企业经营存在的问题。

比率分析模型的构建是以资产负债表和利润表为依据，根据分析需要提取相关项目的数据进行对比，得出一系列的财务比率，进行企业偿债能力、营运能力、盈利能力方面的分析。

【例 7－8】 宇阳公司的资产负债表和利润表分别见图 7－3 和图 7－6，假定企业全部的营业收入均为赊销收入、企业的财务费用均为利息支出。试构建宇阳公司偿债能力、营运能力、盈利能力分析模型。

建立财务比率分析模型的具体步骤如下所述：

第一，在“财务分析”工作簿中建立新的工作表，命名为“财务比率分析模型”，填写好反映偿债能力、营运能力、盈利能力的各项指标名称；

第二，选定 B3 单元格，输入“＝资产负债表！C16/资产负债表！F17”；

第三，选定 B4 单元格，输入“=（资产负债表！C16 - 资产负债表！C14）/资产负债表！F17”；

第四，选定 B5 单元格，输入“=资产负债表！F22/资产负债表！C29”；

第五，选定 B6 单元格，输入“=资产负债表！F28/资产负债表！C29”；

第六，选定 B7 单元格，输入“=资产负债表！F22/资产负债表！F28”；

第七，选定 B8 单元格，输入“=（利润表！B17 + 利润表！B10）/利润表！B10”；

第八，选定 B9 单元格，输入“=利润表！B6/AVERAGE（资产负债表！B14:C14）”；

第九，选定 B10 单元格，输入“=利润表！B5/AVERAGE（资产负债表！B9:C9）”；

第十，选定 B11 单元格，输入“=利润表！B5/AVERAGE（资产负债表！B16:C16）”；

第十一，选定 B12 单元格，输入“=利润表！B5/AVERAGE（资产负债表！B29:C29）”；

第十二，选定 B13 单元格，输入“=利润表！B14/利润表！B5”；

第十三，选定 B14 单元格，输入“=利润表！B17/（利润表！B6 + 利润表！B8 + 利润表！B9 + 利润表！B10）”；

第十二，选定 B15 单元格，输入“=（利润表！B17 + 利润表！B10）/AVERAGE（资产负债表！B29:C29）”；

第十五，选定 B16 单元格，输入“=利润表！B19/AVERAGE（资产负债表！E28:F28）”；

第十六，选中 B5、B7、B13:B16 单元格区域部分，在【设置单元格格式】中选择【数字】为“百分比”，小数点后保留两位。

完成上述操作后，即可得到财务比率分析模型，如图 7 - 12 所示。

	A	B
1	财务比率分析模型	
2	财务指标	数据
3	流动比率	1.54
4	速动比率	0.84
5	资产负债率	48.98%
6	股东权益比率	0.51
7	产权比率	96.00%
8	利息保障倍数	51.48
9	存货周转率	2.85
10	应收账款周转率	11.87
11	流动资产周转率	2.09
12	总资产周转率	0.92
13	营业收入利润率	33.17%
14	成本费用利润率	51.26%
15	总资产报酬率	32.20%
16	净资产收益率	46.89%

图 7 - 12　财务比率分析模型

第六节　财务综合分析模型

一、财务综合分析的内涵

企业的经济活动是一个有机的整体，要全面评价企业的经济效益，仅仅满足于某些局部的分析是不够的，而应将互相关联的各种报表和财务能力指标联系在一起，从全局出发，进行全面、系统、综合的分析。因此，单独分析任意一项财务指标，都不足以全面评价企业的财务状况和经营成果，只有对各种财务指标进行系统分析，才能对企业的财务状况做出合理的判断。

财务综合分析就是将各项财务分析指标作为一个整体，系统、全面、综合地对企业财务状况和经营情况进行剖析、解释和评价。财务综合分析的目的在于通过综合分析明确财务活动与经营活动的相互关系，找出制约企业发展的瓶颈；通过综合分析明确企业的财务活动和经营业绩，明确企业的经营水平、位置及发展方向；通过综合分析为企业利益相关者进行投资决策提供依据；通过综合分析为完善企业财务管理和经营管理提供依据。

二、财务综合分析的方法

财务综合分析的方法有很多，其中，杜邦财务分析法和综合评分法应用比较广泛，也是这类方法的主要代表。

（一）杜邦财务分析法

杜邦财务分析法是根据各主要财务比率指标之间的内在联系，建立一套互相制约的财务分析指标体系，以此来综合分析企业的财务状况和经营成果的方法。杜邦财务分析法最显著的特点是将若干个用以评价企业财务状况和经营成果的比率按其内在联系有机结合起来，形成一个完整的指标体系，并最终通过诸如净资产利润指标来进行综合反映。它把销售利润率、资产周转率和财务杠杆结合起来说明净资产收益率的变化。采用这一方法，可使财务比率分析的层次更加清晰，条理更加分明，为财务分析者能够全面、详细地分析企业财务状况与经营成果提供方便。

杜邦分析法一般用杜邦分析图表示（见图 7－13）。

从图 7－13 可知，在杜邦财务分析体系中，包含了几种主要的指标关系。

（1）$$净资产收益率=\frac{净利润}{所有者权益}=\frac{净利润}{资产总额}\times\frac{资产总额}{所有者权益}$$
$$=总资产净利率\times业主权益乘数$$

（2）$$总资产净利率=\frac{净利润}{平均资产总额}=\frac{净利润}{营业收入}\times\frac{营业收入}{平均资产总额}$$
$$=销售净利率\times总资产周转率$$

（3）$$销售净利率=\frac{净利润}{营业收入}$$

（4）$$总资产周转率=\frac{营业收入}{平均资产总额}$$

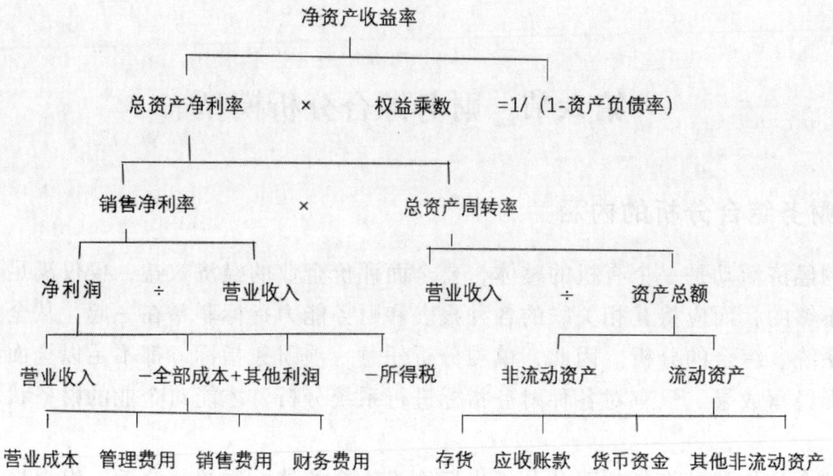

图7－13　杜邦财务分析体系图

杜邦财务分析体系为进行企业综合分析提供了极具价值的财务信息。以上关系式表明：

（1）净资产收益率是一个综合性最强的财务指标，它是杜邦财务分析体系的核心。财务管理的一个重要目标就是使所有者财富最大化，净资产收益率正是反映了所有者投入资金的获利能力，能体现出企业经营的目标。净资产收益率主要取决于总资产报酬率与业主权益乘数。总资产报酬率反映了企业生产经营活动的效率如何，权益乘数反映了企业的筹资情况，即企业资金来源结构如何。

（2）总资产报酬率是销售净利率与总资产周转率的乘积。因此，可以从销售与资产管理两方面来分析。销售净利率实际上反映了企业的净利润与营业收入的关系，是实现净资产收益率最大化的保证。如果要提高销售净利率，必须一方面提高营业收入，另一方面降低各种成本费用。并且，提高营业收入具有特殊的意义，因为它不仅可以使企业净利润增长，也会提高总资产周转率，这样自然会使总资产报酬率升高。

（3）总资产周转率是反映企业营运能力最重要的指标，是实现净资产收益率最大化的基础。总资产周转率与营业收入和资产规模紧密相关。企业总资产由流动资产和非流动资产组成，流动资产体现企业的偿债能力和变现能力，非流动资产则体现企业的经营规模、发展潜力和盈利能力。各类资产的收益性也有较大区别。所以，资产结构是否合理、营运效率的高低是企业资产经营的核心，并最终影响到企业的经营业绩。

（4）从杜邦财务分析体系图中，也可以分析企业成本费用的结构是否合理，这样有利于进行成本费用分析，加强成本控制。

总的来说，从杜邦财务分析体系图中可以看出，企业的获利能力涉及企业经营活动的方方面面。净资产报酬率与企业的筹资结构、销售、成本控制、资产管理密切相关，这些因素构成一个系统。只有协调好系统内各种因素之间的关系，才能使净资产收益率达到最大，从而实现股东价值的最大化。

【例7－9】根据图7－3、图7－6、表7－1给出的宇阳公司资产负债表、利润表和现金流量表有关数据，要求利用杜邦财务分析体系，建立该公司2×21年的杜邦财务分析模型。

建立杜邦财务分析模型的具体步骤如下：

第一，在【财务报表分析模型.xls】工作簿中新建一个工作表，命名为【杜邦财务分析模型】。

第二，在【杜邦财务分析模型】工作表中设计模型的结构。

第三，在单元格 A16 中输入公式“=利润表！B14”。

第四，在单元格 C16 中输入公式“=利润表！B15”。

第五，在单元格 E16 中输入公式“=利润表！B16”。

第六，在单元格 G16 中输入公式“=利润表！B18”。

第七，在单元格 H16 中输入公式“=AVERAGE（资产负债表！B16+资产负债表！C16）”。

第八，在单元格 J16 中输入公式“=AVERAGE（资产负债表！B28+资产负债表！C28）”。

第九，在单元格 B13 中输入公式“=利润表！B19”。

第十，在单元格 D13 中输入公式“=利润表！B5”。

第十一，在单元格 F13 中输入公式“=利润表！B5”。

第十二，在单元格 H13 中输入公式“=AVERAGE（资产负债表！B29+资产负债表！C29）”。

第十三，在单元格 D10 中输入公式“=B13/D13”。

第十四，在单元格 F10 中输入公式“=F13/H13”。

第十五，在单元格 H10 中输入公式“=AVERAGE（资产负债表！B29+资产负债表！C29）”。

第十六，在单元格 J10 中输入公式“=AVERAGE（资产负债表！E28+资产负债表！F28）”。

第十七，在单元格 D7 中输入公式“=C10×F10”。

第十八，在单元格 G4 中输入公式“=D7×I7”。

模型的运行结果，如图 7-14 所示。

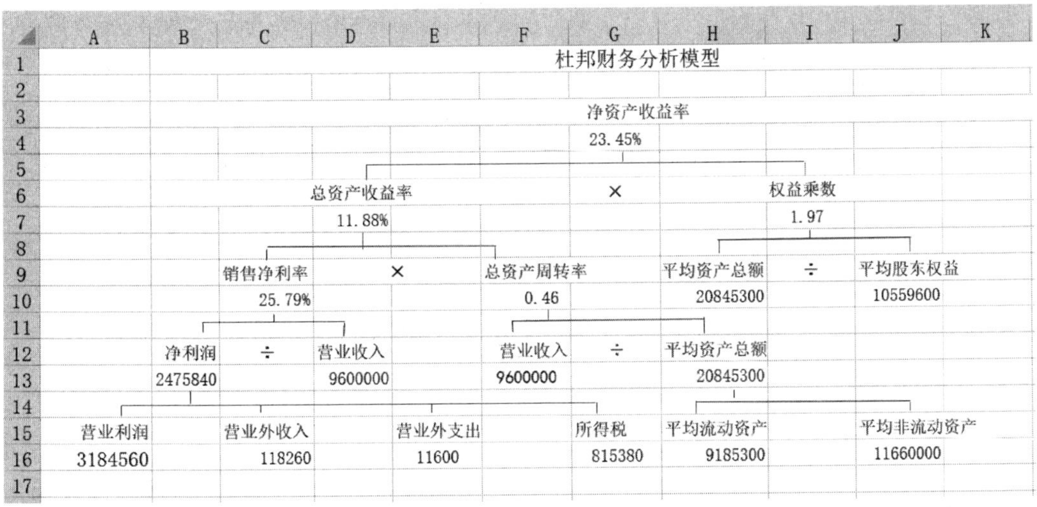

图 7-14　杜邦财务分析模型

（二）综合评分法

综合财务分析是要对企业的财务状况和经营成果等各方面情况进行综合的评价。常用的进行综合财务分析的方法是综合评分法。综合评分法是选择若干个财务指标确定其标准值和权重，然后将企业的实际值和标准值相比较，确定其实际应得分数，再根据总得分高低评价企业的综合财务状况和经营成果，反映企业总体经营业绩水平的高低。

采用综合评分法时，首先要选择一套具有代表性的财务指标，一般来讲，财务评价的内容主要包括反映盈利能力的财务指标，反映偿债能力的财务指标，反映营运能力的财务指标。盈利能力的主要指标是净资产收益率、总资产报酬率、营业利润率，偿债能力的主要指标是流动比率、速动比率、资产负债率，营运能力的主要指标是流动资产周转率、总资产周转率。

确定各项财务指标的标准值和标准评分值时，标准比率一般以本行业平均数为基础，适当进行理论修正。在给每个指标评分时，应规定上限和下限，以减少个别指标异常对总分造成不合理的影响。上限可定为正常评分值的 1.5 倍，下限定为正常值的 1/2。确定各项财务指标的权重时，要根据评价目的指标的重要程度确定，越重要的指标权重越多，越次要的指标权重越少。

综合评分法的关键技术是标准评分值的确定和标准比率的建立。只有长期连续实践、不断修正，才能取得较好的效果。

综合评分法实施的一般步骤如下：

（1）确定各指标的行业标准比率以及最高比率；

（2）计算每分比率的差；

（3）计算企业在一定时期内各项财务比率的实际值；

（4）计算实际比率和标准比率之间的差异；

（5）根据比率差异和每分比率的差计算调整分；

（6）将调整分和标准分相加得出各比率对财务情况的贡献分数，其合计数即为企业财务情况的综合得分。

【例 7－10】 宇阳公司资产负债表、利润表和现金流量表的有关数据如图 7－3、图 7－6、表 7－1 所示，存放在【财务分析模型 . xls】工作簿中。要求根据图 7－15 的【已知条件】区域所示的指标体系、各指标的标准评分值和行业标准值，建立一个计算宇阳公司综合分数并做出综合评价的模型。

	A	B	C	D	E	F
1	宇阳公司2×21年的综合评分表					
2	已知条件				计算结果	
3	指标类别	指标名称	标准评分值	行业标准值	实际值	实际得分值
4	盈利能力比率	销售净利率	10	30%	25.79%	8.60
5		净资产收益率	15	25%	46.89%	28.14
6		总资产报酬率	15	15%	32.20%	32.20
7	偿债能力比率	流动比率	10	2	1.54	7.70
8		速动比率	10	1	0.84	8.43
9		资产负债率	20	60%	48.98%	16.33
10	营运能力比率	流动资产周转率	10	1.5	2.09	13.94
11		总资产周转率	10	0.5	0.92	18.42
12	合计		100			133.75
13	综合分析评价的结论		比行业平均水平好			

图 7－15　综合评分法模型

建立综合评分法模型的具体步骤如下。

第一，在【财务报表分析模型.xls】工作簿中新建一个工作表，命名为【综合评分法模型】。

第二，在【综合评分法模型】工作表中设计模型的结构，输入已确定的标准评分值和行业标准值。

第三，在单元格 E4 中输入公式“=利润表！B19/利润表！B5”。

第四，在单元格 E5 中输入公式“=财务比率分析模型！B16”。

第五，在单元格 E6 中输入公式“=财务比率分析模型！B15”。

第六，在单元格 E7 中输入公式“=财务比率分析模型！B3”。

第七，在单元格 E8 中输入公式“=财务比率分析模型！B4”。

第八，在单元格 E9 中输入公式“=财务比率分析模型！B5”。

第九，在单元格 E10 中输入公式“=财务比率分析模型！B11”。

第十，在单元格 E11 中输入公式“=财务比率分析模型！B12”。

第十一，在单元格 F4 中输入公式“=E4/D4×C4”，并将其复制，选中单元格 F4 按住填充柄拖动至单元格 F10。

第十二，在单元格 F12 中输入公式“=SUM（F4:F11）”。

第十三，在合并单元格 C13 中输入公式“=IF（F12=100,"与行业平均水平一致",IF（F12>100,"比行业平均水平好","比行业平均水平差"））”。

本章小结

财务分析包括财务报表分析、财务比率分析和财务综合分析。

财务报表主要包括资产负债表、利润表和现金流量表。

资产负债表分析主要从资产负债表的结构分析、趋势分析两个方面来进行。通过对资产负债表进行分析，可以对财务报表信息的质量进行评估，以确保财务能力分析的准确性和有效性。建立资产负债表结构分析模型、趋势分析模型需要从企业管理信息系统中导出资产负债表数据，在此基础上通过建立公式、复制公式等操作来完成。

利润表分析主要从利润表的结构分析、趋势分析两个方面来进行。通过进行利润表分析，可以正确评价企业各方面的经营业绩，可以及时准确地发现企业经营管理中存在的问题，可以为投资者、债权人的投资与信贷决策提供正确信息。建立利润表结构分析模型、趋势分析模型需要从企业管理信息系统中导出利润表数据，在此基础上通过建立公式、复制公式等操作来完成。

现金流量表分析主要从现金流量表的结构分析、趋势分析两个方面来进行。通过对现金流量表的分析，可以评价公司的支付能力、偿债能力和周转能力，可以评价企业利润的质量和经营绩效，能够预测和规划企业未来的现金流量和财务前景。建立现金流量表结构分析模型、趋势分析模型需要从企业管理信息系统中导出现金流量表数据，在此基础上通过建立公式、复制公式等操作来完成。

财务比率分析主要包括偿债能力分析、营运能力分析、盈利能力分析。财务比率分析可以揭示企业财务状况、发现企业经营存在的问题。财务比率分析模型的构建是以资产负债表和利润表为依据，通过建立公式提取相关项目的数据对比，得出一系列的财务比率，进行企业偿债能力、营运能力、盈利能力方面的分析。

财务综合分析将各项财务分析指标作为一个整体，系统、全面、综合地对企业财务状况和经营情况进行剖析、解释和评价。财务综合分析可以找出制约企业发展的瓶颈，明确企业的经营水平、位置及发展方向，完善企业财务管理和经营管理，为企业利益相关者进行投资决策提供依据。财务综合分析的方法主要有杜邦财务分析法和综合评分法。

一、本章关键词

财务分析（financial analysis）
资产负债表分析（balance sheet analysis）
利润表分析（income statement analysis）
现金流量表分析（profit maximization）
结构分析（structural analysis）
趋势分析（trend analysis）
财务比率分析（financial ratio analysis）
偿债能力分析（solvency analysis）
盈利能力分析（profitability analysis）
营运能力分析（operation ability analysis）
杜邦财务分析（DuPont financial analysis system）
综合评分法（comprehensive scoring system）

二、思考题

1. 资产负债表结构分析模型中，结构比例的数字是如何计算的？
2. 利润表趋势分析模型中，趋势分析的数字是如何计算的？
3. 现金流量表结构分析包括哪些内容？分别是如何进行分析的？
4. 财务比率分析包括哪些方面的分析？各自包括什么指标？
5. 杜邦分析法是以哪个指标为核心进行指标分解的？包含哪些关系式？

三、基础训练

1. 图 7-16 是 M 公司 2×20～2×21年资产负债表，根据资料完成以下操作。
（1）建立一个工作簿，命名为 cwfx1. xlsm 工作簿中，保存至 C 盘 jsjcw 目录下。
（2）在 cwfx1. xlsm 工作簿 sheet1 工作表中，建立资产负债表结构分析模型。
（3）在 cwfx1. xlsm 工作簿 sheet2 工作表中，建立资产负债表趋势分析模型。

	A	B	C	D	E	F
1			M公司2×20~2×21年资产负债表			
2					单位：元	
3	资产	2×20年	2×21年	负债和所有者权益	2×20年	2×21年
4	流动资产：			流动负债：		
5	货币资金	612540	805800	短期借款	300000	200000
6	交易性金融资产	800000	600000	应付票据	360000	402000
7	应收票据	260000	220000	应付账款	865900	892600
8	应收账款	746630	847100	预收账款	891000	900000
9	预付款项	0	0	应付职工薪酬	486000	522600
10	其他应收款	86000	58000	应交税费	65700	71200
11	存货	2016830	2103200	其他应付款	24000	2100
12	其他流动资产	12800	6400	其他流动负债	18000	21000
13	流动资产合计	4534800	4640500	流动负债合计	3010600	3011500
14	非流动资产：			非流动负债：		
15	长期应收款			长期借款	2000000	2050000
16	长期投资	0	0	应付债券	0	
17	固定资产原值	5500000	5695000	长期应付款	119400	74200
18	在建工程	125000	0	非流动负债合计	2119400	2124200
19	无形及其他资产	180000	150000	负债合计	5130000	5135700
20	递延税款资产	0	0	所有者权益：		
21	非流动资产合计	5805000	5845000	实收资本	5000000	5000000
22				资本公积	17800	17800
23				盈余公积	180000	298000
24				未分配利润	12000	34000
25				所有者权益合计	5209800	5349800
26	资产总计	10339800	10485500	负债及所有者权益总计	10339800	10485500

图 7－16　M 公司 2×20～2×21年资产负债表

2. 根据要求完成以下操作。

（1）建立一个工作簿，命名为 cwfx2. xlsm 工作簿中，保存至 C 盘 jsjcw 目录下。

（2）在 cwfx2. xlsm 工作簿 sheet1 工作表中，使用【数据】选项卡下的【自网站】命令，从外部网站中获取万科地产2020年度资产负债表。

（3）在 cwfx2. xlsm 工作簿 sheet2 工作表中，建立资产负债表结构分析模型。

（4）在 cwfx2. xlsm 工作簿 sheet3 工作表中，建立资产负债表趋势分析模型。

3. 根据要求完成以下操作。

（1）建立一个工作簿，命名为 cwfx3. xlsm 工作簿中，保存至 C 盘 jsjcw 目录下。

（2）在 cwfx3. xlsm 工作簿 sheet1 工作表中，使用【数据】选项卡下的【自网站】命令，从外部网站中获取万科地产 2020 年度利润表。

（3）在 cwfx3. xlsm 工作簿 sheet2 工作表中，建立利润表结构分析模型。

（4）在 cwfx3. xlsm 工作簿 sheet3 工作表中，建立利润表趋势分析模型。

4. 根据要求完成以下操作。

（1）建立一个工作簿，命名为 cwfx4. xlsm 工作簿中，保存至 C 盘 jsjcw 目录下。

（2）在 cwfx4. xlsm 工作簿 sheet1 工作表中，使用【数据】选项卡下的【自网站】命令，从外部网站中获取万科地产 2020 年度现金流量表。

（3）在 cwfx4. xlsm 工作簿 sheet2 工作表中，建立现金流入结构分析模型。

（4）在 cwfx4. xlsm 工作簿 sheet3 工作表中，建立现金流出结构分析模型。

（5）在 cwfx4. xlsm 工作簿 sheet4 工作表中，建立现金流量表趋势分析模型。

5. 根据要求完成以下操作。

（1）建立一个工作簿，命名为 cwfx5. xlsm 工作簿中，保存至 C 盘 jsjcw 目录下。

（2）在 cwfx5. xlsm 工作簿 sheet1 工作表中，根据 cwfx2. xlsm 工作簿、cwfx3. xlsm 工作

簿、cwfx4. xlsm 工作簿中万科地产资产负债表、利润表、现金流量表，数据建立完整的财务比率分析模型。

（3）在 cwfx5. xlsm 工作簿 sheet2 工作表中，根据 cwfx2. xlsm 工作簿、cwfx3. xlsm 工作簿、cwfx4. xlsm 工作簿中万科地产资产负债表、利润表、现金流量表数据，建立杜邦分析模型，进行综合分析。

参考文献

[1]张瑞君,殷建红.《计算机财务管理——财务建模方法与技术》[M]. 北京:人民大学出版社,2019年版。

[2]王海林.《Excel财务管理建模与应用》[M]. 北京:电子工业出版社,2020年版。

[3]韩良智.《Excel在财务管理中的应用》[M]. 北京:清华大学出版社,2020年版。

[4]闫本宗,何保国.《Excel财务管理实验教程》[M]. 南京:南京大学出版社,2013年版。

[5]吴炎太.《Excel在财务管理中的应用》[M]. 北京:电子工业出版社,2018年版。

[6]林菊芳.《Excel会计与财务管理应用大全》[M]. 北京:中国铁道出版社,2019年版。

[7]王大海,隋新.《Excel在财务管理中的应用》[M]. 上海:上海财经大学出版社,2015年版。

[8]周炜,宋晓满.《财务建模实验教程——EXCEL在财务管理中的经典应用》[M]. 上海:立信会计出版社,2017年版。

[9]崔晶.《Excel在财务管理中的应用》[M]. 北京:清华大学出版社,2014年版。

[10]刘根霞.《Excel与财务管理》[M]. 北京:清华大学出版社,2011年版。

[11]ExcelHome.《Excel在财务管理中的应用》[M]. 北京:人民邮电出版社,2018年版。

[12]ExcelHome.《Excel 2016高效办公财务管理》[M]. 北京:人民邮电出版社,2019年版。

[13]孔令一,相福刚.《Excel在财务管理中的应用》[M]. 大连:东北财经大学出版社,2019年版。

[14]李慧.《Excel在财务管理中的应用》[M]. 北京:科学出版社,2018年版。

[15]曾瑞玲.《Excel与财务管理》[M]. 厦门:厦门大学出版社,2016年版。

[16]梁润平,宁小博.《Excel在财务管理中的应用》[M]. 上海:立信出版社,2017年版。

[17]王铁媛.《Excel财务管理》[M]. 北京:经济科学出版社,2019年版。

[18]杨维忠,庄君,黄国芬.《Excel在会计和财务管理中的应用》[M]. 北京:机械工业出版社,2019年版。

[19]霍顿(美).《财务管理:以Excel为分析工具》[M]. 北京:机械工业出版社,2014年版。

[20]张发凌,吴祖珍,姜楠.《Excel在会计与财务管理工作中的案例应用》[M]. 北京:北京希望电子出版社,2019年版。

[21]周丽媛.《Excel在财务管理中的应用》[M]. 大连:东北财经大学大学出版社,2017年版。

参考文献

主编简介

袁艺，女，管理学硕士，西安财经大学任教。自工作以来，一直从事财务管理、计算机财务管理领域的教学和研究工作。先后在《统计信息论坛》《西安财经大学学报》《财会通讯》等国内学术期刊公开发表论文10余篇，参加教材编写多部。参与完成国家社会科学基金项目、陕西省教育厅哲社重点项目、陕西省教育厅哲社一般项目、校级教改课题等10余项课题研究。